الإشـــــراف
الـتـــربـــوي
ومـشـكـلاتـه

بسم الله الرحمن الرحيم

وَلْتَكُنْ مِنْكُمْ أُمَّةٌ يَدْعُونَ إِلَى الْخَيْرِ وَيَأْمُرُونَ بِالْمَعْرُوفِ وَيَنْهَوْنَ عَنِ الْمُنْكَرِ
وَأُولَئِكَ هُمُ الْمُفْلِحُونَ(١٠٤)

سورة آل عمران : ١٠٤

تَبَارَكَ الَّذِي بِيَدِهِ الْمُلْكُ وَهُوَ عَلَى كُلِّ شَيْءٍ قَدِيرٌ (١) الَّذِي خَلَقَ الْمَوْتَ
وَالْحَيَاةَ لِيَبْلُوَكُمْ أَيُّكُمْ أَحْسَنُ عَمَلًا وَهُوَ الْعَزِيزُ الْغَفُورُ(٢)

سورة الملك : ١-٢

الإشراف
التربوي
ومشكلاته

دراسة ميدانية تقويمية

الدكتور

إبراهيم عطا الله العوران

2010

دار يافا العلمية للنشر والتوزيع

٣٧١.٤٢
العوران، ابراهيم
الإشراف التربوي ومشكلاته/ابراهيم عطا الله العوران ــ
عمان: دار يافا للنشر ، ٢٠٠٩.
(   ) ص
ر.إ: ٢٠٠٩/٨/٣٥٦٢
الواصفات: / الإدارة التربوية//الاشراف التربوي/

- تم إعداد بيانات الفهرسة الأولية من قبل دائرة المكتبة الوطنية

الطبعة الأولى ، ٢٠١٠

للتواصل مع المؤلف:
د. إبراهيم عطا الله العوران
هاتف ٠٧٧٧٣٩٩٥١٠ - E-mail: I-oran@yahoo.com

دار يافا العلمية للنشر والتوزيع
الأردن - عمان - تلفاكس ٤٧٧٨٧٧٠ ٦ ٠٠٩٦٢
ص.ب ٥٢٠٦٥١ عمان ١١١٥٢ الأردن
E-mail: dar_yafa @yahoo.com

الإهداء

إلى والدي العزيز

الذي سهّل لي الطريق لمواصلة العلم والمعرفة وأمدني بالعزيمة

إلى والدتي الحنونة

التي أمدتني بالصبر في حياتها ودعواتها لي بالتوفيق

إلى زوجتي الغالية ورفيقة الدرب

رمز العطاء والتضحية والصبر

إلى فلذات كبدي

عُتبة وعبد الله وآمال وعُبادة وآلاء وعطا الله

إلى إخوتي وأخواتي وأصدقائي

إلى كل مربٍ ومربية

إلى كل من علمني أن الحياة هي فن المستطاع

أهدي ثمرة جهدي هذه

فهرس المحتويات

الفصل الأول

الباب الأول: الإطار النظري

المقدمة

أحمد الله حمد الشاكرين على جزيل نعمائه، وامتن معترفا بعظيم آلائه جلت قدرته لما منَ عليَ من إنجاز هذا العمل، وأصلي وأسلم على سيد الأنام محمد بن عبد الله وعلى آله وصحبه أجمعين، وبعد.

إن الإشراف في مضمونه العام يعني القيادة؛ والإرشاد، والتوجيه، وتقديم العون والمشورة للعاملين في كل ميادين الحياة المتعددة، لذا يحتاجه العاملون لتأدية أعمالهم بكفاءة واقتدار.

ولأن مشروع تربية النشئ أسمى الغايات لتحقيق بناء الأمة بناء سليما،لا غنى لها من أناس لديهم التأهيل العلمي الكامل، والخبرة العملية اللازمة، لقيادة العملية التعليمية في الميدان التربوي.

ولهذا فإن الإشراف التربوي عنصر مهم لعملية التطوير، والإصلاح، وتأتي أهميته من أنه حلقة الوصل بين التخطيط النظري في وزارة التربية، والتطبيق العملي، والممارسة في الميدان التربوي، مما يتطلب التوافق بين المشرفين التربويين، ومديري المدارس،لأن ذلك يؤدي إلى إحكام وحدة الأشراف المبتغاة حيث أن الأشراف عملية ذات غرض أساسي في تحسين الموقف التعليمي وأحداث التغير الايجابي في كافة عناصره من معلم ومتعلم ومنهاج وبيئة تعليمية، وتسهيلات مادية.

وقد لوحظ أن الأشراف التربوي قد تطور تطوراً ملحوظاً في مفهومه وفلسفته، وأساليبه، في السنوات الأخيرة، نتيجة لمختلف الجهود التي سعت لتطوير النظام التربوي بمجمله، لرفع كفايته ومستواه، وقد جاء هذا التطور ثمرة للتطور في الفكر التربوي المتعلق بفلسفة التربية وأهدافها، وبمراحل النمو ومبادئه، وبنظريات التعلم، والثوابت في العلاقات الإنسانية، وسائر أساليب الاتصال.

الأمر الذي يؤكد أن تكون العلاقة بين سائر الأطراف في العملية الإشرافية علاقة زمالة ومشاركة، مبنية على أساس من العلاقات الإنسانية وخاصة بين طرفي وحدة الإشراف المدير، والمشرف المختص وبين المعني بهذه العملية وهو المعلم، للعمل على تحسين هذه العملية بالعلاقة القائمة بين المشرف المقيم من جهة، وبين المشرف التربوي من جهة أخرى،لأن الأول عون للمشرف التربوي في تحقيق أهدافه المنشودة للعملية الإشرافية، والعمل على تحسينها والارتقاء بها في الاتجاه المرغوب، ومن هنا برزت فكرة أن الأشراف التربوي عملية قيادية ديمقراطية منظمة تقوم على التخطيط، والدراسة، والمتابعة، والتحليل والتقويم وتتسم بالأسلوب العلمي والتجريب.

إلا أن واقع الأشراف التربوي في الأردن، أشعرني بوجود مشكلة حقيقية لأن عملية الأشراف التربوي تراوح مكانها، رغم كل المحاولات التي بذلت من أجل التجديد والتطوير فيها، وهذا ما تؤكده مخرجات العملية الإشرافية مع بدء تطبيق المرحلة الثالثة من مشروع التطوير التربوي (٢٠٠٠-٢٠٠٥م) حيث اتفقت مخرجاتها مع المعطيات السابقة للمرحلتين السابقتين، الواقع الذي يدعم المزيد من البحث والدراسة، لهذا جاء هذا الكتاب للتحقق من فاعلية الأشراف التربوي باعتبارها عملية متكاملة من وجهة نظر المشرفين التربويين، ومديري ومديرات المدارس الشريك الأهم في الإشراف التربوي، والمتابع لها في الميدان، ولإضاءة الجوانب التي تستوجب الاهتمام لتحسين العملية التعليمية التعلمية وبحثها وتحليلها.

وقد جاءت أهمية الكتاب من تناوله إلى:-

- الحاجة الماسة في التعرف إلى فاعلية الأشراف التربوي ومشكلاته من وجهة نظر المشرفين التربويين ومديري المدارس الحكومية في إقليم جنوب الأردن للإسهام في تحقيق الأهداف التربوية، لتوفير رؤيا جديدة للمشرفين التربويين في أهمية التعاون بين المشرف التربوي والإدارة المدرسية

- بيان أهمية دور الأشراف التربوي في تحسين العملية التربوية والنهوض بدور المشرف التربوي وتنمية اتجاهاته نحو دعم المعلم ومساندته بأسلوب متطور يعتمد دور الشريك (مدير المدرسة) في أتمام الدور والمعرفة الحقة بحاجات المعلمين

- إسهامه في توفير قاعدة معلوماتية عن العمل الإشرافي المبني على الثقة المتبادلة، وروح العمل التعاوني لأعداد برامج تأهيلية تكون أكثر دقة وشمولاً، وكذلك ما يسهم به الكتاب في المحاولات الجارية لتطوير الأشراف في المرحلة التالية.

ولا بد هنا من بيان منهجية الكتاب، إذ اعتمد المنهج الوصفي في الجانب المتعلق بالإطار النظري من خلال المصادر والمراجع والأبحاث والدوريات التي وصفت العمل الإشرافي وضروفه ومعوقاته، أما الجانب الميداني فقد أتخذ من الأستبانة أداة لجمع المعلومات إضافة إلى الطرق الإحصائية المستخدمة في تحليل البيانات وتفسيرها في الإجابة عن الأسئلة ومعالجة واستخراج النتائج والتوصيات.

لذلك أؤمل بما تضمنه الكتاب من مادة نظرية، وتطبيقات عملية إجرائية أن تكون رافداً مفيداً في تحسين وتطوير عملية الأشراف التربوي في الأردن ليكون داعما قويا في تحقيق التطوير الشمولي المنشود للعملية التعليمية التعلمية في أردن المنعة والازدهار و اللـه الموفق.

د.إبراهيم العوران

الـفـصـل الأول

الباب الأول : الإطار النظري
المبحث الأول: الإشراف التربوي
المبحث الثاني: أنواع الإشراف التربوي
المبحث الثالث: مدير المدرسة بوصفه مشرفاً مقيماً
المبحث الرابع: تجربة بعض البلاد العربية في الإشراف التربوي
المبحث الخامس: بعض الاتجاهات والوسائل التطويرية الحديثة في الإشراف التربوي

الباب الثاني : الدراسات السابقة
أولاً : دراسات تتعلق بالأردن
ثانياً : الدراسات العربية
ثالثاً : الدراسات الأجنبية

الفصل الأول

الباب الأول : الإطار النظري

المبحث الأول: الإشراف التربوي

مفهومه:

شهد مفهوم الإشراف التربوي تطوراً ملحوظاً نتيجة الدراسات التربوية التي تناولته من مختلف جوانب البحث، شأنه في ذلك شأن المفاهيم التربوية الأخرى، وللتعرف إلى مفهومه وأهميته وأهدافه، سوف أعرض آراء المختصين وتعريفاتهم في الإشراف التربوي ممن كان لهم الدور البارز على النحو التالي:

- أشار سيد حسين (١٩٦٩م) بأنه: "نشاط موجه يقوم على دراسة الوضع الراهن ويهدف إلى خدمة العاملين في مجال التربية والتعليم لانطلاق قدراتهم، ورفع مستواهم الشخصي- والمهني، بما يحقق رفع مستوى العملية التعليمية وتحقيق أهدافها"[1].

أما البسام (١٩٧٤م) فقد ذكر بأن الإشراف: "عملية تربوية متكاملة تعنى بالأغراض والمناهج وأساليب التعلم والتعليم، وأساليب التوجيه، والتقوية، وتطابق جهود المدرسين، وتتفق وإياهم، والسعي إلى التوفيق بين أصول الدراسات وأسسها النفسية والاجتماعية، وبين أحوال النظام التعليمي في دولة ما، ومتطلبات إصلاحه وتحسينه"[2].

---

(1) حسين، سيد حسن، (١٩٦٩م)، دراسات في الإشراف الفني، مكتبة الانجلو المصرية، القاهرة، ص٣٩.

(2)البسام، عبد العزيز، (١٩٧٤م)، مهمات الإشراف التربوي- التوثيق التربوي- العدد٣، بغداد، ص١٨.

- وأشار الأفندي (١٩٨١م) بأنه: "العمل على النهوض بعمليتي التعلم والتعليم، وتوجيه نمو المعلمين في اتجاه يستطيعون معه معرفة استخدام ذكاء الطلاب، وأن يحركوا نمو كل تلميذ وان يوجهوه للمساهمة الفعالة في المجتمع وفي العالم الذي يعيشون فيه"[١].

- أما عبيدات (١٩٨١م) فيرى أن الإشراف:

- عمل تعليمي : يضع المعلم أمام خصائص جديدة.
- عمل تدريبي : يدرب المعلمين على مهارات جديدة.
- عمل تنسيقي : يحرك المعلمين ضمن خطة مدروسة منظمة.
- عمل تغييري : يضع استراتيجية لأحداث التغيير.
- عمل استشاري: يقدم مقترحات لحلول مشكلات تعليمية[٢].

- وعرّفته الخطيب (١٩٨٤م) بأنه:

- يعتمد التفاعل الديمقراطي بين المشرفين والمعلمين بهدف النمو المتكامل للمتعلمين.
- يهدف إلى تزويد المعلمين وتوجيههم في مجال عملهم للمساعدة في نموهم الشخصي والمهني.
- يتجه بصورة رئيسة للمعلم لأنه الركن المهم في المواقف التربوية لزيادة كفاءته وأدائه.

---

(١)الأفندي، محمد حامد، (١٩٨١م)، الإشراف التربوي، مكتبة الفلاح الأولى، الكويت، ص١٧.

(٢)عبيدات، ذوقان، (١٩٨١م)، "تطوير برنامج الإشراف التربوي في الأردن" (رسالة دكتوراه غير منشورة)، كلية التربية، جامعة عين شمس، القاهرة ، ص١٢٧.

- يتركز اهتمام الإشراف على جميع العوامل والظروف المؤثرة في التعليم من مناهج، وامتحانات، وعلاقات سائدة [1].

- أما مكتب التربية العربي لدول الخليج(١٩٨٥م) فيعرفه بأنه :" العملية التي يتم خلالها تقويم العملية التعليمية وتطويرها، ومتابعة تنفيذ كل ما يتعلق بها، لتحقيق الأهداف التربوية، ويشمل الإشراف على جميع العمليات التي تجري في المدرسة، سواء أكانت تدريسية أم إدارية، وتتعلق بأي نوع من أنواع النشاط التربوي في المدرسة وخارجها، والعلاقات، والتفاعلات الموجودة فيما بينها"[2].

- ويعرفه بلقيس (١٩٨٩م) بأنه : "نظام متكامل العناصر له مدخلاته وعملياته ومخرجاته، ويهدف إلى إحداث تأثيرات إيجابية مرغوب فيها في كفايات الفئة المستهدفة لتساهم في تحسين عمليات التعلم والتعليم" [3]

- ويعرفه رمزي (١٩٩٧م) بأنه : "جهد فني ومتخصص يستخدم أساليب معينة متنوعة، وقد يستخدم أكثر من أسلوب في موقف تعليمي واحد، لرفع كفاية الإدارة، والتنسيق، ولتوجيه نمو المعلمين بشكل مستمر فردياً، وجماعياً من آن لآخر" [4]

- ويرى الدويك وآخرون (١٩٩٨م) أن الإشراف : "عملية قيادة ديمقراطية تعاونية منظمة، تعنى بالموقف التعليمي وبجميع عناصره من مناهج، ووسائل، وأساليب، وبيئة، ومعلم وطالب، وتهدف دراسة كافة العوامل المؤثرة في ذلك

([1]) الخطيب، رداح وآخرون(١٩٨٤م)، الإدارة والإشراف التربوي، اتجاهات حديثة، دار الندوة، عمان،ص١٢٩

([2]) مكتب التربية العربي لدول الخليج(١٩٨٥م)، الإشراف التربوي بدول الخليج العربي واقعه وتطوره، المركز العربي للبحوث التربوية لدول الخليج: السعودية، الرياض ص٤٥.

([3])بلقيس، احمد(١٩٨٩م)، تقنيات حديثة في الإشراف التربوي والقيادة التربوية، ورقة عمل مقدمة إلى الحلقة التدريسية العربية الإقليمية في الإشراف الفعال من ١٨ - ١٩٨٩/١١/٢٢م، عمان.

([4])رمزي، هاشم(١٩٩٧م)، في الإدارة المدرسية والإشراف التربوي، المكتبة الوطنية ط٢، عمان، الاردن، ص٥٤.

الموقف وتقيمها للعمل على تحسينها وتنظيمها مـن اجـل تحقيـق أفضـل لأهداف التعلم والتعليم" [1]

- وورد في دليـل الإشراف التربـوي (٢٠٠٢م) أن الإشراف التربـوي هـو : "عملية تربوية تسعى لتقديم خدمات فنية متخصصة، لتطوير العملية التعليمية التعلمية، بهدف تأكيد تحسين نوعية التعليم، عـن طريـق اتخـاذ مجموعـة مـن الإجراءات، والأساليب اللازمة لتعرف احتياجات، ومتطلبـات تحسين العمليـة التربوية، على مستوى المدرسة وهيئة العاملين فيها، والطلبـة والعمـل عـلى تلبيـة تلك الاحتياجات" [2].

- في حين اعتبر برتون وبروكنر(Burton and Bruekner,١٩٥٥) الإشراف التربوي: "الوسيلة التـي تهـدف إلى تقويم الظروف التـي تـؤثر عـلى التعليـم، وتحسينها، وهو خدمة فنية يقوم بها مختصون، وتهدف إلى دراسة كل الظـروف المؤثرة على نمو المعلمـين، للعمـل عـلى تحسينها، وتوجيـه نمـو التلاميـذ المسـتمر للمشاركة الذكية الفعالة في بناء المجتمع الديمقراطي الحديث" [3].

- ويرى دوجلاس(Doglass,١٩٦١) ان الإشراف التربوي: جهد لإثارة النمـو المستمر للمعلمين، وتناسقهم وإرشادهم، أفـراداً وجماعـات، بطريقـة أكـثر فهـماً وأداء أكثر فاعلية، لجميع مهارات التدريس كي يكونوا اكثر قدرة على إثارة دافعية الطلاب، نحو المشاركة المنتجة في المجتمع المحلي [4].

---

[1] الدويك، تيسير واخرون(١٩٩٨م)، أسس الإدارة التربوية والمدرسية والإشراف التربوي، دارالفكر للنشر والتوزيع ط٢، عمان الأردن.

[2] وزارة التربية والتعليم(٢٠٠٢م)، دليل الإشراف التربوي، مديرية الإشراف التربوي، ط١، مطبعة الجامعة النموذجية، ص٢٤.

[3] Burton, W. and Bruecknew, L.J: Supervision: A Social Process,(New York, Appleton, Ceutury Crofts, ١٩٥٥) PP. ١١-١٣.

[4] Douglass, Hari. R.: Democratic Supervision in Secondary Schools, Houghton Miffinco, Boston, ١٩٦١) P.١٦.

- وعرفه بوردمان (Bordman،١٩٦٣) بقوله: "إنه المجهود الـذي يبـذل لاستثارة النمـو المسـتمر للمعلمـين في المدرسـة، وتنسـيقه وتوجيهـه، فـرادى وجماعات ليفهموا وظائف التعليم فهماً أحسـن، ويؤدوها بصورة أكثر فاعليـة حتى يكونوا أكثر قدرة على استثارة النمو المستمر لكل تلميـذ نحو المشاركة الذكية في بناء المجتمع وتوجيهه "ويحدد هدفاً نهائياً للإشراف هو تحسـين تربيـة النشء"[١].

- يعرفه وايلز (Wiles، ١٩٦٩) بأنه : "نشاط يوجه لخدمة المعلمـين ومساعدتهم في حـل مـا يعترضهم مـن مشكلات للقيام بواجبـاتهم في اكمـل صورة"[٢].

- وأشار برجز(Briggs، ١٩٧١) أن الإشراف التربوي هو :"المجهـود المستمر المنظم لتشجيع النمو الذاتي للمعلمين، وتوجيههم، ليكونوا أكثر فاعلية في تحقيـق الأهداف التربوية"[٣].

- أما بن هارس (Ben Harris،١٩٧٥) فيعرفه بأنه : "مسـاعي أو محـولات مهارية وديناميكية، تعمل على تنمية وتحسين المناهج، وتنظيم التعليم، وإمـداد أعضاء هيئة التـدريس بالمعونة، والعنايـة، والاهـتمام بكـل مـا يتعلق بالتلميـذ، وتنمية العلاقات الإنسـانية بين التلاميـذ، وتم التأكيد علـى الإشراف الـديناميكي لأهميته الخاصة "، وأكـد علـى أن هـدف الإشراف هـو تحسـين وتطوير العمليـة التعليمية التعلمية" [٤].

([١])بوردمان، تشارلز وأخرون،(١٩٦٣م)، الإشراف الفني في التعليم، ترجمة وهيب سمعان، مكتبة النهضة المصرية:القاهرة،ص٩
([٢]) حسين، سيد حسن، (١٩٦٩م)، مرجع سابق، ص٣٨.
([٣])البزار، حكمت، (١٩٧١)، تقييم التفتيش الابتدائي في العراق، مطبعة الإرشاد، ص٩.
([٤])Harris, Ben: Supervisory Behavior in Education (٢nd،ed), Englewood Cliffes: Prentice Hall.(١٩٧٥), (PP:١١-١٢)

- والإشراف التربـوي عنـد مكنـيرني (Mc Nerney,١٩٨٣) هـو "الأسـلوب الذي يوفر للعملية التعليمية التقويم السليم، وإن المحصـلة النهائيـة هـي تـوفير خدمات تعليمية أحسن لجميع التلاميذ في كافة المستويات"[١].

- ويعرفه سيرجيوفاني وسترات (Sergiovanni and Strratt,١٩٨٣):
"مجموعة الأنشطة التي تصمم لتحسين العملية التعليمية على كافة المستويات في البرنامج المدرسي"[٢].

- فيما يعرفه جليكمان (Glickman, ١٩٩٠) بأنه: "عبارة عن طرق عدة أو وسائل متشابهة، تهدف الى مساعدة المعلم لتحسين التعليم"[٣].

- ويرى اوفاندو (Ovando, ١٩٩٥) بأنه: "عملية تعاونية يقوم بها أشخاص خبراتهم متنوعة، يعملون كفريق ويشاركون في الالتزام بتحقيق أهداف التعليم"[٤].

- ويعرف ويت (Waite, ١٩٩٥) الإشراف بأنه: "تقدم التعليم وتحسينه"[٥]

- فيفر ودنلاب عرفا الإشراف بأنه: "عملية تفاعل تتم بين فرد أو أفراد ومعلمين، بقصد تحسين أدائهم، وهدفه النهائي تحسين تعليم التلاميذ"[٦].

---

[١] متولي، مصطفى، (١٩٨٣م)، الإشراف الفني في التعليم، دراسة مقارنة، مطبعة الجهاد، الاسكندرية، ص٢٣.

[٢] Sergiovanni, T.J. ٨ Starratt, R.J.), ١٩٨٣, Supervision: Human Perspectives, ٣rded, McGraw-Hill, New York, U.S.A, P١٠.

[٣] Glick man, Carl D.,١٩٩٠, Supervision of Instructions, Second Education, Allyn and Bacon, Baston U.S.A.,P٩١.

[٤] أبو هويدي، فائق سليمان، (٢٠٠٠م)، درجة ممارسة المشرفين التربويين لكفاياتهم الإشرافية من وجهة نظر معلمي وكالة الغوث الدولية في الضفة الغربية- رسالة ماجستير (غير منشورة)- جامعة النجاح، نابلس ص٥.

[٥] Waite, Duncan, ١٩٩٥, Rethinking Instructional, Supervision, First Published the falmer press, Washington, U.S.A. P.١١.

[٦] ديراني، عيد محمد، (١٩٩٣م)، مرجع سابق، ط١، ص٢٤.

- أما السويدي فيعرف الإشراف بأنه: "عملية تعاونية تشخيصية علاجية مستمرة، تتم من خلال التفاعل البناء والمثمر بين المشرف التربوي والمعلم، بقصد تحسين عملية التعلم والتعليم"[1].

ويرى الباحث أن من يتناول التعريفات السابقة للإشراف التربوي ويمعن النظر فيها، يجد أن كل تعريف منها قد تضمن جانباً أو أكثر من عناصر العملية التربوية، كالطلبة، والمعلمين، والإدارة، والبيئة الصفية، والمدرسية، والمناهج، والتدريس، والأساليب المستخدمة، والعلاقات الإنسانية التي توضح ماهية الإشراف التربوي، وتركز جميعها على تحسين عمليتي التعلم والتعليم، باعتباره هدفاً نهائياً عن طريق دراسة جميع الظروف المؤثرة على نمو المعلمين المهني، والشخصي، وتحسين هذه الظروف، وكذلك تقويم الظروف التي تؤثر على التعلم والتعليم بصفة عامة، وتحسينه.

يبدو مما تقدم عرضه من تعريفات للإشراف التربوي عبر فترات زمنية متتالية، مدى التطور الذي وصل إليه طالما نظر له باعتباره عملية تقوم على الإنسانية من خلال اعترافه بقيمة الفرد، وهو عملية ديمقراطية تقوم على الاحترام المتبادل، وهو دون شك عملية قيادية شاملة لتأثيره في كافة العناصر والتفاعل فيما بينها لتنسيق الجهود، كما يتصف التطور الحاصل فيه بالعلمية لاعتماده على البحث والتجريب في توظيف النتائج للتحسين والتطوير.

وعليه يمكن القول بأن للإشراف التربوي دوراً فاعلاً في تحسين جميع جوانب العملية التعليمية التعلمية، وما يتعلق بها من عناصر، ضمن الإمكانيات المادية، والوسائل المتاحة، مما يميز هذا المفهوم بالعمق والايجابية، وبأنه عملية فنية تتطلب نمواً مستمراً لأطراف الإشراف التربوي من مشرفين ومعلمين وإداريين ويشجعهم على الابتكار والتجديد.

---

(1) حسن، محمد صديق محمد،(١٩٩٦م)، التوجيه التربوي الواقع والطموح، التربية، الحلقة٢ لسنة ٢٥، العدد١١٨، الدوحة، ص٥٣.

ومن خلال التعريفات السابقة يخلص الباحث إلى أن الإشراف التربوي هو: "عملية تربوية، ديمقراطية قيادية، فنية، تعاونية، شاملة لجميع جوانب العملية التعليمية التعلمية، تتم بالتخطيط والتنسيق والمتابعة الجادة لتحسين جميع الظروف المؤثرة على النمو المهني للمعلم بصفة خاصة، والمؤثرة على العملية التعليمية بصفة عامة".

أهداف الإشراف التربوي:

أن عدم الاتفاق على مفهوم محدد للإشراف التربوي، أدى إلى عدم تحديد أهداف محددة له، ورغم ذلك ورغم تعدد أشكال الإشراف إلا أن الهدف العام له بقي ماثلاً في تحسين عمليتي التعلم والتعليم.

إلا أن المؤتمر التاسع عشر للتعليم العام المنعقد بجنيف عام ١٩٥٦م قد أورد الأهداف التالية للإشراف التربوي وهي:

١- أن يكون الهدف الأساسي العمل بكل الوسائل للنهوض بالمنشآت التعليمية وتحقيق الاتصال المتبادل بين السلطات القائمة على شؤون التربية والتعليم بين المدرسة والمجتمع المحلي.

٢- أن يعتبر الإشراف أداة لخدمة المعلمين والجمهور وشرح السياسة التعليمية التي تتبعها السلطات وعرض النظريات، والطرق التربوية الحديثة، ونقل خبرات المعلمين، والمجتمع المحلي وحاجاتهم إلى السلطات.

٣- أن يسهم الإشراف في تهيئة السبل التي تيسرـ للمعلمين النجاح في تحقيق رسالتهم وذلك عن طريق إيجاد فرص التدريب.

٤-أن يبذل المشرفون ما في وسعهم لخلق جو من التفاهم والاحترام المتبادل بين المعلمين والآباء وأفراد المجتمع بوجه عام، لنجاح المشروعات التعليمية، كما انه ضروري لحفز المجتمع على مؤازرة جهود المعلم أدبياً ومادياً[١].

وهدف الإشراف التربوي الأساسي هو العمل بشتى الوسائل للنهوض بالمؤسسات التعليمية، وتحقيق الاتصال المتبادل بين المؤسسات التربوية، وبين المدرسة والمجتمع المحلي[٢].

وتبين (فيفر ودنلاب) (١٩٩٣م) أن الهدف الأساسي للإشراف التربوي تحسين أداء المعلمين، وهدفه الثاني تحسين تعلم الطلاب، ويتضمن تحقيق الأهداف تغير سلوك المعلم، وتعديل المنهاج، وإعادة تشكيل البيئة التعليمية[٣].

أما الهدف النهائي للإشراف التربوي كما أشار إليه (بيرتن وبروكنر) فهو: " نمو التلاميذ ومن ثم تحسين المجتمع"[٤].

في حين حدد البعض أربعة أهداف للإشراف التربوي تتمثل في:

- تحسين العملية التربوية من خلال القيادة المهنية للمديرين والمعلمين.
- تقويم عمل المؤسسات التربوية، من خلال القيادة المهنية لكل من مديري المدارس ومعلميها.
- تطوير النمو المهني للمعلمين، وتحسين مستوى أدائهم، وطرائق تدريسهم.
- العمل على حسن توجيه الإمكانيات المادية، والبشرية وحسن استخدامها[٥].

---

(١) حسين، سيد حسن، (١٩٦٩م)، مرجع سابق، ص٦٢.

(٢)ذكري، محمد عريبي، (١٩٨٥م)، الإشراف الفني التربوي في الجماهيرية الليبية، بحث منشور، الدار العربية للكتاب.

(٣)ديراني، عيد محمد، (١٩٩٣م)، مرجع سابق، ص٢٦.

(٤)مكتب التربية العربي لدول الخليج، (١٩٨٥م) مرجع سابق، ص٥٢.

(٥)سمعان، وهيب، ومرسي محمد منير، (١٩٨٩م)، الإدارة المدرسية الحديثة، ط٤، دار المعارف المصرية، ص ١٨٥.

ويشير نشوان (١٩٩١م) إلى هدف عام للإشراف التربوي هـو تحسـين العمليـة التعليمية التعلمية ويشتق من هذا الهدف أهدافاً محددة هي التالية:

- تطوير المناهج الدراسية وتحسين تنفيذها.

- تحسين تحصيل التلاميذ في الجوانب المعرفية والانفعالية والنفس حركية.

- تنظيم الموقف الصـفي والإفـادة مـن الإمكانيـات الماديـة والمعنويـة لتحقيـق الأهداف التربوية.

- ترشيد الإفادة من خامات البيئة والمجتمع المحلي في العملية التربوية [1].

ويلخص عطـوي (٢٠٠١م) بشيـء مـن التفصيل أهداف الإشراف التربـوي بالتالية:

- تطوير المنهاج المدرسي ومحتواه وأسلوب تدريسـه وتقويمـه وتعـديل أسـاليب التدريس بما يناسب الطلبة وفروقهم الفردية.

- مساعدة المعلمين على تنمية قدراتهم وكفايـاتهم بنقل التجارب والأبحـاث والتدريب والزيارات.

- إحداث التغيير والتطوير التربوي بتهيئة أذهانهم لتقبـل التغيـير، ومسـاعدتهم بتجريب الأفكار وتهيئة البيئة المحلية للتغيير.

- تحسين الظروف والبيئة المدرسية، من خلال علاقات المعلمين وإشراكهم بالقرارات ورفع درجة رضاهم.

- تطوير علاقة المدرسة بالبيئة المحلية وبفتح أبوابها على المجتمع، والإفادة من مؤسساته وتفعيل المجالس فيها.

---

(1) نشوان، يعقوب، (١٩٩١م)، الإدارة والإشراف التربوي، ط٣، دار الفرقان، عمان : الأردن، ص ص ٢٣٢ - ٢٣٢.

مؤكداً أن هدف الإشراف هو تحسين عملية التعلم والتعليم من خلال تحسين جميع العوامل المؤثرة فيه[١].

ويمكن تلخيص الأهداف التي خلصت إليها سنقر (١٩٧٨م) [٢] ومتولي (١٩٨٣م) [٣] وشعلان وآخرون (١٩٨٧م) [٤] بالتالية:

- تحسين وتطوير الموقف الصفي (التعليمي) بجميع جوانبه وعناصره الفنية، من خلال البيئة الصفية، وتقويم أعمال التلاميذ، وإعانته على تقويم نفسه ليتعرف على نواحي قوته فيدعمها ونواحي ضعفه فيعالجها.

- مساعدة المعلمين على فهم الأهداف العامة، والمدرسية، وأهداف المادة الدراسية.

- المساعدة في معرفة أفضل طرائق التدريس، ومساعدتهم في الإبداع والابتكار والتجريب.

- مساعدة المعلمين في حل مشكلاتهم وتذليلها ومساعدة الطلاب كذلك.

- تحسين الظروف المدرسية وتوفير المناخ التربوي الملائم.

- تطوير روح التعاون وبناء علاقات إنسانية تؤدي إلى الرضى الوظيفي.

- دراسة المناهج وتطويرها ونقدها.

- تقويم جهود المعلمين وقياس أثر نمو التلاميذ.

---

(١) عطوي،جودت عزت، (٢٠٠١م)،الإدارة التعليمية والإشراف التربوي، ط١، الدار العلمية الدولية للنشر والتوزيع، عمان، ص ص ٢٣٢ - ٢٣٤

(٢) سنقر، صالحة محي الدين، (١٩٧٨م)،التوجيه التربوي وتدريب المعلم،مطبعة دمشق،ص ٥٢.

(٣) متولي، مصطفى، (١٩٨٣م)، مرجع سابق ص١٣.

(٤) شعلان، محمد سليمان وآخرون، (١٩٨٧م)، الإدارة المدرسية والإشراف الفني، مكتبة الانجلو المصرية، القاهرة، ص ٦٠.

وأوصى مؤتمر التطوير التربوي الأول المنعقد في عمان عام (١٩٨٧م) تبني مفهوم الإشراف التكاملي، حيث تناول كافة العناصر المؤثرة في العملية التعليمية طلاباً ومعلمين ومنهاج، وإدارة صفية، وإدارة مدرسية، وخدمة مجتمع مع توفير كافة متطلبات تنفيذه[1].

تفرد الأفندي (١٩٨١م) بأهداف أخرى للإشراف التربوي مثل :

- مساعدة المعلم على ربط المواد الدراسية.

- ربط المجتمع بالمدرسة، وتوضيح برامج المدرسة للمجتمع، وجعله يدرك مشاكلها ويسهم في اقتراح الحلول لها[2].

وأضاف المسّاد (١٩٨٦م) هدفاً آخر هو :

- تنفيذ الخطط التي تضعها الوزارة للتدريب بصورة ميدانية[3].

وأشارت الخطيب (١٩٨٧م) إلى أهداف أخرى هي :

- تحقيق ضمان استمرارية البرنامج التربوي، وإعادة تكييفه خلال فترة من الزمن بالنسبة للمستويات المختلفة في النظام التربوي، وبالنسبة لمحتوى مجالات التعليم المختلفة.

- مساعدة المعلمين على إجراء وتتبع البحوث النفسية والتربوية، ودراستها معهم ومعرفة

الأساليب الجديدة الناتجة من هذه البحوث[4].

---

(1)وزارة التربية والتعليم (١٩٨٧م)،مؤتمر التطوير التربوي الأول، عمان، ص ٨٣.

(2)الافندي، محمد حامد، (١٩٨١م)، مرجع سابق، ص ص ٢٣- ٣٧.

(3)المسّاد، محمود، (١٩٨٦م)، الإشراف التربوي الحديث واقع وطموح، دار الأمل،أربد، ص ٥٢.

(4)الخطيب، رداح وآخرون، (١٩٨٤م)،مرجع سابق، ط٢، ص ص ١٣٩-١٤٢.

وأضاف الغامدي (١٩٨٨م) أهدافاً أخرى للإشراف التربوي هي :

- متابعة مدى التطبيق والإلتزام بالأنظمة والتعليمات المبلّغة للمدارس.

- المساهمة في حل المشكلات الإدارية مع المعلمين والإدارة.

- توضيح ومدارسة التعاميم مع المديرين والمعلمين [(١)].

وافترق المطيري (٢٠٠٠م) في هدف آخر هو:

- العمل على تطوير الأهداف التربوية [(٢)].

ويرى الباحث أن أهداف الإشراف التربوي التي أشار إليها الأدب التربوي، قد شابها بعض الخلط عند بعض الباحثين ما بين الهدف والدور أو المهمة للمشرف التربوي، لأنه من غير المناسب أن يطلق على المهمة هدفاً، حيث أن الكثير من الأهداف المشار إليها مهام عمل يؤديها المشرف لغاية واحدة هي الهدف من الإشراف.

وبالنظر إلى هذه الأهداف يمكن القول أن أهداف الإشراف التربوي تتمركز حول هدف عام وشامل ومشترك هو: تحسين عمليتي التعليم والتعلم بكافة جوانبها وعناصرها والنهوض بها من خلال تحقيق الأهداف التالية:

١ - إدامة الاتصال بين الإدارة التربوية وبين المدرسة بتطبيق النظم والتعليمات، وحل المشكلات الإدارية وتذليلها في المؤسسة التعليمية الأولى "المدرسة" إدارة ومعلمين.

_____

(١) الغامدي، صالح عبد الرزاق، (١٩٨٨م)، "دور المعلم في تحقيق أهداف الإشراف التربوي بمنطقة المخواة التعليمية بالمرحلة المتوسطة والثانوية" رسالة ماجستير، (غير منشورة)، جامعة ام القرى، مكة المكرمة، ص١٨.

(٢) المطيري، جزاء بن مرزوق، (٢٠٠٠م)، آلية الإشراف التربوي بين النظرية والتطبيق، التوثيق التربوي، مركز التطوير التربوي، وزارة المعارف، العدد ٤٤ ص ١٦٩.

٢ - توضيح الأهداف التربوية، وضمان استمرارية البرامج التربوية بما يتفق واستعداد المتعلمين.

٣ - تطوير وتحسين المناهج ومحتواها وأساليب تدريسها وتقويمها.

٤ - تنمية المعلين مهنيا، وشخصيا، وتنمية قدراتهم، وكفاياتهم، وتدريبهم، ونقل التجارب لهم قدامى، وجدد.

٥ - تقويم جميع البرامج التدريسية والتعليمية، وتقويم أداء المعلمين، وأثر ذلك في نمو التلاميذ.

٦ - تحسين ظروف البيئة وبناء علاقات إنسانية وفتح المؤسسة للمجتمع، وتفعيل المجالس، والإفادة من المجتمع المحلي واستغلال إمكانياته استغلالاً أمثل.

٧ - مساعدة المعلمين على التخطيط للنشاط وتنفيذه بوسائل فاعلة ومتابعته وتوظيفه في التعليم.

٨ - الاهتمام بتحصيل التلاميذ ومستوياتهم والحد من مشكلاتهم وتوفير حاجاتهم وتوجيه سلوكاتهم.

٩ - تحسين المجتمع بنمو التلاميذ، وربطه ببرامج المدرسة، وما يعترضها من مشكلات، والمساهمة باقتراح الحلول.

أهمية الإشراف التربوي:

تكمن أهمية الإشراف التربوي في العملية التربوية من إبرازه لمظاهر القوة وتعزيزها، وتحليله لمظاهر الضعف في العملية التعليمية التعلمية، واقتراح الحلول المناسبة لها.

ويؤكد ذلك (بوردمان) (١٩٦٣م) بقوله : "لقد أدى تضاعف عدد المدارس، وزيادة أعداد التلاميذ، والإعداد التربوي للمعلمين من الناحية العلمية

والمهنية، والتغير في وظائف التعليم، وأنواع الخدمات التي يقدمها إلى ظهور مشكلات تعليمية تؤيد الحاجة إلى وجود برنامج سليم للإشراف الفني"[1].

فيما يقترح (كاتز) (Katz, ١٩٧٢) في مقالة له أن للمعلمين حاجات تختلف باختلاف مراحل تطورهم المهني ففي المرحلة الأولى – البقاء- يحتاج المعلم إلى الفهم والطمأنة والتشجيع وتعليمه مهارات الوقوف على مسببات السلوك، وهنا يصبح على معرفة بالتدريس وذا خبرة بسيطة فيه لتبدأ المرحلة الثانية- الإدماج - حيث يكون مستعداً للتركيز على طلابه وعلى تعليمهم، وفي هذه المرحلة يحتاج لخبرات الاختصاصيين في المدرسة ليتعاون معهم في النشاطات المختلفة، وفيها يكون قادراً على اختيار الأساليب التدريسية المناسبة والمعبرة عن شخصيته، وبعد مرور ثلاث سنوات إلى أربع يصل المعلمون إلى المرحلة الثالثة- التجديد - وهي مرحلة الروتين وتكرار العمل ذاته، وهنا يحتاجون إلى الإثارة عن طريق الاجتماعات المهنية، والزيارات الصفية، والدورات، والتعرض إلى طرائق جديدة كالتسجيل التلفزيوني بغرض التحليل الذاتي، وبعد خمس سنوات من التدريس يصل معظم المعلمين إلى المرحلة الأخيرة – النضج - وفيها تعمل الدراسات العليا والبرامج الموصله إلى درجة جامعية، والأدبيات المهنية المتخصصة والندوات والبرامج التدريبية التطويرية الممكن استخدامها في تنمية تطورهم المهني، وبهذا يطورون كفاياتهم التعليمية، ويصبحون أكثر ثقة بأنفسهم، إلا أنهم لم يفقدوا الحاجة الملحة إلى تحسين أنفسهم، وتنميتها بصفتهم أفراداً أولاً ومعلمين ثانياً[2].

وترى (فيفر ودنلاب) (١٩٩٣م) أن الحاجة للإشراف متزايدة بفعل العوامل الاقتصادية والسياسية والاجتماعية السائدة، لأن المعلمين يحافظون على وظائفهم إلى أن تتاح لهم فرص محددة للتقدم الوظيفي، لذا لابد للمواهب المحلية

(^١)بوردمان، تشارلز، (١٩٦٣م)، مرجع سابق، ص١٥.

(^٢)Katz, L.: Developmental Stages of Preschool Teachers, Elementary School Journal٧٣, (October ١٩٧٢): P.P. ٥٠-٥١.

في المدرسة في الوقت الحاضر من أن تبتكر طرقاً مختلفة وأفكاراً جديدة، لإثارة الدافعية نحو النمو المهني، وتنفيذ تطوير المنهاج المدرسي، وهذه الخدمات تسهم في تحسين تعليم التلاميذ ونيل ثقة المواطنين في المدرسة، الأمر الذي يؤكد أن وجود المشرفين أساسي في مساعدة المعلمين وتحسين أدائهم [1].

ولما كانت المدارس تشكل بنى ثابتة ومستديمة فليس بمقدور المعلمين إدخال تجديدات نوعية واضحة فيها، لأنهم منصرفون إلى تنفيذ المناهج المقررة وتلقين الدروس المنوعة وإجراء الاختبارات، أما المشرف التربوي فيستطيع أن ينقل التطور إلى معلميه انتقالاً شمولياً، وبالتالي إلى التلاميذ، والى المردود التربوي بالكامل [2].

ويرى الباحث آن الإشراف التربوي اصبح ضرورة ملحة لحركة المجتمع التطورية، في ظل التغيير والتجديد، في عصر حوسبة التعليم، والاستثمار فيه، لأن التعليم أصبح عملية استثمارية، وهو استثمار في راس المال البشري من خلال ما يتم تزويده للطلاب من مهارات وقدرات ومعارف في المدرسة، ويعتبر المعلم حجر الأساس للاستثمار والحوسبة، وهو بحاجة إلى المساعدة والإرشاد، لدخول تجارب وأساليب وتقنيات حديثة، وهو بحاجة إلى مزيد من تلقي الخبرة ممن سبقه في هذا المجال، لهذا تسند مهمة نقل ما يجد في ميادين التربية والتعليم إلى المشرف التربوي للأمور التالية:

- حاجة المعلمين للمساعدة لمواكبة التطور والتجديد والتغيير السريع في سياق التحديات العالمية والمتمثلة في ثورة الاتصالات، والتكنولوجيا، والديمقراطية وما تتطلبه على الصعيد التربوي من تنوع في خبرات الإشراف، وعقد الندوات، وورش العمل، والعروض والأفلام.

---

(1) ديراني، عيد محمد، (١٩٩٣م)، مرجع سابق، ص ص ٢١ - ٢٣.

(2) حمصي، نهلة، (١٩٩٣م) التوجيه التربوي وفعالية التجديد، مجلة التربية، اللجنة الوطنية القطرية للتربية والثقافة والعلوم، العدد ١٠٤، الدوحة، ص٧٧.

- فترة إعداد المعلمين غير الكافية في الكليات والجامعات، حيث أن فترة الإعداد لمهنة التعليم غير كافية لمعرفة طرق التدريس والأساليب الناجعة في التطبيق مما يتطلب من الإشراف التربوي عقد الدورات الكفيلة بإمداد المعلم بكافة الطرق والأساليب ليختار منها ما يناسبه في تأدية دوره على أكمل وجه.
- ضرورة تدريب المعلمين أثناء الخدمة لتجاوز المشكلات التربوية والمهنية والعلمية.
- الإقبال المتزايد على الاستثمار في التعليم مما يتطلب المتابعة لتحسين الإنتاج.
- صعوبة مهنة التعليم في ظل زيادة أعداد الطلبة والفروق الفردية بينهم تفكيراً وتحصيلاً.

ولهذه الأسباب مجتمعة يرى الباحث أن الحاجة للإشراف التربوي متنامية ومتزايدة، لدفع عملية التعليم قدماً نحو الأفضل، وليسهم الإشراف في مساعدة المعلمين المبتدئين في إتقان الأساليب التعليمية، لمسايرة التطور المستمر في الطرق التربوية، وليمارسوا دورهم على أفضل وجه.

التطور العالمي للإشراف التربوي

تطور الإشراف التربوي مع تطور الإدارة التربوية، ومرّ بنظرياتها الإدارية نفسها وهي:

أولا: الإشراف التربوي والإدارة العلمية (الكلاسيكية)

ترجع أصولها إلى (فردريك تايلور) (Fredrick Taylor)(١٩١٧-١٨٥٦) (وهنري فايول) الفرنسي، حيث أكد الأول على القدرات الفيزيائية للعامل

والفوائد المادية للنجاح وأكد أن الإدارة تشمل على: التخطيط - تنظيم الأوامر- التنسيق-السيطرة[1].

وفي ظل هذه النظرية فإن الإشراف التربوي ينظر إلى المعلم على أنه لا يعرف ما يجب أن يعمل، ولا يستطيع أن يبحث عن المعرفة الجديدة، مما يبقي أداءه ناقصاً، الأمر الذي يسوّغ للمشرف أن يكون مركزياً، وأن يقوم بأعمال عليا من التوجيه والضبط وتصيد الأخطاء والمثالب، والتهديد بها أحياناً،وفوق ذلك يفترض المشرف أن هناك أسلوباً واحداً ناجحاً على المعلم اتباعه، دون الالتفات إلى موضوع الدرس والطلبة وظروف التعلم وإمكانياته،مما جعل المعلم يعيش جواً من الخوف والقلق على مستقبله الوظيفي الذي بات مرهوناً بتقرير المشرف الذي غالباً ما يضعه معتمداً على ما يحفظه الطالب،لذا حصر المعلم تفكيره في تلقين الطالب ودفعه لحفظ المعلومات معتمداً على التهديد والتخويف والضرب، وقد أدى ذلك إلى جعل المشرفين التربويين يتصورون أن مشكلات التعليم ليست معروفة لكل العاملين في النظام التربوي، مما يعزز دورهم السلطوي،ويقوي مركزهم الوظيفي،وينمي إحساسهم بأن المعلمين لا يعملون معهم بل لديهم،لهذه الظروف لم يحقق الإشراف التربوي الغاية منه،بل كان تأثيره سلبياً إذ قتل إبداع المعلم، ونموه المهني، والشخصي، كما قلل من ثقته بنفسه، ومعلوماته[2].

لقد كان المشرف المرجع الرئيس والزعيم الأوحد في الميدان (حكم الفرد) وكانت تعليماته تنفذ دون نقاش، وكان أمره تسلطياً استبدادياً في ظل الإدارة العلمية وهو أوتوقراطي كلاسيكي (أسلوب واحد) والمعلم بيده أداة تنفيذ خلال وقت محدد، وكان المشرف يدّرب على كيفية إعطاء المنهاج ويدّرب المعلمين على التنفيذ على حساب العوامل الاجتماعية والإنسانية[3].

---

(1)نشوان، يعقوب، (١٩٩١م)، ط ٣، مرجع سابق، ص ص١٩-٢٠.

(2)المسّاد، محمود،(٢٠٠١م)،تجديدات في الإشراف التربوي، المركز الوطني لتنمية الموارد البشرية، المطبعة الوطنية عمان،ص١٨.

(3)Sergiovanni, Thomas(١٩٩٨).Supervision. McGraw - Hill, Boston: p.ll

ثانيا :الإشراف التربوي والعلاقات الإنسانية:

بدأ الاهتمام بحركة العلاقات الإنسانية على يد (التون مايو) (Elton Mayo) الذي بين أن إنتاجية العمل تزداد إذا شعر العمال بالانسجام واهتمام المسؤولين بهم،وقد نتج عن تجارب (مايو) إحساس بأهمية المبادئ الإنسانية التي ولدت سنة ١٩٢٠لأول مرة،وأظهرت أن اثر الجو الإشرافي على سلوك مجموعات العمل قد يؤثر سلباً أو إيجاباً[١].

وتؤمن حركة العلاقات الإنسانية بأنه كلما أعطي المعلم الرضى زادت الفاعلية وتؤمن هذه الحركة بالقرار التشاركي.(Sergovanni, ١٩٩٨)

قرار تشاركي
زيادة رضى المعلم
زيادة الفاعلية

وقد كشفت هذه الحركة عن أهمية المبادئ الإنسانية والمعنويات والعمل بروح الفريق في انجاز العاملين، ووجد أن الروح المعنوية والانسجام بين العاملين وشعورهم باهتمام المسؤولين يزيد من إنتاجهم، وقد أكد هذا الاتجاه على كسر الحواجز بين الموجهين والمعلمين وإعتبار الثقة و الإحترام والمودة الجسرالواصل بينهما[٢].

ونتيجة هذا التفاعل المتبادل تظهر النظرة إلى المعلم على أنه إنسان قادر على البحث والتعامل مع الجديد وطلابه وتنميتهم عقلياً وجسدياً وانفعالياً،إلا أن ما يخشى هو احتمالية المغالاة في هذا الاتجاه بحيث يطغى على أهداف المؤسسة التعليمية الأولى،أى اعتبار المشرف العلاقات الإنسانية هي الهدف الأول لعمله[٣].

---

(١)نشوان، يعقوب، (١٩٩١م) الإشراف التربوي، مرجع سابق، ص ٢١.

(٢)(مرجع سابق)Sergiovanni, ١٩٩٨: P.P ١٢-١٣

(٣)المسّاد،محمود، (٢٠٠١م)، تجديدات في الإشراف التربوي، مرجع سابق، ص١٩.

والعلاقات الإنسانية سلوك هادف أساسه الأخذ بيد الضعيف إلى مستوى أفضل،وتشجيع الممتاز ليصبح أكثر تميزاً. وقد أكدت التطورات التربوية الحديثة أهمية العنصر الإنساني كأساس لنجاح الإشراف باعتبارأن الفرد الذي ينال تقديراً واحتراماً يمكنه تحقيق كامل الأهداف المنشودة من عمله بجد واقتدار(١).

ثالثا : الإشراف التربوي ونظرية النظم :

ظهرت في أواخر الخمسينيات من القرن السابق بنظرتها الشمولية للمؤسسة، وتعتبر أن كل شئ في هذا العالم مرتبطٌ بشيء آخر من خلال علاقات متشابكة ومتداخلة، والمؤسسة مؤلفة من مجموعة عناصر تسعى لتحقيق أهداف معينة، أي أن لها مدخلات ومجموعة من التفاعلات والأحداث بين المعلم والمشرف التربوي، تبدأ بمدخلات وتنتهي بمخرجات،أي أن مدخلات النظام الإشرافي من معلمين وطلبة ومناهج دراسية وإمكانات مادية متوافرة، وبيئة محلية تتفاعل جميعها في ما يسمى بالعمليات،فالمعلم يتفاعل مع الطالب،والطالب مع المنهاج، والمشرف التربوي يتفاعل معها جميعاً على الرغم من أن تفاعل المشرف والمعلم أهم أركان هذه العملية بصفتها جوهر العمل الإشرافي لتكوّن المخرجات التربوية المتمثلة في المعلمين ذوي الكفاية التعليمية الأفضل، والطلبة الذين أصبحوا في إنجازاتهم أعلى، والاستخدام الأمثل للإمكانات مما يحقق أهداف العملية الإشرافية في تحسين العملية التربوية بمعناها الواسع والشامل(٢).

ويورد (سيرجوفاني ـ ١٩٩٨م) الإدارة العلمية المتجددة التي جاءت نتيجة المبالغة في العلاقات الإنسانية على حساب الإنتاج، والعمل، وقيام ضجة، وردود فعل من قبل المجتمع مطالبة بالاهتمام بالإنتاج باعتباره مرحلة ثالثة في النظريات الإدارية حيث ظهرت رابطة المراجعون (رابطة تطور الإشراف والمنهاج)

---

(١)البديوي، محمد منير، (١٩٨٠م)، الإشراف والعلاقات الإنسانية، التوثيق التربوي، العدد ١٩، الرياض، ص ٤٩.

(٢)المسّاد، محمود (٢٠٠١م) تجديدات في الإشراف التربوي، مرجع سابق، ص ١٩-٢٠.

Association for Supervision and Curriculum (Development)
وقد تبنى هذه الرابطة كل من (مكروجر) و(ارغريس) و (لكرت) وكانت حركة ورقية أكثر منها حركة تطبيقية. وقد اهتمت بكفاية المعلم وإنجاز الأهداف وتحليل أسعار الكلفة (اقتصاديات التعليم) كما أكدت على موضوع الضبط، والمحاسبة مع التركيز على كفاءة المعلم المتجددة،وهي تتشابه مع الإدارة التقليدية في موضوع الضبط والمحاسبة[١].

رابعاً : الإشراف التربوي والإدارة بالأهداف:

أسلوب حديث عرف في أوائل الخمسينيات على يد (بيتردروكر) (Peter Drucker) و (جورج أوديورن) (George Odiorno) في الولايات المتحدة و(همبل) في المملكة المتحدة، وترتكز الإدارة بالأهداف على وضوح الأهداف الإدارية، ثم توضع الخطط المناسبة لتحقيقها، لأن الأهداف دون خطة حلم أو توقع بسيط ويجب قياس إنجاز الأهداف للتعرف إلى مدى تحقيقها الأمر الذي يتطلب وجود تغذية راجعة مستمرة وعلى مدى فترات التنفيذ، ويكون للتغذية الراجعة انعكاس على الخطة أو الأهداف ذاتها[٢].

وحيث أن الإشراف التربوي أحد أنظمة الإدارة التربوية فقد جرى تطبيق مبادئ الإدارة بالأهداف على الإشراف التربوي،ولأجل ذلك يصبح الإشراف بالأهداف مؤمناً بأهداف الإشراف التربوي بالدرجة الأولى، فإذا كان هدف الإشراف التربوي العام تحسين العملية التعليمية التعلمية، فإن الإشراف بالأهداف يسعى لاشتقاق مجموعة محددة، وواضحة من الأهداف من الهدف العام من مثل تطوير المناهج المدرسية، وتحسين تنفيذها، وتطوير المعلمين مهنياً، وتنظيم عمليات التعلم والتعليم الصفية. والمشرف التربوي الذي يؤمن بالإشراف بالأهداف يجب أن يحدد أهدافه في كل مجال من المجالات، ويعمل على تحقيقها بفاعلية.

---

(١)مرجع سابق.Sergiovanni,١٩٩٨: P١٤

(٢)نشوان، يعقوب (١٩٩١م) الإشراف التربوي، مرجع سابق، ص ٤١.

والإشراف التربوي كالروح المعنوية للمعلمين العاملين في هذا النظام عالية، وان يكونوا راضين عن عملهم كما أن التعاون والتشارك بين المشرف والمعلمين يساعد على توفير جو من التفاهم والانفتاح ويجعل التواصل مفتوحاً بينهم ويجعل إتجاهات المعلمين نحو الإشراف إيجابية.

وهذا النوع من الإشراف فعال في تحقيق أهداف الإشراف، لأنه جامع شامل يتفق مع الإشراف التشاركي في توحيد جهود المشرف والمعلمين موفراً للوقت والجهد، ويتفق مع الإشراف العيادي الذي يركز على العمل المشترك للمعلم والمشرف في التخطيط والتحليل والتقويم،ويتميز دون سواه بقدرته الفائقة على زيادة فاعلية الإشراف التربوي في تحسين عمليتي التعلم والتعليم لأن المراجعة والمتابعة مستمرتان وتسيران جنباً إلى جنب مع سير العملية الإشرافية[1].

فيما يذكر (سيرجوفاني) (١٩٩٨م) ما يعرف بإشراف المصادر البشرية، حيث يؤكد على فاعلية المعلم وعلى عمل المشرف مع المعلم بحيث يكون فعالاً،وعمل المعلم مع الطلبة يكون فعالاً كذلك، ويؤكد على التشارك والتفاعل بين المعلم والمشرف،فتفاعل المعلم في العمل يؤدي إلى زيادة الفاعلية ويؤدي بالتالي إلى الرضى الوظيفي.

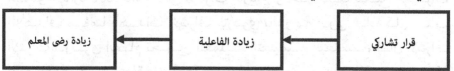

| زيادة رضى المعلم | زيادة الفاعلية | قرار تشاركي |

وقد حاول (سيرجوفاني) (١٩٩٨م) أن يبين عيوب العلاقات الإنسانية، وركز على المصادر البشرية، وهي أن كل إنسان عنده طاقة، وفكر وبالتالي كيف يمكن أن تستثار بشكل صحيح ويظهر أثر هذه الاستثارة على جودة المدرس عندما يشعر المعلم بالرضا والقناعة. وتقوم هذه النظرية على استغلال المصادر البشرية الموجودة في المدرسة واستغلال مهارة كل واحد من العاملين فيها، حيث أن كل

(١)نشوان، يعقوب، (١٩٩١م) الإشراف التربوي، مرجع سابق، ص ص٢٣٢ - ٢٣٥.

معلم يعتبر مصدراً بشرياً عنده طاقات وقدرات وعلينا استثمارها بشتى الأساليب[1].

ويرى أنصار هذا الاتجاه أن الأوضاع المدرسية القائمة على إدارة المصادر البشرية تؤدي إلى حياة فضلى للمعلمين وأكثر إنتاجية للعمل، فبدل اعتبار رضى المعلمين الهدف الرئيس لكسب تعاونهم كما هو الحال في إشراف العلاقات الإنسانية، يركز هذا النوع على خلق الأوضاع اللازمة للعمل الناجح، باعتبارها وسيلة لزيادة رضى المعلمين، وتعزيز الثقة بالنفس، واعتبار الذات لديهم، والقيادة ضمن هذا النوع الجديد من الإشراف لا تكون مباشرة ولا متعالية بل مساندة وداعمة، ونمو الفرد هنا متوقف على انجاز المهمات التي تعتبر ذات قيمة بالنسبة له. والمشرفون فيه يمارسون عملية اتخاذ القرار التشاركي لاعتقادهم أن هذا الأسلوب يزيد من احتمالات نجاح المدرسة وفعاليتها. وكنتيجة لذلك يشعر المعلمون بالرضى، وهو هنا نتاج العمل الناجح الذي أدى لدور تفعيل المدرسة، ويفترض ها الأسلوب أن مشاركة المعلمين تزيد من التزامهم بالتنفيذ وتزيد من احتمالات النجاح[2].

ويميز بين مفهومي المصادر البشرية والعلاقات الإنسانية، حيث أن المصادر البشرية ذات نظرة أعمق للحاجات الإنسانية ولإمكانيات المعلم ورضاه من مجرد إضفاء السعادة والمعنوية والرضى، بل تأخذ بكفاءة الفرد ومدى إلتزامه الذاتي مما يحقق الفاعلية للمؤسسة بالدرجة الأولى ومن ثم رضى المعلمين يتحقق بمزيد من الإنتاجية، في حين أن العلاقات الإنسانية تؤكد أن إنتاجية العمل تزداد بتحقيق الرضى للمعلمين.

---

(١)مرجع سابق، Sergiovanni,(١٩٩٨)P.P١٤-١٥.

(٢) دواني، كمال سليم، (٢٠٠٣م)، الإشراف التربوي، مفاهيم وآفاق، الطبعة الأولى، الجامعة الأردنية، ص ص ٦٢-٦٤.

وتؤكد النظريات والاتجاهات السابقة مدى التطور الذي مرّ به الإشراف التربوي ومدى تأثره بتطور الإدارة التربوية، ومدى اهتمام الباحثين والمفكرين في ضرورة وجود طريقة فضلى لتنظيم وإدارة أداء الإنسان وتحسينه تحت جميع الظروف، وضرورة التوصل إلى طريقة فضلى في إدارة الإشراف التربوي وممارسته.

ومن هنا، فإن الإشراف التربوي باعتباره محوراً من محاور القيادة التربوية قد ارتبط بالتربية ارتباطاً مباشراً منذ القدم وذلك على اختلاف المسميات والفلسفات، حتى وصل الى مفهوم شامل جعله على اختلاف تعريفاته يبقى عملية اتصال متعددة الأغراض تهدف بمجملها إلى تطوير التربية، مما يشير إلى أن الإشراف عملية إنسانية شاملة لعناصر التربية البشرية طلاباً، ومعلمين واداريين، وقياديين، ومتعدد الأغراض كطرائق التدريس والمنهاج والتقويم، والأجهزة والمعدات والوقت والأنشطة الصفية، واللاصفية، والجو النفسي الاجتماعي داخل الصف وخارجه. ومهما يكن من مسميات لنظريات إدارية اعتمدها دارسو التربية، فإنها تظهر مدى التطور الذي اكتنف الإشراف التربوي حتى فتح آفاقاً في التفكير بطبيعة أهدافه وممارساته وأساليبه وأدوراه في العملية التربوية حتى وصل إلى الصورة الحالية له بفضل الآثار المترتبة على نظريات التعلم، والتعزيز، والشخصية، والدوافع...الخ.

الإشراف التربوي في الأردن ومراحل تطوره:

نشأته:

ظهر الأردن الى الوجود باعتباره كياناً سياسياً عام ١٩٢١م بعد هزيمة الامبراطورية العثمانية وانتهاء الحرب العالمية الاولى. وبدأ نظام التعليم في البلاد حيث تضمن(٤٤) مدرسة ابتدائية، و(٤) مدارس ثانوية تعمل على غرار التعليم العثماني حتى عام ١٩٣٩م، ثم تطور النظام التعليمي، ووضع قانون خاص بإدارة

التعليم، وأنشئت وزارة التربية والتعليم، حيث تم تحديد المسؤليات الإدارية والإشرافية للنظام التعليمي، وفكرة التعليم الاجباري أو الإلزامي[1]

وقد بذلت وزارة التربية والتعليم جهوداً كبيرة لتطوير جهاز الإشراف التربوي، وزيادة فاعليته في الأردن، شأنها في ذلك شأن زميلاتها في الدول العربية، وفي العالم أجمع، ويمكن تقسيم مراحل تطور الإشراف التربوي الى ثلاث مراحل تختلف من دولة لأخرى حسب النظام التربوي المتبع فيها[2].

مراحل تطوره:

تطور الإشراف التربوي في الأردن مواكباً المسيرة التربوية فيه، وتبعاً لتطوير طرائق وأساليب الإشراف المتبعة، حيث مرّ الإشراف التربوي بثلاث مراحل هي:

المرحلة الأولى: التفتيش:

بدأت هذه المرحلة مع بداية النظام التربوي في الأردن واستمرت الى عام ١٩٦٢م، وتميزت بفترتين الاولى فترة التفتيش المركزي واستمرت حتى اوائل الخمسينيات وتولاها جهاز الإشراف في وزارة (المعارف) سابقاً، والثانية التفتيش اللامركزي حتى عام ١٩٦٢م وتميزت هذه المرحلة بما يلي:

- أعتقاد المفتش وجود طرائق ناجحة للتدريس يعرفها وحده، وواجبه نحو المعلمين تقديم التعليمات والاوامر.

- امتلاك المفتش مؤهلات وخبرات تفوق ما عند المعلم مما يعطيه الحق في السلطة وتعليم المعلمين.

- دور المفتش التقويمي يرتكز على مدى تطبيق المعلم للتعليمات والأوامر.

([1]) ديراني، عيد محمد، (١٩٩٧م)، "واقع الممارسات الإشرافية في الأردن" كما يتصورها المشرفون والمعلمون، مجلة كلية التربية بالمنصورة، العدد٣٣، يناير١٩٩٧م، ص٧١.

([2]) وزارة التربية والتعليم (٢٠٠٢م)، مرجع سابق، ص١٠.

- استهدفت الزيارة الصفية الكشف عن أخطاء المعلم ومحاسبته دون تقديم مقترحات إيجابية للعلاج.

- تركيز المفتش على العوامل المؤثرة في الموقف التعليمي.

وقد ترتب على هذا اتجاهات المعلمين السلبية نحو الإشراف مثل:

- ضعف الثقة بين المفتش والمعلم لعدم وجود علاقة مهنية بسبب تسلط المفتش وفرض إرادته على المعلم.

- عدم إظهار المعلم لما يحتاجه من عون من المفتش لخشية المعلم أن يعتبر المفتش ذلك ضعفاً.

- تركز اسلوب المعلم على التلقين والحفظ للاجابة على أسئلة المفتش لكي يظهر المعلم بالمظهر اللائق من خلال إجابات طلابه على الاسئلة الموجهة لهم من قبل المفتش.

- الاتجاه السلبي نحو المفتش بسبب الزيارة التفتيشية التي تركز على البحث عن العيوب والاخطاء[1].

لذلك كان التفتيش الطريقة المثلى التي يمارس المشرف من خلالها سلطته على المعلم ويحاسبه على كل كبيرة وصغيرة، ويتصيد له الاخطاء، أما أهم الأساليب المستخدمة فقد تطورت من الاقتصار على الزيارات الصفية في بداية المرحلة الى استعمال أساليب أخرى كالاجتماعات والدورات والنشرات والدراسات النموذجية[2].

---

(1)وزارة التربية والتعليم، (٢٠٠٢م)، مرجع سابق، ص١٩.

(٢)عليمات، محمد مقبل، (١٩٨٨م)، النظام التربوي الأردني في ضوء النظم التربوية المعاصرة، جامعة اليرموك، أربد ص١٢.

المرحلة الثانية: التوجيه التربوي:

بدأت هذه المرحلة بعد مؤتمر اريحا [*] (١٩٦٢م) وانتهت عـام (١٩٧٥م)، واعتمدت هذه المرحلة على الخصائص الآتية:

- الحاجة الى تغيير مصطلح التفتيش والبحث عـن مسـمى يلائـم العمليـة التربوية ومضمونها، وهو مسمى "الموجه الفني" أو المشرف التربوي.

- التعاون مع المعلمين وتبادل الاراء معهم على اعتبار أنهم ليسوا الحلقـة الأضعف في النظام التعليمي.

- الإبتعاد عن اصدار الاحكـام والأوامـر والتعليمات وفرض الآراء بصورة تجعل قبول الموجه بشكل أفضل.

- توسيع مجال ممارسة الموجه ليشمل المنهاج والكتاب والبيئة الصفية والوسائل والتسهيلات التربوية.

- نجاح عمل الموجه مرهون بمعرفة نتائج البحوث والتجارب في مختلف ميادين التربية.

وكان من نتائج البحوث والدراسـات أن اتسمت اتجاهـات المعلمين نحو التوجيه بطابعين هما:

الأول: أن دور الموجه غير مفيـد وغير مرغوب لرصـده الأخطاء والآثار التراكمية لممارسات التفتيش خاصة عند المعلمين القدامى.

الثاني: حديثو التعيين وأبدوا تجاوباً ظهـر في خططهـم الدراسية وتبنيهم لبعض الاتجاهات التربوية [1].

(*) مؤتمر اريحا: مؤتمر تربوي عقدته وزارة التربية والتعليم بهدف تطوير ممارسات المفتشين لتتلاءم ومفهوم التوجيه التربوي الذي يؤكد على ان التوجيه التربوي عملية إنسانية ديمقراطية تعاونية.
[1] وزارة التربية والتعليم، (٢٠٠٢م)، مرجع سابق، ص ص٢٠- ٢١.

أي أن التوجيه التربوي ظل قاصراً عن تحقيق آثار ايجابية في تطور وتحسين عملية التعلم والتعليم، أو في تكوين اتجاهات إيجابية لدى المعلمين نحو المشرفين التربويين والعملية الإشرافية عموماً[(١)].

إن عملية التغيير لم تكن سهلة لأن تغيير السلوك الإشرافي وممارساته بصورة عامة صعبة وتزداد صعوبتها بالنسبة للأشخاص الذين مارسوا هذا السلوك لفترة طويلة، وهذا ما ينطبق على المفتشين الذين أصبحوا موجهين، ولأنهم لم يكونوا مؤهلين تربوياً للعمل التعليمي لذلك من الصعب انتقالهم من مفهوم التفتيش وأسلوبه إلى مفهوم التوجيه وأسلوبه حيث هدف التعليم لديهم يرتبط بالتفتيش أكثر من ارتباطه بالتوجيه[(٢)].

المرحلة الثالثة: الإشراف التربوي:

بدأت هذه المرحلة بمؤتمر العقبة[(*)] (١٩٧٥م) واستمرت حتى الآن، بسبب فشل الوزارة في المرحلة الثانية وزيادة الطلب على إصلاح هذه الممارسات مما دعا إلى عقد ورشة أخرى في مدينة العقبة لمناقشة مستوى التعليم الموجه في ذلك الحين وجاءت توصيات المشاركين بتغيير المفهوم إلى الاسم الجديد الإشراف التربوي، وان يتم التركيز على عملية الإشراف التدريسي باعتبارها عملية متكاملة وتم اعتماد أساليب الإشراف الشامل المبني على تبادل الفهم والتخطيط بين المعلمين والمشرفين وتزويد المعلمين بالأساليب النظامية والتكتيكية وتفعيله[(٣)].

---

(١)المسّاد، محمود، (٢٠٠١م)، تجديدات في الإشراف التربوي، مرجع سابق، ص٢٤.

(٢)عطوي، جودت عزت، (٢٠٠١م)، مرجع سابق، ص٢٣٧.

(*)مؤتمر العقبة: المؤتمر الذي عقدته وزارة التربية في مدينة العقبة لعدم تحقيق نتائج إيجابية لأسلوب التوجيه وتم التأكيد فيه على ضرورة أن يعنى المشرف التربوي بالموقف التعليمي ككل والارتقاء بالممارسات إلى المستوى الجيد.

(٣) ديراني، عيد محمد، (١٩٩٧م)، واقع الممارسات الإشرافية في الأردن مرجع سابق، ص٧٢.

وفي هذه المرحلة عقد مؤتمر للإشراف التربوي عام (١٩٨٣) تمت مناقشة ثماني اوراق عمل حول الإشراف التربوي، واقترح في إحداها نموذج حديث للإشراف التربوي للمسوغات التالية:

- أن اتجاهات المعلمين نحو الإشراف التربوي لازالت سلبية كما في نتائج الدراسات الأردنية
- أن الإشراف الممارس من قبل المشرفين غير فعال وانهم بحاجة إلى النمو والتدريب.
- اتسمت العلاقة بين المعلمين والمشرفين بأنها حرب باردة مستمرة.
- شعور المعلمين وإحساسهم بفائدة الإشراف محدودة.
- اتصال المشرفين بالعمل التربوي والصفي ما يزال سطحياً وسلبياً.
- تقارب اتجاهات المعلمين في العالم نحو الإشراف مع المعلمين الأردنيين[1].

وقد هدفت هذه المرحلة إلى إحداث نقلة نوعية في الإشراف التربوي تمثلت في التالية:

- التوجيه الفني عملية جزئية والإشراف التربوي عملية اعم وتتضمن التوجيه.
- الدور الإشرافي يشمل كل عناصر العملية التعليمية من مناهج وكتب مدرسية ووسائل وبيئة بدلاً من التركيز على المعلم وحده.
- الإشراف التربوي خدمة فنية متخصصة تهدف إلى تحسين التعليم بتوفير افضل الظروف.

([1])عبيدات، ذوقان، (١٩٨٣م)،انموذج مقترح للإشراف الشامل، ورقة عمل مقدمة لمؤتمر الإشراف التربوي (السلط،٣-١٩٨٣/٩/٨)

- المعلمون اكثر ميلاً للتعاون مع المشرف التربوي والمبادرة أحياناً لدعوته للزيارة.

- الإشراف التربوي عملية شاملة إنسانية وديمقراطية تعاونية.

- احترام شخصية المعلم وتقبل الفروق الفردية والحرية في التعبير عن الذات.

- التأكيد على العمل التعاوني تخطيطاً وتنفيذاً وتقويماً.

تخلل هذه المرحلة مؤتمر التطوير التربوي الأول في عمان عام ١٩٨٧م، كما تخللها البدء بتطبيق برنامج التطوير الإشرافي التربوي عام ١٩٩٥م والذي بُني على الخصائص التالية:

- النظام التربوي في الأردن يعطي دوراً مهماً للمشرف في التطوير.

- الممارسات الإشرافية السائدة حالياً مدعومة بمجموعة أفكار ومعتقدات وخبرات تراكمية يؤمن بها المشرفون وتناسب التطوير التربوي.

- البرنامج موجه نحو تنمية الاتجاهات ومراجعة المعتقدات والأفكار وهذا ما يجب ان تبنى عليه المادة التدريبية.

واعتماداً على الخصائص السابقة صممت مادة تدريبية تضمنت أنشطة وأوراق عمل على شكل مجموعات تدريبية للمشرفين والمعلمين تميزت بالتالية: [1].

- إثارة الخبرات والتعرف إلى الاتجاهات القائمة حالياً على نحو يشعر المتدربين بأهميتها وقيمتها.

- التعريف بمسوغات التطوير التربوي والحاجة إلى التغيير.

- مراجعة الأفكار والمعتقدات السائدة وإثارة تساؤلات لمعرفة مدى الملاءمة.

([1])وزارة التربية والتعليم، (٢٠٠٢م)، مرجع سابق، ص ص٢١ - ٢٣.

- الربط بين المحتوى التدريبي للمشرفين والفعاليات الصفية من خلال تـدريب المعلمين على نحو متزامن مع المشرفين

يتضح مما تقدم أن تطور مفهوم الإشراف التربـوي قـد أنهـى الممارسـات التفتيشية، وأظهر دور المشرف التربوي في العملية التربوية، "ويمكن وصف هـذا التطور بأنه تحول مـن الإشراف النقدي التفتيشي ـ إلى الإشراف التـوجيهي، ومـن التركيز على المعلم باعتباره هدفاً لعملية الإشراف إلى إثارة دوافعه وقدراته"[1]

ويرى الباحث أن المرحلـة الحديثـة مـن الإشراف التربوي مرحلـة تكامـل وتجديد لجميع عناصر العملية التعليمية التعلمية والتفاعل بينهما، وأبرزت دور العملية الإشرافية في التطوير للعملية التربوية لاتصالها بأقطاب هـذه العمليـة طلاباً ومعلمين ومديرين، وتعمل على إبراز غايات التربية في وضوح تام لا غموض فيه من خلال العمل عـلى مساعدة المعلمين مهنياً وشخصياً، وتوطيد العلاقـة المجتمعية للمدرسة، والعمل بروح الفريق الواحد لحل المشكلات التـي تعـترض العملية التعليمية التعلمية، الأمر الذي يصبغ هذه المرحلة بالخصائص والسـمات التالية:

- يركز الإشراف التربوي على تحسين العملية التعليميـة التعلميـة بتحسـين كافة الظروف المناسبة لخلق موقف تعليمي مميز.

- الإشراف التربوي عملية مشتركة بين كافة أطراف هذه العملية قائم على الـود والاحترام والتعاون بين المشرف والمعلم والمشرف والمدير.

- شمولية الإشراف التربوي لكـل الجوانـب المـؤثرة عـلى التعليم منهجاً وكتاباً ووسائل وإمكانات واختبارات وبيئة.

- التركيز على توجيه المعلمين ومساعدتهم وحل مشكلاتهم المهنيـة والشخصية وتزويدهم بالجديد.

---

[1] عبيدات، ذوقان، (١٩٨١م)، مرجع سابق، ص٤٢.

- الإشراف التربوي عملية قيادية نجاحها مرهون بمدى تأثيرها وقدرتها على التعاون الإنساني مع المدير والمعلم والطالب.
- الإشراف عملية فنية تتطلب تنسيق كافة الجهود ومشاركتها لتحسين الأداء.
- الإشراف التربوي عملية تطويرية لدورها في تقويم عمليات التعلم والتعليم، وتأكيد المناسب منها، وتعزيزه، وتلافيها للخطأ، واستبداله.

الإشراف التربوي في إطار خطة التطوير التربوي

يعتبر مؤتمر التطوير التربوي عملية مراجعة شاملة لعناصر النظام التربوي الأردني، حيث كان الإشراف التربوي أحد محاوره الرئيسة، وجاءت التوصيات مؤكدة أهمية تفعيل هذا الدور، ومراعاة الأخذ بتكامل فعاليات الإشراف التربوي، وتوجيهه نحو مساندة المعلم، وتحسين نتاجات العملية التربوية كما أكد المؤتمر على مفهوم الإشراف التربوي الشامل القائم على تكامل عناصر العملية التربوية، والتعاون مع جميع ذوي العلاقة بهذه العملية والارتقاء بنوعية التعليم، ورفع مستوى مخرجاته، باتباع التالية:[1].

١- الرعاية الدائمة لكل من المعلم والطالب والإسهام في تحقيق النمو المهني للمعلمين والتعاون في تطوير البيئة الصفية، وتنويع أساليب التدريس.

٢- توفير افضل الظروف التي تمّكن المعلمين وغيرهم من أطراف العملية التربوية في المدرسة من القيام بدورهم بشكل فعّال.

٣- تنشيط روح البحث والتجريب لدى المعلمين والإدارة المدرسية وتوظيف ذلك في تحسين العملية التربوية.

([1])وزارة التربية والتعليم، (١٩٩٦/١٩٩٧م)، برنامج تطوير الإشراف التربوي، المديرية العامة للتدريب "برنامج تطوير الإشراف التربوي ٩٦/٩٧، ورقة عمل ص ص١ - ٢.

ومن هنا لخص دليل الإشراف التربوي الصادر عن مديرية الإشراف التربوي في وزارة التربية والتعليم الأردنية عام ٢٠٠٢م هذه السياسة بتعريفه للإشراف التربوي انه: "عملية تربوية تسعى لتقديم خدمات فنية متخصصة لتطوير العملية التعليمية التعلمية بهدف تأكيد تحسين نوعية التعليم عن طريق اتخاذ مجموعة من الإجراءات والأساليب اللازمة لتعرف احتياجات ومتطلبات تحسين العملية التربوية على مستوى المدرسة وهيئة العاملين فيها والطلبة والعمل على تلبية تلك الاحتياجات".

مرتكزات الإشراف التربوي:

بناءً على المفهوم السابق للإشراف التربوي فإن العملية الإشرافية تتعامل مع كافة المدخلات والمخرجات لعملية التعلم والتعليم مستندة الى الأسس والأهداف التالية: [1].

-   بناء علاقة الثقة المتبادلة والزمالة المهنية بين المشرف والمعلم.

-   التخطيط للزيارات وفق أهداف واضحة تلبي حاجات المعلم وتوقعاته.

-   المساعدة في تطوير خطط المدرسة، وفق إمكانياتها المادية والبشرية وتحقيق التطوير الذاتي لها.

-   تطوير منهجية التقويم الخاصة بالمعلم والمدرسة، وإعطاء المعلم فرصته لتحديد حاجاته المهنية.

-   تخطيط المشرف لعمله واستثمار الخبرات التعليمية المتوفرة في المدرسة أو المنطقة المشمولة بإشرافه.

-   بناء شبكة من العلاقات لتبادل الخبرات الإشرافية بين المشرفين التربويين.

-   تقويم عمل المشرف ذاتياً ومتابعته ميدانياً.

---

[1] وزارة التربية والتعليم(٢٠٠٢م)، مرجع سابق، ص ص ٢٤ - ٢٦.

- التطـوير المهني للمشرف التربـوي باسـتمرار، مـما يوجـب التخطيط عـلى مستوى الوزارة والميدان.

- بناء مستويين للإشراف التربوي ميداني لتطوير العملية التعليميـة في المدرسـة واستراتيجي للإشراف والمتابعة في الوزارة.

- تنويع الفعاليات والأساليب الإشرافيـة التي يمارسـها المشرف التربـوي لتلبيـة مدخلات العملية التربوية، وعملياتها، ونتائجها.

- تركيز العملية الإشرافية لتقديم الخدمات الفنية التي تعنى بتطوير عمليـة التعلم والتعليم وتطور المدرسة باعتبارها كلاً واحـداً أولاً والخدمات الإداريـة ثانياً.

- توجيه عمل المشرف التربوي للمدارس المحتاجة للخدمات الإشرافية بالدرجـة الأولى.

- تقييم الفعاليـات الإشرافيـة، وممارسـة المشرف باسـتخدام التقييـم النـوعي، والكمي.

- لكل فعاليـة إشرافيـة نمـوذج خـاص لتقييمهـا يـترك فيـه حيز للإبداعات في الممارسة الإشرافية.

- توظيف تكنولوجيا المعلومات في عمل المشرف التربوي، ومتابعته ميدانياً.

- يركز الإشراف التربوي للتعليم المهنـي عـلى نتاجـات الـتعلم، والمهـارات التي يحققها.

- توجيـه جزء مـن عمل المشرف التربوي للمباحـث المختلفة لتأكيـد بعـض المهارات التخصصية خاصة في الصفوف الثلاثة الأولى، وبالتعاون مـع المـدير، ومشرف الصفوف الثلاثة الأولى.

هيكلية الإشراف التربوي:

تتطلب المرتكزات السابقة مستويات جديدة من الإشراف التربوي، لتوفر لكل شخص المعلومات الكافية لهذه العملية وتحقيق التكامل والتنسيق بين المستويات من حيث تحديد الأدوار والمهام، وإعداد السياسات الإشرافية ومتابعة المدارس للتأكيد على نوعية التعلم والتعليم

والنتاجات التربوية، وفق الخطط التطويرية للمدارس والمديريات وفق النموذج رقم (١)

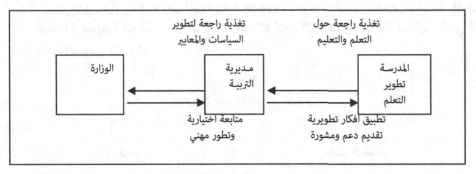

المصدر: وزارة التربية والتعليم، دليل الإشراف التربوي ص ٢٦

١- الإشراف التربوي على مستوى الوزارة :

يتمثل الدور الإشرافي بتحديد احتياجات المديريات من المشرفين وتقديم تغذية راجعة حول الفعاليات الإشرافية الممارسة في المديريات وتطوير جهاز الإشراف مهنياً للعمل على:

- تطوير معايير وأسس التنقلات والتعيينات للمشرفين التربويين.
- تحديد الحاجات الفنية للمديريات من المشرفين التربويين.
- تطوير جهاز الإشراف التربوي في الميدان بتحديد حاجاته الفنية الإشرافية وتصميم البرامج وتحليل الفعاليات الإشرافية.
- نقل الخبرات الإشرافية المميزة بين المشرفين على المستوى المحلي، أو الخارجي.
- تطوير الأدوات التي يستخدمها المشرفون التربويون.
- القيام بزيارات عشوائية لمدارس مختلفة لغايات الاطلاع على آليات تنفيذ الفعاليات الإشرافية.

- إجراء دراسات حول الإشراف التربوي وتقويمه في العملية الصفية[1].

٢- الإشراف التربوي على مستوى المديريات :

حيث يوجه عمل المشرف لدورين رئيسين في المدارس التي لا تتوافر فيها الهيكلية التنظيمية الواردة في نموذج رقم(٢) وهما:

دور إشرافي تخصصي: يمارس المشرف فيه فعاليات إشرافية فنية للارتقاء بتعليم مبحثه على مستوى الحصة، ومستوى المبحث في المدرسة والمديرية بعموم.

دور إشرافي عام: يمارس المشرف فيه مجموعة فعاليات تؤدي لتطوير المدرسة وفق خطتها التطويرية العامة ويمثل النموذج رقم (٣) أدوار الإشراف في الميدان للمدارس التي لا يمثلها النموذج رقم (٢).

أدوار الإشراف التربوي في الميدان

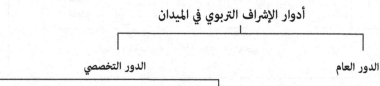

الدور العام

المساهمة في تطوير المدرسة ككل من خلال:
- بناء خطة تطويرية للمدرسة.
- متابعة القضايا الإدارية.
- توظيف المرافق والتسهيلات الإدارية.
- تطوير البيئات التعليمية.
- متابعة الفعاليات المدرسية.
- العمل في المجتمع المحلي.
- متابعة خطط المعلمين.
- تنفيذ تجديدات تربوية.
- نقل الخبرات التربوية

الدور التخصصي

الارتقاء بتدريس المبحث وتاكيد جودة التعلم والتعليم من خلال:
- تقديم خدمات فنية في مجال التخصص.
- تطوير معلمي مبحثه مهنياً.
- تطوير الخطط الخاصة بمعلمي مبحثه
- تقييم معلمي مبحثه.
- تطوير مواد تربوية مرافقة لمبحثه.
- تشخيص صعوبات التعلم في مبحثه.
- تصميم أبحاث ودراسات تخص تطوير مبحثه.
- نقل الخبرات بين معلمي مبحثه على مستوى المديرية.

المصدر : وزارة التربية والتعليم، دليل الإشراف التربوي، ص ٢٨

---

[1] وزارة التربية والتعليم، (٢٠٠٢م)، مرجع سابق، ص ص٢٤ - ٢٩.

٣- الإشراف التربوي على مستوى المدرسة:

تعد المدرسة وحدة أساسية لتطوير العملية التعليمية التعلمية من كافة جوانبها، وهذا يستلزم أن يكون مدير المدرسة مميزاً في قيادته التربوية لتطوير مدرسته كلها، بدعم من مديريته وفق آلية معروفة على المستوى الوطني بحيث يصبح تحكيم التعليم وفق لمحكات محددة تؤكد جودة التعليم، وتفعيل دور المدرسة في المجتمع، ولتنوع مستويات المدارس وهياكلها التنظيمية فقد تلاحظ الهيكل التنظيمي نموذج رقم (٢) التالي.

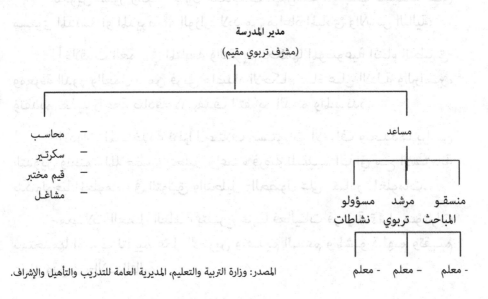

المصدر: وزارة التربية والتعليم، المديرية العامة للتدريب والتأهيل والإشراف.

وفي مثل هذه المدارس يوجه عمل المشرف التربوي في المديرية للعمل مـع المدرسة في المجالات الآتية:

- تقديم الدعم والمشورة الفنية التخصصية وفق الحاجة، وتطوير تدريس مبحث^(*) ككل في المدرسة.

- تنفيذ فعاليات تطويرية تجديدية بالتعاون مع مدير المدرسة أو مساعده أو منسق المبحث في كافة المجالات.

- مساعدة المدرسة في معالجة القضايا التي تحدث فيها.

- تنفيذ مشاريع ذات علاقة بتعليم الطلبة.

المجالات العامة المشتركة لمستويات الإشراف التربوي:

لتكوين تصور واضح حـول الفعاليـات الإشرافيـة الواجـب تنفيـذها عـلى مستوى المدرسة أو المديرية أو الوزارة لابد من مراعاة المبادئ والأسس التالية:

- أخلاقيات العمل في المتابعة والتقويم تحكمها الموضوعية أثناء التطبيق، ومعرفة الدور والعمل ضمن فريق وإصدار الأحكام بناءً عـلى الأدلـة والبراهـين، وتقديم تغذية راجعة صادقة لان هدف التقويم الدعم والمساندة.

- الأدوات المستخدمة نظراً لاختلاف مستويات الإشراف وتعـددها يراعـي التدوين وتعتمد الملاحظة والتحليل وإعطاء فرصة للتقييم الـذاتي مـع الاستعانة بتكنولوجيا المعلومات في التوثيق والتحليل والحصول على مصادر المعلومات.

- مجالات العمـل العامـة يتفـرع عنهـا فعاليـات فرعيـة تمثـل مـؤشرات يستخدمها المشرف لتقييم عمل الآخرين وتقديم الـدعم والمشـورة لهـم وتقييم عمله وفق المجالات التالية:

(*) المبحث: المادة التي يقوم المشرف بمتابعتها وتقويم اداء المعلمين الذين يدرسونها سواءً اكانت لغة عربية او إنجليزية... الخ.

- التعلم والتعليم.

- تطوير الموارد المادية.

- تطوير الموارد البشرية ومدى تطوير المعلمين مهنياً.

- العلاقة مع المجتمع من خلال مدى مشاركته لفعاليات المدرسة.

- الإدارة المدرسية ومدى نجاحها في التعاون والتخطيط والتنفيذ لفعالياتها من خلال كادر المدرسة وجهاز الإشراف[1].

الإجراءات التنظيمية:

تتطلب المرتكزات والمستويات الإشرافية السابقة الإجراءات التنظيمية وعلى النحو الآتي:

- يخصص للدور الإشرافي التخصصي أربعة أيام في الأسبوع، وللدور العام أحد أيام الأسبوع تحدده المديرية.

- توزع المدارس على المشرفين لممارسة الدور الإشرافي العام وفق رغبة المدرسة والمشرف قدر الإمكان.

- يشكل في كل مديرية لجنة خاصة لتقييم عمل المشرف ويشارك فيها لغايات تطوير الاداء.

- يقضي المشرف التربوي طيلة اليوم في المدرسة ينفذ فعاليات إشرافية متنوعة تشمل:

  - زيارتين صفيتين إذا توافر أكثر من معلم في مبحثه.
  - الاطلاع على تدريس مبحثه في المدرسة.

---

[1] وزارة التربية والتعليم، (٢٠٠٢م)، مرجع سابق، ص ص٢٩ - ٣٠.

- متابعـة معلمـي مبحثـه مـن حيـث دفـاتر التحضـير، والعلامـات، والسجلات، والخطط.

- متابعة مستوى أداء الطلبة في مبحثه أثناء ممارسته الدور التخصصي.

- تنظم كل مديرية سـجلاً لزيـارات المشرفين أسبوعياً أو شـهرياً تحـدد فيـه المدارس التي يقوم المشرف بزيارتها.

- تنظم كل مديرية سجلاً للفعاليات الإشرافية التي تمارس فيها ويرسل نسخة منها إلى الوزارة شهرياً.

- تقوم مديرية الإشراف بتحليل الفعاليات الإشرافية وإعداد تقرير حولها.

يستخدم المشرف النماذج المعتمدة حسب الفعالية، ويترك فيها مجال لبيـان التجديد والتطوير والإبداع في الممارسات الإشرافيـة والنموذج رقم(٤) يبـين الهيكـل التنظيمي لمديرية التدريب والتأهيل والإشراف التربوي وآلية المتابعة في الوزارة[1].

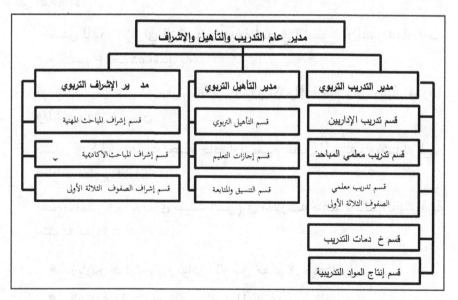

الهيكل التنظيمي لمديرية التدريب والتأهيل والإشراف التربوي في الوزارة
المصدر: وزارة التربية والتعليم، قسم التخطيط التربوي

---

[1] وزارة التربية والتعليم، (٢٠٠٢م)، مرجع سابق، ص٣١.

ومن المنتظر أن تسهم الهيكلية في تحقيق ما يلي:[1].

١- توجيه الفعاليات نحو عمق العملية التربوية والتعليمية بأسلوب تطويري مؤسس على المراجعة والتأمل واكتشاف الحاجات والتخطيط المنظم لها.

٢- تهيئة جو أكاديمي للعمل التعاوني المنظم بين المشرف والمعلم،وفي جو من الثقة والتعاون المتبادل، وخاصة على مستوى الزيارات الصفية التي من المنتظر أن تتم على نحو مخطط له وفق حاجة المعلم، وبناءً على طلب منه.

٣- توفير الوقت والجهد المبذول في تنقلات المشرفين وزياراتهم غير المخطط لها، وتوجيه الطاقات نحو الإنجاز النوعي.

٤- توزيع المشرفين على المدارس وليس على المعلمين يحد من تزايد التضخم الكمي في جهاز الإشراف التربوي وضخ إعداد كبيرة إلى الميدان دون الحصول على نتاجات نوعية لهذا الجهاز.

ويرى الباحث أن سياسة الإشراف التربوي في الأردن، وما تضمنته من أسس ومرتكزات يسهم إلى حد كبير في زيادة فاعليته وتطويره وتحسينه، وانعكاسه ايجابياً على تحسين نوعية المدارس الأردنية من خلال هذا الجهد المؤسسي-المتكامل، الذي راعى الأدب التربوي للحقبة السابقة إذا ما أحسن تطبيقه وتوافرت له الإمكانيات المادية، والبشرية اللازمة.

كما أن بناء هيكلية جديدة للإشراف التربوي تمكنه من مساندة المدرسة بشكل فاعل، وتحقق المهام الأساسية التي أنيطت بالإشراف التربوي، والإدارة المدرسية نحو المدرسة باعتبارها وحدة أساسية لتطوير التعلم والتعليم في ظل التنسيق بين مستويات الإشراف التربوي الثلاثة وهى المدرسة، والمديرية، والوزارة مع مراعاة أدوار الإشراف التربوي في الميدان، ومتابعتها ليتمكن المشرف التربوي من القيام بمهامه بنجاح واقتدار.

---

[1] المسّاد، محمود، (٢٠٠١م)، تجديدات في الإشراف التربوي، مرجع سابق، ص١٢٣.

والمؤشر الأكثر ايجابية في الإجراءات التنظيمية التي وضعها دليل الإشراف التربوي لعام ٢٠٠٢م، تمكين المشرفين التربويين من توجيه جل اهتمامهم وجهودهم للمدرسة، لقربهم منها وتعايشهم مع واقعها التدريسي- والبيئي والمجتمعي، مما يتيح لهم القدرة على متابعة التغيير الذي يطرأ على المدرسة بشكل عام، وعلى المباحث الخاصة بكل مشرف على وجه الخصوص، والتعرف إلى المشكلات التي تواجهها المدارس والعمل على وضع الحلول لها، والمساهمة فيها.

أصبح الإشراف التربوي ضرورة ملحة لمساعدة المدارس في تحسين عملية التعليم والتعلم. ولكي نمكن المشرفين التربويين من القيام بمهامهم على أكمل وجه لابد من إدراج هذه المهام في وصف وظائفهم، وإعطائهم مركز الصدارة في النظام التربوي لترجمة هذه الرؤى النظرية إلى واقع لأن من صميم عملهم المهمات التالية:

- امتلاكهم لمعايير وإجراءات وأدوات ثابتة ومقننة تمكنهم من تقويم أداء المدارس وإثارة الدافعية فيها لتكون أفضل أداءً وتدريساً.

- تزويد المدارس بكل جديد ونافع من استراتيجيات التعليم ومواده وطرائقه الحديثة وأساليبه.

- أن يقوم المشرفون التربويون وبشكل منتظم بتوثيق إحتياجات المدارس وتقديم العون والمساعدة لها في مجال الارتقاء والتطوير لعملية التعلم والتعليم.

مجالات عمل المشرف التربوي

الإشراف التربوي نظام له وظائفه الخاصة به وأداؤها بدقة يؤدي إلى تحقيقها، حيث أن تحديد مجالات عمل المشرف التربوي أو مهام عمله من الأمور الأساسية والرئيسة في سبيل بلوغ الغايات التربوية المنشودة، وتعد هذه المهام

نشاطات متنوعة ومتعددة الغرض يراد منها تحقيق الأهداف المرجوة، الأمر الذي يتطلب معرفة الأهداف بشكل واضح ودقيق قبل البدء بممارستها.

وقد صنفها سعيد دياب (١٩٦٣م) في المجالات العامة التالية:

١- تنمية العلاقات الإنسانية.

٢- تنمية القيادة بين جميع الأطراف.

٣- التنسيق بين مختلف اوجه النشاط.

٤- تقديم المعونة الفنية للمعلمين.

٥- توجيه العمل الجمعي[١].

ويورد حسين منصور، ومحمد مصطفى زيدان(١٩٧٧م) المهام التالية:

١- معاونة المعلمين على تحقيق المنهج.

٢- تشجيع المعلمين على اتباع طرق التدريس الحديثة.

٣- معاونة المعلمين على فهم حاجات التلاميذ، وخصائص نموهم والعمل على حل مشكلاتهم.

٤- إثارة اهتمام المعلمين لاستخدام المكتبات المدرسية.

٥- تشجيع المعلمين على تبادل الزيارات بينهم.

٦- توجيه المعلمين الجدد ومعاونتهم ومساعدة المعلمين الضعفاء.

٧- تقويم أعمال المعلمين[٢].

---

(١)دياب، سعيد، (١٩٦٣م)، الإشراف الفني في التربية والتعليم (مفهومه، أسسه، أساليبه)، القاهرة، دار النهضة المصرية، ص ص٥٠-٧٧.

(٢)منصور، حسين وزيدان، محمد مصطفى، (١٩٧٧م)، سيكولوجية الإدارة المدرسية والإشراف الفني، دار غريب للطباعة، القاهرة، ص ١٥٠.

واكتسب الإشراف معنى التنسيق الذي يعني التوجيه لنمو المدرسين في اتجاه يستطيعون معه، استخدام ذكاء التلاميذ، وان يوجهوا التلميذ كي يساهم مساهمة فاعلة في المجتمع، وفي العالم الذي يعيشون فيه[1].

لذا تعرض الأفندي(١٩٨١م) إلى مهام الإشراف التربوي وحددها كما يلي:

- مساعدة المدرسين على فهم وظيفتهم، والإيمان بها إيماناً يدفعهم إلى الإخلاص، وفهم الأهداف التربوية ومراجعتها، وانتقاء المناسب منها.

- المساعدة على وضع الخطط السليمة، والبرامج والأنشطة التي تشبع ميول المتعلمين وتناسب حاجاتهم.

- المساعدة على فهم وسائل التعليم، وطرقه، وأدواته، وتوفيرها.

- المعاونة في متابعة الخطط الموضوعة، وما يجد في أمور التعليم، واقتباس المناسب من كل جديد.

- المعاونة على تقويم العملية التعليمية تقويماً سليماً على أسس صحيحة.

- المساعدة على أن ينمو المدرسون في مهنتهم نمواً ذاتياً للارتقاء بالأداء.

- تنسيق الجهود لدى المدرسين، وجمع شملهم على مبادئ خلقية ومهنية يلتزمون بها.

ويرى الشتاوي والأحمر(١٩٨٤م) ان وظائف الإشراف محصورة في الحلقات الآتية[2]:

- **التقويم:** في معاينة التوافق بين عمل المعلم مع أهداف المؤسسة للتعرف الى مراكز القوة والضعف لتعزيز القوة وتدارك الضعف من خلال زيارة المشرف في الفصل.

([1])الأفندي، محمد حامد، (١٩٨١م)، مرجع سابق، ص ص ١٧- ١٨.

([2])الشتاوى، عبد العزيز والاحمر، محمد عادل، (١٩٨٤م)، نتائج دراسة تقارير الدول العربية عن الإشراف التربوي في الوطن العربي، واقعه وسبل تطويره، المنظمة العربية للتربية والثقافة والعلوم، تونس، ص٤٧

- **التدريب:** أثناء الخدمة ويكون بتنظيم حلقات وأيام دراسية حول المواضيع المتصلة بتدريس المواد وطرقها.

- **التنشيط:** أي حث المعلمين على إنتاج الوثائق التربوية وإجراء التجارب والتفكير في بعض المسائل التربوية على شكل مجموعات على مستوى المدرسة الواحدة أو المنطقة التعليمية.

- **البحث:** لأن اتصال المشرف بالميدان يهدف الى تحسس مشكلات وقضايا تربويه، يسعى لتحديدها وحلها.

- **الإدارة:** ويكون في الإشراف على سير المدارس من الناحية التنظيمية والإدارية.

ويضيف بعض المختصين في الإشراف التربوي إلى هذه المهام مهام أخرى مثل[1]:

١- العمل على إيجاد الجو المناسب الذي تتوطد فيه الصلة بين التلميذ ومعلمه ليطمئن إليه ويأخذ بنصائحه، ويتقبل إرشاداته.

٢- ان يعرف ما عند كل معلم من قدرات كامنة ومواهب ليتيح لها الظهور والتعبير عن نفسها في مجالات العمل المدرسي المناسب.

ويحدد طافش (١٩٨٨م) أهم مهام المشرف التربوي في المشاركة الفاعلة في التخطيط لكل ما من شأنه أن ينهض بالعملية التربوية من كل جوانبها من مثل:

١- قيام المشرف التربوي بالتعاون مع المعلمين على إعداد الخطة الإشرافية السنوية التي يقوم بتنفيذها ويشرك المعلمين باعتبارهم طرفا مستفيداً منها في تحسين التعلم والتعليم.

---

(١) مكتب التربية العربي لدول الخليج، (١٩٨٥م)، مرجع سابق، ص٥٠.

٢- التعاون مع مدير المدرسة في العمل على تسهيل مهمته، كأن يشترك معه في إعداد خطة إشرافية يتم تنفيذها داخل المدرسة كإعداد برامج للزيارات في الفصول، أو عرض أشرطة مرئية... الخ.

٣- اللقاء بين المشرف التربوي ومعلميه، كلٌ على حده، ليتباحث معهم ويساعدهم في إعداد خططهم التدريسية اليومية والشهرية والسنوية[١].

ويرى(Alfonso and Others١٩٨١) أن وظيفة الإشراف تتمثل في مجالات ثلاثة هي:

١- المعلم لتطوير كفايته.

٢- تطوير نظم التعليم، واستراتيجياته، ومصادره، وخدماته.

٣- بنية العمل، ومتطلباته لتحليل فعالية المؤسسة، وتقييم مدى تحقيق أهدافها[٢].

وتحدد وزارة التربية والتعليم في الأردن الأدوار الرئيسة للمشرف التربوي، ومجالات عمله على النحو الآتي[٣]:

١- مجالات عمل في مركز الوزارة للنهوض بمستوى أداء المشرفين في الميدان عن طريق الدعم، والمساعدة، والمشاركة، والتنسيق، والتقويم لتشمل التخطيط، والمناهج، والنمو المهني، والتدريب، والإدارة، والتقويم.

٢- مجالات عمل المشرف في الميدان لخدمة مفهوم الإشراف التربوي في الأردن وتتوزع على المجالات: (التخطيط، المناهج، التعليم، النمو المهني، التقويم، الادارة، التدريب، الأنشطة التربوية، العلاقة مع الزملاء والمجتمع المحلي)، وتفرد لكل واحدة من هذه المجالات تفصيلات واضحة.

---

(١)طافش، محمود، (١٩٨٨م)، قضايا في الإشراف التربوي، دار البشير، عمان، ص ص٤٦- ٤٩.

(٢)Alfonso, R.J.; G.R.; and Neville R.F.;(١٩٨١), Instructional Supervision: behavior system, Allyn and Bacon, Inc, Boston, Massachusetts.

(٣)وزارة التربية والتعليم، (٢٠٠٢م)، مرجع سابق، ص ص ٣٥- ٤٠.

كما حددت الوزارة الفعاليات الإشرافية الواجب تنفيذها على مستوى المدرسة أو المديرية أو الوزارة باباً لتقييم عمل الآخرين، وتقديم الدعم والمشورة لهم، وتقييم أعمالهم على المجالات التالية:

- التعلم والتعليم ويتم التعرف إلى درجة فاعليته بـ:

- استخدام المعلم التقييم بفاعلية.

- استخدام المصادر التعليمية الملائمة.

- درجة العلاقة بين المعلم والطالب المبنية على الاحترام المتبادل بينهما.

- جودة الإدارة الصفية.

- تفعيل دور الطالب في الحصة الصفية.

- تطوير الموارد المادية ومدى استثمارها بـ:

- توافر المعلومات عنها ومساهمتها في تطوير بيئة المدرسة ككل.

- توافر سجلات خاصة بتوظيفها.

- تطوير الموارد البشرية ومدى تطوير المعلمين مهنياً من خلال:

- درجة تحديد الاحتياجات التدريبية والمهنية للمعلم وتلبية هذه الاحتياجات وفق الأولويات

- مدى انتقال اثر التدريب إلى الغرفة الصفية.

- العلاقة مع المجتمع المحلي ومدى مشاركته في فعاليات المدرسة من حيث:

- درجة مساهمة المجتمع المحلي في فعاليات المدرسة والعكس اي مساهمة المدرسة في فعاليات المجتمع.

- مدى مساهمة أولياء الأمور في المجالس المدرسية المختلفة.

- الإدارة المدرسية ومدى نجاحها في التعاون والتخطيط والتنفيذ لفعالياتها من خلال كادرها المدرسي وجهاز الإشراف وفق الآتي:

- درجة مساهمة المشرف في إعداد الخطة التطويرية ونجاحها في تحسين أداء الطلبة.

- درجة التوثيق والتنظيم للمعلومات، ومدى وضوح الاجراءات التنظيمية.

- درجة تحديد الحاجات التربوية للمدرسة وأولوياتها.

مما سبق عرضه نجد أن هناك مهامٍّ ووظائف عديدة ومتنوعة للإشراف التربوي، لكن يبدو أن تداخلاً واضحاً قد شاب عرضها عند بعض التربويين حيث خُلط بين الهدف والمهمة مما يوجب التفريق بينهما فالهدف غاية يراد تحقيقها والمهمة آلية لتحقيقها.

ويرى الباحث أن مجالات عمل المشرف التربوي تشمل كافة الأمور المتعلقة بالعملية التعليمية التعلمية، وتشارك كافة أطرافها من معلمين وطلاب ومديرين، لهذا اصبح دور هذا الجهاز نابعاً من الحرص على مستقبل الأجيال وتزويدها بالعلم والمعرفه والخلق القويم لتصبح قادرة على المشاركة في بناء مستقبل الأمة، لذا وجب أن تتوفر في المشرف التربوي المقومات التالية لتأدية مجالات عمله المختلفه، وهي:

- المؤهل العلمي العالي الذي يميزه عن المعلمين الذين يتلقون منه المعرفة والتوجيه والتدريب.

- الإلمام بقدر عال من العلم والمعرفة، والدأب على البحث والاطلاع والاستقصاء لمعرفة كل جديد له مساس بالعملية التربوية لينقلها لمن يشرف عليهم.

- أن يكون ملماً بالمناهج المدرسية والأنشطة المرافقة لها، متعمقاً في جزئياتها، وخططها، وتنفيذها.

- أن يكون قد مارس العملية التعليمية ميدانياً مدة أهلته لمعرفة ايجابيات بيئة المدرسة وسلبياتها، وكيفية التعامل مع العاملين فيها، والطلبة ليطور أداءهم.

- أن يتحلى بالصبر والصدق والإيمان بما يعمل ليتمكن من نقل خبراته، ويتقبلها منه الآخرون.

وقد خلص الباحث إلى أن مهام الإشراف التربوي لم تعد تقويم أعمال المعلمين داخل فصولهم وإنما شملت جوانب أخرى أهمها:

- العمل على مساعدة المعلمين على النمو المهني، والعلمي.
- تزويد المعلمين بكل ما يستجد في أمور العملية التعليمية التعلمية.
- المساهمة في وضع البرامج والخطط والأساليب الكفيلة بإشباع رغباتهم، وميولهم، وينعكس على الطلبة بالنفع والفائدة.
- العمل على رفع كفاءة المعلمين الجدد، وتعريفهم بمهام عملهم، وطرق تنفيذها.
- دراسة المناهج، والكتب المدرسية، وتقويمها مع المعلمين.
- تهيئة الجو المناسب بين المعلم والطالب والمعلم والإدارة من جانب آخر ليطمئن كلّ للآخر.

كفايات المشرف التربوي

ينظر للإشراف التربوي الناجح على أنه الأداة المحركة والمنظمة لما يقوم به المعلم داخل غرفة الصف وخارجها من بيئة مدرسية من أجل تحقيق الأهداف التربوية التي يعمل لتنفيذها، وانطلاقاً من الدور المنشود للمشرف التربوي في تأدية الأدوار المختلفة بفاعلية، يجب أن تتوافر لديه مجموعة من الكفايات الخاصة التي تدل على قدرته على عمل الأشياء بكفاءة وبمستوى معين من الأداء، لان العمل الإشرافي يتطلب - إلى جانب المؤهل العلمي والخبرة والتدريب - عاملاً أساسياً وهو توفر الكفايات والمهارات لتكون عوناً له في ممارسته الإشرافية.

أشار اوليفا (Oliva ١٩٧٦) إلى ضرورة إلمام المشرف التربوي بـأنواع مـن المعلومات والمهارات والصفات الشخصية للأداء بطريقة فعالة، ليعمل بطريقة منسجمة مع الذين يعملون في محيطه، لأن الدور الذي يؤديه المشرف التربـوي يمكنه من المساعدة للمعلمين في فهم أنفسهم، ومعرفة مـواطن القـوة، وإدراك نواحي الضعف، لأن في ذلك تحدياً كبيراً للمشرف ويتطلب منه مهارة فائقة[١].

ويحدد كاتس (Katts) ثلاثة أنواع من المهارات الأساسية اللازمة للمشرف التربوي الناجح وهي:

- مهارات فنية: تحدد القدرة علـى استخدام المعرفـة والأسـاليب والطـرق لأداء عمل معين كالخطة الدراسية.

- مهارات إنسانية: تؤكد القدرة علـى العمـل مـع الجماعـة وفهـم الـذات الإنسانية وتقبلها وبناء أجواء ودية وتنمية اتجاهـات ايجابيـة كحسـن الإصغاء، والفهم، والتغذية الراجعة.

- مهارات تصورية: تؤكد القدرة علـى التصور الـذهني والعقلـي للأمـور المحيطة والمتغيرات داخلية وخارجية، واثر العلاقـات علـى العمـل ونمـو المعلمين مهنياً وزيادة الإنتاج، وخلق أفكار جديدة والإحسـاس بالمشكلات قبـل حـدوثها ووضع الحلول لها[٢].

وتصنف الخطيب(١٩٨٤م) مهارات الإشراف التربوي على النحو التالي:

- الحساسية: مهارة الإحساس بمشكلات التعليم، وجذورها، واليقظة المهنية لديناميات سلوك المعلم والطلاب، والمشكلات التربوية.

- المهارات التحليلية: المقدرة على التحليل الفعال، وفهم العلاقات والتمييز بين أنواع السلوك الخاصة بالتعليم.

[١]Oliva, Peter, F.(١٩٧٦) Supervision for Today's Schools;(New York: Harpert and publishers), P.١٤٠.

[٢]Sergiovani, Thomas, J. And Starratt, Robert, J.(١٩٧٩), Supervision Human Perspective, ٣rd Ed. New York, McGraw- Hill, P.٢٥.

- **مهارات الاتصال:** المقدرة على ترجمة أفكار المشرف وتصوراته كي تكون مفهومة للمعلم.

- **الخبرة في التدريس والمنهاج:** امتلاك المشرف التربوي معرفةً عملية ونظرية حول التعليم، والطلاب، وأساليب التدريس، وأن يكون خبيراً في تخصصه و ذي معرفه بالمنهاج(غاياته، وتسلسله، وتقنياته، ومواده التعليمية).

- **العلاقات الإنسانية:** قدرة على امتلاك علاقات إنسانية مع المعلمين والتعامل معهم باعتبارهم اشخاصاً في أفراحهم وأتراحهم.

- **المسؤولية الاجتماعية:** امتلاك تصورات واضحة حول أهداف التربية وعلاقتها بالمجتمع وامتلاك تصورات تتعلق بالإنسان والطبيعة والمجتمع وتحدد دور المشرف كقائد تربوي [1]

وصنف مرعي وآخرون (١٩٩٢م) مجالات قائمة الكفايات الأدائية الأساسية إلى المجالات التالية حيث اشتمل كل مجال مجموعة كفايات [2]:

- التخطيط لعملية الإشراف التربوي.

- محتوى الإشراف التربوي.

- أساليب الإشراف التربوي وأنشطته.

- التقويم والمتابعة والتغذية الراجعة.

- تحقيق ذات المشرف التربوي.

- تحقيق أهداف الإشراف التربوي بالنسبة للمعلمين والمديرين.

([1])الخطيب، رداح، احمد، وجيه،(١٩٨٤م)،الإدارة والإشراف التربوي، مرجع سابق، ص ص١٣٥-١٣٦.

([2])مرعي، توفيق، محمد سعيد، محمد احمد، (١٩٩٢م)، آراء المشرفين التربويين في الأردن في مدى تمكنهم من الكفايات الأدائية الأساسية ومدى استخدامهم لها، دراسات تربوية، المجلد السابع، ج ٤٥، عالم الكتب، القاهرة، ص١٣٨.

إلا أن الداوود (١٩٩٥) يصنف هذه الكفايات في ستة مجالات تمثل جوانب العمل الإشرافي وهي:

- مجال الإلمام بطبيعة العمل كمعرفة الأهداف،وإجراءات العمل الإشرافي.

- مجال الأساليب الإشرافية في جوانب كالزيارات الهادفة،وعقد اللقاءات.

- مجال العلاقات الإنسانية كالعمل بروح الفريق، والعلاقات الودية مع الرؤساء والمعلمين.

- مجال العلاقات والخصائص الشخصية كحسن المظهر، والسلوك الشخصي، وتحمل المسؤولية.

- مجال القيادة كاتخاذ القرارات السليمة، وحل المشكلات بالأسلوب العلمي.

- مجال تقويم أداء المعلم كتقويم الأداء للمعلمين، ودرجة إتقانهم، واستخدام المعايير[1].

ويورد عطوي (٢٠٠١م) كفايات الإشراف التربوي الأكثر ملاءمة لخدمة أغراض الإشراف التربوي كالتالي:

- المهارات العلمية والفكرية: وتعني القدرة على التفكير البناء، والتساؤل الهادف، وتحسين بيئة التعليم، ومراعاة الفروق الفردية بين المعلمين، واستخدام الأسلوب العلمي في حل المشكلات، والتمكن من هذه المرتكزات والأسس لبناء المنهج، وأساليب الإشراف، والاحتياجات.

- المهارات الإنسانية: القدرة على الإقناع، والتبصير، وإدارة النقاش، والاتصال، وتحسس المشاعر، وتقدير مستوى العاملين، ورضاهم، والتعرف الى

---

(1)الداوود، فاعور فهد، (١٩٩٥م)، كفايات المشرف التربوي كما يراها الإداريون والمعلمون والمشرفون أنفسهم، رسالة ماجستير (غير منشورة)، الأردن، جامعة اليرموك، اربد، ص ص ٦٧-٦٨.

الاتجاهات السياسية، والاقتصادية، والاجتماعية، والاتصال بأولياء الأمور عند الحاجة.

- المهارات الفنية: قدرات على توضيح الأفكار، والإطلاع المستمر والقراءة الواعية، استخدام الوسائل، تبادل الرأي مع المعلمين وإدارة الحوار، مهارة جمع البيانات والقدرة على الإصغاء والتنسيق ودراسة النتائج وتفسيرها، وتحليل البيانات وتفسيرها.

- المهارات المتعلقة بالتنظيم المدرسي: الترجمة للبرامج التعليمية وبرامج الإشراف واكتشاف الخلل في التنظيم، مهارة تحديد الاحتياجات التربوية ورسم الخطط لها[1].

ويذكر دليل الإشراف التربوي(٢٠٠٢م) الكفايات الواجب توافرها في المشرف التربوي لتطوير العملية التعليمية التعلمية على النحو التالي:

أولاً: كفايات شخصية تتمثل في:

- القدرة على إثارة الدافعية عند المعلمين، وتحليل المواقف التعليمية.
- القدرة على التعبير، واتخاذ القرارات، وأجراء المقابلات، وتوفير الجو الديمقراطي التعاوني.
- استثمار الوقت بشكل إيجابي، وتوزيع الأعمال والمهام مع مراعاة الفروق الفردية.
- القدرة على حل المشكلات، واقتراح الحلول المناسبة، وإدارة الاجتماعات، والمشاغل.
- مواكبة التطورات، والتغيرات، وامتلاك مهارة تقديم تغذية راجعة بأسلوب ودي.
- القدوة في السلوك والمظهر.
- مشاركة المعلمين في المناسبات الاجتماعية.

(1)عطوي، جودت عزت، (٢٠٠١م)، مرجع سابق، ص ص٢٤٠- ٢٤٢

ثانياً: كفايات معرفية بحيث يعرف ويعي:

- فلسفة التربية وأهدافها وتشريعات النظام التربوي في الأردن.
- أصول التخطيط لعمله الإشرافي، وتطبيق النظريات الخاصة بالتعلم والتعليم.
- محتوى المنهاج والكتب المدرسية.
- أساليب المتابعة، والتقويم.
- حقوقه، وواجباته، ومسؤولياته.
- أساليب البحث العلمي.

ثالثاً: القيم والاتجاهات بحيث:

- يكون متحمساً لعمله الإشرافي، ومعتزاً به، ومنتمياً له.
- يقدر القيم الروحية والأخلاقية، ويعمل على تنميتها لدى المعلمين، والمديرين.
- يحرص على تحقيق العدالة، واتخاذ المواقف التي تتصف بالنزاهة، والموضوعية.
- يقبل النقد البناء، ويعمل بروح الفريق.
- يكون قادراً على تقويم سلوكه الإشرافي، مبتعداً عن سلطة الموقع الوظيفي حريصاً على الزمالة والاحترام المتبادل[1].

ويرى الباحث أن المشرف التربوي بخصائصه الشخصية والمعرفية والعلمية وما يتصل بالقيم الأخلاقية ضرورة لانفاذ العملية الإشرافية على الوجه الأكمل، ولذلك لابد أن يكون المشرف التربوي متعدد الكفايات من أجل إعداد معلمين أكفياء، ومدربين تدريباً عالياً مما يؤهلهم إلى تحسين التدريس، وتحقيق الأهداف التربوية.

([1]) وزارة التربية والتعليم، (٢٠٠٢م)، مرجع سابق، ص ص٤٥- ٤٧.

وكما هو ملاحظ، فإنه لا يوجد اختلاف كبير بين القوائم السـابق الإشـارة إليها في تصنيفات الأدب التربوي، بل إنها جميعاً تؤكد أن المشرف التربوي - بما لديه من كفايات فنية وإنسانية وتصـورية منوعـة - يحقـق دوراً كبـيراً وبـارزاً في طبع شخصية المعلم، وتحديد إمكانياته الأدائية إن كانت ملائمة قام على تعزيزها وان كانت ضعيفة قام على تحسينها لتطوير العملية التعليمية التعلمية، بما تشمله من مناهج، واختبارات، وعمليات ذات علاقة بالنظام المدرسي، وعلاقته المجتمعية، وأثره في المجتمع كي يكون العمـل المـدرسي عمـلاً متطـوراً، وشـمولياً، ومتكاملاً مع المجتمع في ظل التطور الايجابي للمفهوم الإشرافي وانعكاسه على الأدوار والمهام المطلوب من المشرف إتقانها.

المبحث الثاني: أنواع الإشراف التربوي

لما كان الغرض من الإشراف التربوي تحسين عملية التعليم والتعلم بالعمل على مساعدة المعلمين، في أن يكون الأقدر على تنشيط وتوجيه نمو تلاميذهم، كي يكونوا فاعلين مميزين في مجتمعهم، فقد سايرت عملية الإشراف التربوي الطبيعة المتطورة للتربية، نتيجة للتطور الحاصل في وظائف الإشراف التربوي ومهامّه عالمياً وعربياً، حيث استند الإشراف التربوي باعتباره عملية مهنية متطورة إلى قاعدة من الوعي التربوي الشامل، ومعرفة بمختلف جوانب هذه العملية، ونظرة مستقبلية مستشرفة لتحديات العصر ومتطلباته.

ونظراً لعدم وضوح مفهوم الإشراف التربوي، وتعدد تعريفاته والجوانب التي يتناولها فقد تعددت أنواعه في ظل تأثره بالنظريات الإدارية، والعلاقات الإنسانية، وعمليات الاتصال، كما تأثرت هذه الأنواع بطبيعة النظام التربوي نفسه من أهداف، ومناهج، وكتب دراسية، وعلاقات تربوية، لذا أسهبت أدبيات الإشراف التربوي في الحديث عن أنواعه وأشكاله، وحددت لكل نوع مفهومه، وخصائصه، ومجالات توظيفه، واستخدامه.

وتميل معظم الدراسات إلى تصنيف الإشراف في اتجاهين، هما [1]:-

الاتجاه الأول: يتعلق بالعلاقات الإنسانية حيث قسمه (كامبل) و(ويلز) إلى أربعة أنواع هي:-

الاستبدادي (الديكتاتوري)، والدبلوماسي، والديمقراطي، والسلبي (الترسلي).

---

[1] أبو هويدي، فايق سليمان حسن، (٢٠٠٠م) درجة ممارسة المشرفين التربويين لكفاياتهم الإشرافية من وجهة نظر معلمي وكالة الغوث الدولية في الصفة الغربية، رسالة ماجستير (غير منشورة)، جامعة النجاح، نابلس ص١٦.

الاتجاه الثاني: يتعلق بالأهداف والنتائج والوسائل وكثرت التقسيمات تحت هذا الاتجاه فشملت الإشراف التصحيحي والوقائي والبنائي، والإبداعي، والعلمي، والإكلينيكي والمصغر والجمعي التشاركي (الزمري) فالتطوري الـذي يشمل النمط المباشر، والتشاركي (غير المباشر).

فيما يتحدث الأفندي عن أربعة أنواع للإشراف التربوي هي [1] :-

١-   الإشراف التصحيحي.

٢-   الإشراف الوقائي.

٣-   الإشراف البنائي.

٤-   الإشراف الإبداعي.

ويذكر مصطفى متولي الأنواع التالية للإشراف التربوي [2] :

١-   الإشراف الديمقراطي.

٢-   الإشراف العلمي.

٣-   الإشراف الإبداعي.

٤-   الإشراف القيادي.

بينما تشير الخطيب إلى صور الإشراف التربوي في قسمين، هما [3] :

١.   ما يتعلق بالعلاقات الإنسانية ويندرج تحت هذا النوع الصور التالية:-

-     الإشراف الديكتاتوري (الاستبدادي)، التفتيشي.

---

[1]الأفندي، محمد حامد، (١٩٨١م)، الإشراف التربوي، مرجع سابق، ص ص ٥١ - ٥٦

[2]متولي، مصطفى، (١٩٨٣م)، مرجع سابق، ص ص ٣٢ - ٣٩

[3]الخطيب، رداح وآخرون، (١٩٨٧م)، الإدارة والإشراف التربوي، مطابع الفرزدق التجارية، ص ص ١٤٦ - ١٤٧

- الإشراف الديمقراطي.
- الإشراف الدبلوماسي.
- الإشراف السلبي.

٢. ما يتعلق بالغايات والوسائل، ومنه الصور التالية:

- الإشراف التصحيحي.
- الإشراف الإكلينيكي (العلاجي)، العيادي.
- الإشراف الوقائي.
- الإشراف البنائي.
- الإشراف العلمي.
- الإشراف الإبداعي.

ويضيف نشوان تصنيفاً آخر للإشراف التربوي تندرج تحته الصور التالية[١]:

١- التشاركي

٢- العيادي أو العلاجي الإكلينيكي

٣- الإشراف بالأهداف.

ومن الأنواع الإشرافية التي لم ترقَ في تداولها وأهميتها، ما عُرف بالإرشاد الذاتي كما نقل (فيفرد ودنلاب) عن (Mosher and Purpel, ٩٧٢)[٢].

---

(١)نشوان، يعقوب، (١٩٩١م)، الإدارة والإشراف التربوي بين النظرية والتطبيق، ط٣، دار الفرقان، عمان، ص ص١٣٩- ١٤٨

(٢)فيفرودنلاب، (١٩٩٣م) مرجع سابق، ص ١٢٨. *

ويتحدث بلقيس وعبد اللطيف عن نمط خاص بالمعلمين الذين لا يستجيبون للأنماط المألوفة، وهو توجيه الأقران[١].

أما المسّاد فيشير إلى الإشراف التربوي باعتباره عملية بين شخصية[٢] وسوف يتناول الباحث الإشراف التربوي الذي شاع تطبيقه وانتشاره من خلال مفهومه، ومهامه، ووظائفه، وأدواره، وساعد في تحسين العملية التربوية، وكان الأكثر شيوعاً، وممارسة. وأبرز هذه الأنواع:-

أولاً :- الإشراف التصحيحي:

الخطأ سمة من سمات البشر، تتفاوت درجاته وفق ما يترتب عليه من أضرار، فقد يكون الخطأ جسيماً، وقد يكون بسيطاً، وإن كانت عملية اكتشافه سهلة جداً، فالصعب هو تقدير الضرر المترتب عليه، وكيف يعالج ؟ لهذا يكون الإشراف تصحيحياً عندما يؤدي المشرف التربوي دوره لإصلاح الأخطاء التي وقع فيها المدرس أثناء عمله التربوي. وهنا يتوقع المشرف أن تكون نتيجة عمله الإشرافي تصحيح المسار قدر الإمكان، وجعله بالشكل الذي يحقق الأهداف التربوية.

فإن كان الخطأ بسيطاً لا يترتب عليه آثار ضارة للعملية التعليمية التعلمية تجاوز عنه، أو يشير إليه إشارة عابرة، وبأسلوب لبق لا يشكل حرجاً لمن أخطأ، وإن كان الخطأ جسيماً يؤدي إلى توجيه التلاميذ توجيهاً غير سليم، فالمشرف هنا أحوج إلى استخدام لباقته وقدرته في معالجة الموقف في مقابلة عرضية أو اجتماع فردي، مع الإبقاء على جوٍ من الثقة والمودة للمعلم، عن طريق الإشارة إلى المبادئ والأسس الداعمة لوجهة نظره، وتبين مدى الضرر الناجم عن الخطأ، وهنا

([١])بلقيس، احمد، وعبد اللطيف خيري،(١٩٩٨م) المعنى الإشرافي الشامل وتطبيقاته العملية،الانروا، عمان.

([٢])المسّاد، محمود، (٢٠٠١م)، تجديدات في الإشراف التربوي، مرجع سابق، ص ٢٤٤.

تكون فائدة الإشراف التصحيحي في توجيه العناية البناءة إلى تصحيح الأخطاء دون الإساءة للمعلم، أو الشك في قدرته على التدريس[١].

ثانياً الإشراف الوقائي :-

يكون الإشراف وقائياً عندما يعتقد المشرف التربوي أن مهمته منع وقوع المدرس في الخطأ، لتوقعه للصعوبات والمتاعب التي تواجه المعلمين مسبقاً، والعمل - قدر استطاعته - على منع وقوعها والتقليل من آثارها، ومساعدة المعلمين على مواجهتها، وتقوية ثقتهم بأنفسهم حتى يتغلبوا عليها، كما يتوجب على المشرف التربوي أن يتخذ الأساليب المناسبة لكل موقف، واضعاً في اعتباره شخصية المعلم، ومدى قوتها، وإمكانياته وقدراته الذاتية، ويوضح له الأساليب السليمة في العمل التربوي، فقد يشرح الموقف، ويضع خطة مع المعلم للمواجهة، للتغلب عليه أو تلافيه قبل حدوثه مع قناعته بالمعلم وحكمته وحسن تصرفه، مستغلاً خبرته الطويلة في التدريس، وممارساته السابقة ومعرفته بمواطن الصعوبات، وتجاربه في مواجهتها وزياراته للمعلمين ووقوفه على أساليب تدريسهم المختلفة، لوضع الآلية المناسبة للحل[٢].

ثالثاً : الإشراف البنائي :-

وفي هذا النوع من الإشراف يتجاوز المشرف التربوي مرحلة التصحيح إلى مرحلة البناء، وإحلال الجديد الصالح محل القديم الذي ورد فيه الخطأ وتصحيحه، ولا ينبغي له ذكر الخطأ ما لم يكن لديه مقترحات مناسبة لتصحيحه، أو خطة ملائمة لمساعدة المعلم في معالجته، وبداية الإشراف هي الرؤية الواضحة للأهداف

---

(١)الأفندي، محمد حامد، (١٩٨١م)، مرجع سابق ص ص ٥١-٥٢.

(٢)الخطيب، رداح وآخرون،(١٩٨٧م)، الإدارة والإشراف التربوي مطابع الفرزدق، مرجع سابق، ص٢٥٣

التربوية والوسائل التي تحققها إلى أبعد مدى، وينبغي أن يكون تركيز المشرف والمعلم على المستقبل، وعلى النمو، والتقدم لا على الماضي[1].

ولا تقتصرـ مهمة الإشراف البنائي على إحلال الأساليب الأفضل محل الأساليب غير المجدية بل تتعداها إلى:

–   إشراك المعلمين مع المشرف في الرؤية الجيدة لما يجب أن يكون عليه التدريس.

–   تشجيع النشاطات الإيجابية وتحسين أدائها.

–   إثارة روح المنافسة بين المعلمين وتوجيهها لصالح العمل التربوي، وتشجيع النمو المعرفي.

–   تشجيع النمو المهني للمعلمين، وإثارة روح المنافسة الشريفة بينهم.

رابعاً : الإشراف الإبداعي :-

يكون الإشراف ابداعياً عندماـ لا يقتصرـ على مجرد انتاج الأفضل، وإنما يشحذ الهمم، ويحرك القدرات الخلاقة لدى المشرف التربوي ليبذل أقصى ما لديه في مجال العلاقات الإنسانية، لذا يجب أن يتصف المشرف التربوي بالعديد من الصفات الشخصية كالصبر، واللباقة في التعامل، ومرونة التفكير، والتواضع، والرغبة في الاستفادة من الآخرين وخبراتهم، والإدراك الواعي للأهداف التربوية، والاستعداد للسير في أفضل السبل التي توصل إليها وهو نادر الوجود[2].

وفي هذا النوع يطّلع المشرف التربوي على كل ما هو جديد في المادة أو الأسس التربوية، ومن ثم تنقل الخبرة للمعلمين وتطرح للمناقشة معهم، ويتيح المشرف فرصة النمو لكل معلم وطالب في النظام التعليمي، وذلك عن طريق

---

[1] سيد، حسن حسين، (١٩٦٩)، مرجع سابق، ص ٢٣
[2] الأفندي، محمد حامد، (١٩٨١م)، مرجع سابق ص ص ٥٥ - ٥٦

ممارسة مهاراته وقدراته تحت تشجيع وتوجيه مهني، يقوم به شخص خبير هو المشرف التربوي [1].

ولكي يكون المشرف مبدعاً عليه أن يتصف بالصفات الشخصية التالية:-

١- مرونة التفكير.

٢- الصبر واللباقة.

٣- الثقة بقدراته المهنية مع التواضع.

٤- فهم الناس والإيمان بقدراتهم.

٥- الرغبة في التعلم مع الآخرين، والاستفادة من تجاربهم، وخبراتهم.

٦- الرؤية الواضحة للأهداف التربوية والسير في أي طريق توصل إليها[2].

خامساً : الإشراف الديمقراطي:-

يؤكد هذا اللون على احترام شخصية المعلم باعتباره فردا ينبغي أن تتاح له حرية التفكير وممارسة المبادأة وتحمل المسئولية، والمشاركة في توجيه التعليم، وتحديد سياسته وحل مشكلات التعليم. وهذا الإشراف يحقق للجماعة مبدأ تكافؤ الفرص دون مساواة مطلقة في الحقوق والواجبات، فتقدير كل فرد مرهون بقدرته على العمل[3].

ويضيف (برتن) للمفهوم الديمقراطي للإشراف: "أن الإشراف الجيد الذي يلائم المدرسة الحديثة هو القيادة التي تدرس وتحسن الموقف التعلمي التعليمي من

([1])بوردمان، تشارلز وآخرون، (١٩٦٣م)، الإشراف الفني في التعليم، ترجمة: وهيب سمعان وآخرين، مكتبة النهضة المصرية، القاهرة، ص ٤٢.

([2])الاسدي، سعيد جاسم، وإبراهيم، مروان عبد المجيد، (٢٠٠٣م)، الإشراف التربوي، دار الثقافة للنشر والتوزيع، عمان، ص٢٤٨.

([3])الخطيب رداح، وآخرون، (١٩٨٧م)، الإدارة والإشراف التربوي، مرجع سابق. ص ٢٤٦

جميع نواحيه، ولا يقتصر نشاطها على نواح معينة أو أشخاص معينين، وهو القيادة التي تدعو إلى مساهمة جميع من يهمهم الأمر ولهم علاقة بالمشكلة المقدمة وتحترم هذه المساهمة، وتوفر الحرية، والمبادأة في ضوء سياسة محددة تعاونياً، وتهتم بالأساسيات دون التفصيلات التافهة، وهي القيادة التي تعمل في ضوء وحدة الحقائق مع القيم الديمقراطية[1].

سادساً الإشراف العلمي :-

المشرف هنا يتبع الأسلوب العلمي في بحث المواقف، ووضع الخطط، وتقدير النتائج. يحترم آراء الجماعة، فيعرضها للمناقشة فإذا ثبت صحتها أخذ بها، وإلا استبعدت ووضعت بدلاً منها فروضٌ جديدة حتى تصل الجماعة للحلول السليمة. فالإشراف هنا يتم بالبحث والتجريب وتحديد فاعلي الطرق وصحتها والوسائل المستخدمة في التدريس، وهذا بدوره يؤدي إلى تحسين أساليب التدريس[2]

والمشرف التربوي أمام هذا النوع من الإشراف-لا يتعصب لفكرة أو ينحاز لوجهة نظر خاصة، يحترم أفكار الجماعة، ووجهات نظرهم حتى تصل الجماعة إلى الحلول المناسبة، والنتيجة المباشرة لهذا كله هو القيام بالبحث والتجريب، وهذا يؤدي بدوره إلى تحسين أساليب التدريس[3]

سابعاً : الإشراف القيادي :-

هذا النوع الإشرافي يتطلب تمتع المشرف التربوي بأعلى أنواع الإعداد والقوة، فيجب أن يكون قائداً وليس مفتشاً أو مستبداً أو مجرد صديق محبوب من

---

[1] بوردمان، تشارلز، وآخرون، (١٩٦٣م)،، ترجمة وهيب سمعان، مرجع سابق، ص ٣٦.
[2] الخطيب، رداح وآخرون، (١٩٨٧م)، مرجع سابق، ص ٢٤٨
[3] متولي، مصطفى، (١٩٨٣م)، مرجع سابق، ص ٣٤.

الجميع، بـل يجب ان يـدرس باعتباره قائداً تربـوي التعلـيم وفلسـفته متمكناً من المبادئ والأساليب والتطبيقات التربوية، وعارفاً بطرق التدريس، وعلم النفس التربوي وقوانين التعلم، وأن يدرك محددات المعرفة في هذه الميادين، وأن يتصف بالمعرفة والمهارة في استخدام الطريقة العلمية مـن حيث جمع البيانات الدقيقة عن المشكلات التربوية، ولديه قدرة على الاستقصاء وتفسير النتائج، فهو مبدع في مهاراته التدريبية ويشجع عـلى المبـادأة، ويحـث المعلمـين عـلى النمـو، وبذل الجهود لتحسين أنفسهم [1].

الأمر الذي يتطلب من المشرف التربوي تنمية القيادة السليمة وتشجيعها عند الآخرين، باعتماد أرائهم وأفكارهم واكتشاف قـدراتهم القياديـة مـن خـلال التعامل الإنساني وضـمن الجـو المناسب، لرفع جميـع العـاملين لتقديم أفضل الجهود والأفكار في تطوير العملية التربوية [2].

ثامناً الإشراف بالأهداف :-

وهو مجموعة العمليات التي يشترك في تنفيذها كل مـن المشرف والمعلـم وتتضمن تحديد الأهداف المراد تحقيقها تحديداً واضحاً وقابلاً للقياس، وتحديد مجالات المسؤولية الرئيسة لكل من المشرف والمعلم في ضـوء النتائج المتوقعـة، واستعمال المقاييس المحددة لقياس مدى تحقيق الأهداف مـن أجل ضبط سـير العملية الإشرافية وتنظيمها [3].

لذلك يحدد كل من الرئيس والمرؤوس الأهداف معـاً، ويتم تحديـد أنماط المسئولية لكل شخص سواء كان المعلم أو المشرف أو المدير، بحيث تؤخذ

_____

[1] بوردمان، تشارلز واخرون، ترجمة وهيب سمعان، مرجع سابق، ص ٥٩

[2] حامد، فرحان رشيد، (١٩٨٢م)،تقويم تجربة المشرف المقيم من وجهة نظر المشرفين والمعلمين، دار الرشيد للنشر، بغداد، ص٢٩

[3] المسّاد، محمود، (١٩٨٦م)، الإشراف التربوي الحديث واقع وطموحات، دار الأمل، أربد، ص ٥٥.

الأهداف باعتبارها معايير للحكم على أداء المعلم، ويتم تطبيقه وفق الخطوات التالية:-

١- عقد لقاءات دورية بين المشرف والمعلمين لإجراء تحليل موضوعي وعلمي للأهداف لتحديد مصادر اشتقاقها

٢- صياغة الأهداف وتحديدها من قبل المشرف والمعلمين وكتابتها.

٣- تدارس الإمكانيات المادية والبشرية الكفيلة بمساعدة المعلم على تحقيق الأهداف،ومعرفة ملاءمتها.

٤- تحديد مستويات التمكن التي تعد معايير تستخدم في الحكم على أداء كل معلم.

٥- التخطيط الجيد لأساليب الملاحظة مما يقتضي معرفة دور كل من المعلم والمشرف، وجمع المعلومات اللازمة.

٦- تقويم عمليات التخطيط، والتوجيه للمشرف.

٧- متابعة وملاحظة المعلم بعدد من اللقاءات.

٨- مراجعة الأهداف حال عدم تحقيقها لإدخال تعديلات عليها، وتكرار نفس الخطوات.

ومن إيجابيات هذا الأسلوب أنه كفيل برفع مستوى المعلم مهنياً وعلمياً ويجعل الأهداف أكثر واقعية، ويؤدي إلى تحسين عملية التغذية الراجعة[1].

---

(1) وزارة المعارف السعودية، ١٤٢٣هـ من موقع الوزارة على الإنترنت، الإشراف بالأهداف.
http://www.eshraf.com/htm/ahdaf.htm

تاسعاً : الإشراف الإكلينكي، العلاجي، العيادي*

ظهر هذا الاتجاه على يد (جولد هامر)و(موريس كوجان) و(روبرت اندرسن) في أواخر الخمسينات وأوائل الستينات ويعرفه (كوجان) بأنه: "النمط من العمل الإشرافي الموجه نحو تحسين سلوك المعلمين الصفي، وممارساتهم التعليمية الصفية بتسجيل كل ما يحدث في غرفة الصف من أقوالٍ،وأفعالٍ، تصدر عن المعلم، وعن التلاميذ في أثناء تفاعلهم في عملية التدريس، وتحليل أنماط التفاعل في ضوء علاقة الزمالة بين المشرف والمعلم بهدف تحسين تعلم التلاميذ عن طريق تحسين تدريس المعلم وممارساته التعليمية الصفية".

ويؤكد (Cojan, ٧٦) أن الإشراف الإكلينيكي يحتاج إلى وجود ثقة متبادلة بين المشرف أو المدير وبين المعلم، إذ أنه لابد من المشاركة الفاعلة من المعلم بحيث يتفق مع المشرف على السلوك المراد ملاحظته، ليقوما بتحليل المعلومات الملاحظة، ودراسة نتائجها، ودون تلك الثقة المتبادلة والتعاون لا يمكن أن يحقق الإشراف الصفي هدفه[1].

ويرى نشوان أن الإشراف العلاجي طريقة ميدانية للتوجيه على التدريس، وتشير كلمة علاجي، إلى الجوانب العملية والإجرائية للإشراف داخل غرفة الصف ويهتم هذا النمط بالتركيز على الملاحظة الصفية، وتحليل الأحداث التي تتم في غرفة الصف، والتركيز على السلوك الصفي للمعلمين والتلاميذ. ويهدف هذا النوع إلى تحسين التدريس الصفي للمعلم، وعلى هذا الأساس، فإنه يركز على ماذا وكيف يدرس المعلمون عندما يدرسون ؟ [2]

(*) ترد في اللغة العربية ثلاث ترجمات للمصطلح (Clinical supervision)

(١)Morris, L. Cogan: Rational for Clinical Supervision, Journal of Research and Development in Education, vol. ٩. No. ٢ winter ١٩٧٦ pp ٥.٩

(٢)نشوان، يعقوب حسين،(١٩٨٦م)، الإدارة والإشراف التربوي بين النظرية والتطبيق، ط٢، دار الفرقان، عمان مرجع سابق، ص٢٤٩

وقد اختلفت آراء الباحثين حول مراحل عملية الإشراف الإكلينيكي، ومرد هذا الاختلاف إلى أن البعض يفصل المراحل ويجزئها في حين يدمجها آخرون ببعضها البعض وفي جملة الأمر، فإنها تمر بثلاث مراحل هي : التخطيط، الملاحظة، التقويم والتحليل، وعلى سبيل التفصيل يقترح(كوجان) ثماني مراحل هي:

١-تكوين العلاقة بين المشرف والمعلم.
٢-التخطيط لعملية الإشراف.
٣-التخطيط لأساليب الملاحظة الصفية.
٤-القيام بالملاحظة الصفية.
٥-تحليل المعلومات عن عملية التدريس.
٦-التخطيط لأسلوب النقاش الذي يتلو الملاحظة والتحليل.
٧-مناقشة نتائج الملاحظة.
٨-التخطيط للخطوات التالية.

عاشراً : الإشراف التطويري :-

اقترح (جليكمان، ١٩٨١) نموذجاً للقيادة والإشراف التربوي أسماه (الإشراف التطويري) حيث صممه بشكل خاص كي يطبق في بيئة الإشراف التربوي على المعلمين من أجل تحسين عملية التعليم، أكد جليكمان عدم وجود أسلوب إشرافي موحد يصلح لكل المواقف والحاجات، وأن الإشراف التطويري هو أسلوب ناجح وفاعل في تلبية الحاجات المهنية للمعلمين في مستوياتهم النمائية المختلفة، كما يؤكد على أنه يتوجب على المشرف التربوي عند استخدامه للأسلوب الإشرافي طرح تساؤلين هما : ما هو الأسلوب الذي سينجح مع هذا المعلم وفي

هذا الموقف بالذات ؟ وكيف يمكن استخدام هـذا الأسـلوب لحفـز المعلـم وإثارته نحو مزيد من الإشراف، والتطوير الذاتي ؟ [1]

والفرضـية الأساسـية في الإشراف التطـويري أن المعلمـين راشـدون، ممـا يوجب على المشرف التربوي أن يأخذ بعين الاعتبار طبيعة المرحلة التطورية التـي يمرون بها ليراعي الفروق الفردية بين المعلمـين، وفكـرة الإشراف التطـويري تؤكد على أن هناك عاملين أساسيين يؤثران على أداء المشرف وتعامله مع المعلم:

١- نظرة المشرف لعمليـة الإشراف وقناعتـه حولهـا ممـا يملي عليـه عشرة أنماط من السلوك. وهـذه الأنماط مـن السلوك تحدد ثلاث طرق للتعامـل في الإشراف التربوي هي :

- **الطريقة غير المباشرة :-**

١- الاستماع.

٢- الإيضاح.

٣- التشجيع.

٤- التقديم.

- **الطريقة التعاونية**

١- حل المشكلات.

٢- الحوار (المناقشة).

٣- العرض.

- **الطريقة المباشرة :-**

١- التوجيه (الأمر)

([1])Delmo Della – Dora, Quality supervision and organization for quality teaching. "Educational Leadership." (May, ١٩٨٩) P. ٣٥-٣٨.

٢- إعطاء التعليمات

٣- التعزيز

ففي الطريقة المباشرة يميل المشرف إلى السيطرة على ما يجري بينه وبين المعلم، وهذا لا يعني أن المشرف متسلط أو عشوائي الطريقة، بل يضع كل شئ يريده من المعلم ويشرحه بدقه ويبين له ما هو المطلوب منه، مما يفرض على المشرف أن يعلم أكثر من المعلم عن عملية التعليم وعليه فقرارات المشرف أكثر فاعلية من ترك المعلم يختار لنفسه.

وفي الطريقة التعاونية يتم الاجتماع مع المعلم لبحث ما يهمه من أمور، وينتج من الاجتماع خطة عمل في حين أن الطريقة غير المباشرة تقوم على افتراض أن المعلمين قادرون على إنشاء الأنشطة والبرامج التربوية التي تساعد على نموهم المهني من خلال تحليل طرقهم في التدريس، فتكون مهمة المشرف هي تسهيل العملية والمساعدة فقط.

٢- صفات المعلم حيث يرى (جلكمان) أن صفات المعلم تفهم بشكل أوضح بوصفها نتاجاً لخصيصتين :-

١- مستوى الولاء للمهنة أو التزامه بها، ويتضح هذا من اهتمامه بزملائه المعلمين،ومدى ما يعطيه من وقت لعمله.

٢- مستوى التفكير التجريدي، فأصحاب المستوى المنخفض من التفكير يصعب عليهم مواجهة ما يقابلهم من مشكلات تربوية، ولا يستطيعون اتخاذ القرارات المناسبة، لذلك يحتاجون توجيه مباشر من المشرف، أما المعلمون ذوو المستوى المتوسط فيحتاجون إلى نوع من المساعدة في عملية تعاونية، والقسم الثالث، هم ذوو التفكير التجريدي العالي وتكون لديهم القدرة على تصور المشكلات ووضع الحلول لها.

ولعل أهم مميزات الإشراف التطويري مراعاة الفروق الفردية بين المعلمين، حيث لا يجب خضوع كل المعلمين لعملية إشراف واحدة، إلا أنه في الوقت نفسه يحتم على المشرف إلزام المعلم بأسلوب معين من الإشراف، بالإضافة إلى أن وضعه في فئة الأسلوب المباشر قد يجعله يظهر أمام بقية زملائه على أنه أقل ذكاءً أو نضجاً منهم [1].

حادي عشر : الإشراف التسلطي، الاستبدادي، الدكتاتوري :-

وهو نوع إشرافي ساد في فترة التفتيش ويتمثل في اعتقاد المشرف التربوي أن مهامه تقرير ما يجب أن يعمله المدرس وطريقة تنفيذ ذلك، وأن مهمته مراقبة مدى تحقيق المدرس ومتابعته لما يريده ذلك المشرف وفقاً للخطوات التي اقترحها [2].

شمل العرض السابق أنواع الإشراف التربوي التي تم تطبيقها في الميدان التربوي، وتجاوز الباحث عن بعضها لمحدودية استعمالها أو لتناولها في باب بعض الاتجاهات الإشرافية كالإشراف التكاملي، والإشراف باعتباره عملية بين شخصية والإشراف التنوعي.

ويرى الباحث أن التطور الحاصل في الموقف التعلمي التعليمي بجميع عناصره وجوانبه، وإحداث التغيير فيه أمر غاية في الأهمية كي يأخذه المشرف التربوي في الحسبان عند ممارسته لأي مفهوم أو نوع من الأنواع التي أشير إليها وتم بحثها، وأن لا يأخذ نوعاً بعينه فيعتبره الأفضل والأحسن فيتبناه دون غيره، وإنما نريده أن يأخذ من هذه الأنواع ما يتناسب والغاية المراد تحقيقها، الأمر الذي يشير إلى جسامة المسئولية الملقاة على عاتق المشرف والتي تبين مدى

---

(1) File://A:\.أنواع الإشراف التربوي.htm أو Supervision of Instruction: A development Approach (١٩٩٨) Carl Clickman.

(2) الخطيب، رداح وآخرون، (١٩٨٧م)، مرجع سابق ص ٦١.

أهمية المعرفة بهذه الأنواع الإشرافية، وضرورة اختيار المناسب للموقف التعليمي، ليكون النوع المختار حافزاً في تحقيق الأهداف المتوخاة.

أساليب الإشراف التربوي :

يعد الإشراف التربوي جهدا فنيا متخصصا يستخدم أساليب متنوعة، وقد يستخدم أكثر من أسلوب في موقف تعليمي واحد لرفع كفاية الإدارة والتنسيق، ولتوجيه نمو المعلمين بشكل فردي أو جماعي. ولكل أسلوب من أساليبه نشاط تعاوني، منسق، ومنظم، مرتبط بطبيعة الموقف التعليمي، ومتغير بتغيره، لتحقيق الأهداف المنشودة، دون تحديد أسلوب أفضل للمعلمين والمواقف في جميع المدارس، لأن الإشراف التربوي يتغير بتغير الأحوال المجتمعية (اقتصادية أو اجتماعية أو ثقافية) والأهداف التربوية والمواقف، ويختلف الأسلوب باختلاف هذه الأمور وما يكتنفها من متغيرات فرعية. من هنا يجد المشرف نفسه أمام أكثر من متغير وحيال أكثر من احتمال، ويجد نفسه مضطرا لاستخدام هذا الأسلوب أو ذاك أو المزج بينهما، أو المزاوجة بين أساليب عدة لمواجهة متطلبات المواقف التعليمية التي يشرف عليها.

يرى (برجز) و(جاستمان) (Briggs & Justman, ١٩٥٦) أن أهم أساليب الإشراف هي الزيارات الصفية، والمؤتمرات التربوية، والاجتماعية الفردية والجماعية، والقراءات الموجهة والمشاغل التدريبية، والدروس التطبيقية، والمحاضرات، والنشرات التربوية، والبحث والتجريب [١].

وأساليب الإشراف متداخلة مع بعضها البعض ومتكاملة حيث يكملُ كل أسلوب الأسلوب الآخر، وأساليب الإشراف مطروحة أمام المشرف التربوي ليختار ما يناسب الموقف التعليمي، ومن هذه الأساليب: زيارة الصف، ودراسة أعمال

---

(١١٦)Thomas Briggs, and Joseph Just man. Improving Instructions Through Supervision, New York The Macmillan Co. ١٩٥٠, pp ٣١٣-٣١٤.

التلاميذ التحريرية، والاختبارات، والدروس التوضيحية، والتعليم المصغر، والاجتماعات الفردية والجماعية، والورش التربوية، والدروس التطبيقية، والرزم التعليمية، والزيارات المتبادلة بين المعلمين، والنشرات، والتخطيط، والبحث والتجريب، والتدريب، والتقويم الذاتي للمعلم، والتقويم الذاتي للمشرف التربوي ... الخ ذلك من أساليب[1].

ويبين البزار المقومات الأساسية في اختيار الأسلوب الإشرافي الناجح بالتالية:

١- ملاءمة الأسلوب الإشرافي للموقف التربوي لتحقيق الهدف الذي يسعى إليه.

٢- معالجة الأسلوب الإشرافي لمشكلات المعلمين.

٣- أن يكون الأسلوب الإشرافي ملائماً لنوعية المعلمين من حيث الخبرات والقدرات.

٤- التعاون بين المشرفين والمعلمين في التخطيط للأسلوب الإشرافي، وتقويمه.

٥- المشاركة الطوعية للمعلم في الأسلوب الإشرافي.

٦- اشتراك بعض العاملين في الحقل التربوي من الخبراء والإداريين في اختيار الأسلوب الإشرافي، وتخطيطه، وتنفيذه.

٧- عدم إغفال الأسلوب الإشرافي للجوانب الشخصية، والمشكلة العاطفية للمعلمين.

٨- المرونة في الأسلوب الإشرافي ليراعي ظروف المعلم، والمشرف، والمدرسة، والبيئة، والوسائل التعليمية.

---

(١١٧) رمزي، عبد القادر هاشم، (١٩٩٧م)، مرجع سابق، ص ص ٥٤-٥٥.

٩- شمول الأسلوب لخبرات تسهم في نمو المعلمين في شئون العمل الجماعي، والعلاقات، والمهارات الاجتماعية[١].

فيما يرى (بوردمان) أن اختيار أساليب الإشراف التربوي يجب أن تتم في نهاية الأمر في ضوء خصائص المعلمين الذين تستخدم من أجلهم هذه الأساليب، فالمعلمون لا يستجيبون باعتبارهم افرادا بطريقة واحدة لبرنامج إشرافي واحد[٢].

وتشير المالكي إلى: أن الموجه الفني داخل حجرة الصف يُقيم الموقف التعليمي بعامة، والموقف التعليمي متعدد الأطراف فهو يشمل: المعلم، والطالب،والمنهج بمعناه الواسع، وجميع عناصره من أهداف تربوية، وكتاب مدرسي، وطرق تدريس وبيئة تعليمية. فالموجه يهتم بكل هذه الجوانب، ومع ذلك فهو مسؤول عن ملاحظة كل ما يجري داخل غرفة الدراسة من :-

- نظام الفصل، ووضع الطلاب، والعلاقات بينهم
- نوع التفاعل الصفي بين المعلم والطلاب.
- المواد العلمية، والتجديد فيها[٣].

وقد صنف مرعي (١٩٨٦) الأساليب الإشرافية على النحو التالي :

- أساليب فردية : الزيارة الصفية.

- أساليب جماعية مباشرة : الدراسة المنتظمة،واللقاءات الجماعية، وتقنيات العرض والإصغاء.

---

(١)البزار، حكمت عبد الله، (١٩٧٥م)، "تقييم التفتيش الابتدائي في العراق، ط، ٢مطبعة الإرشاد، بغداد، ص ص ٥٩-٦٠

(٢)بوردمان، تشارلز، وآخرون، (١٩٦٣م)، الإشراف الفني في التعليم، ترجمة وهيب سمعان وآخرون، مكتبة النهضة المصرية، القاهرة.

(٣)المالكي، مريم عبد الله، وحسن، محمد صديق محمد، (١٩٩٦م)،"التوجيه التربوي"، التربية، العدد١١٩ سبتمبر، الدوحة، ص٦٠

- أسـاليب جماعيـة غـير مباشـرة : البحـوث، والدراسـات، والمسـوحات، والملاحظة،والمراقبة.

- أسـاليب وسـيطة : كالمـديرين،والمعلمـين، الأنشـطة المدرسـية أو خدمـة المجتمع [1].

ولأساليب الإشراف التربوي الفردية والجماعية أهمية خاصة لكل منها، فتبرز أهمية الأساليب الفردية من كونها تتيح فرصة ثمينة للمعلم في استغلالها للكشف عن الصعوبات التي تواجهه، وخاصة الصعوبات الشخصية والمهنية التي لا يستطيع التعـرف اليها عنـد اشتراكه في الأسـاليب الجماعيـة، وتمكن المشرف التربوي من رؤية أسلوب قيام المعلم بالتدريس وأسلوب تعلم التلاميذ،وتمكنه من الوقوف بنفسـه عـلى مـا يـدور في فصول الدراسـة مـما يعطيه الفرصة في تخطيط برامجه الإشرافية في ضوء الحاجات الحقيقية [2].

ورُغـم أهميـة الأسـاليب الفرديـة في الإشراف التربـوي، الا أن اسـتخدام الأسـاليب الجماعيـة أصبـح ضرورة، لتطـور أهـداف الإشراف التربـوي، ومفهومـه، وتعدد مجالاته،كما يشير إلى ذلك (روبرت هاموك) و(رالف أوينجز)، لأنها تـوفر للمعلم الشعور بالانتماء إلى مهنته، وتعمل على رفع روحه المعنوية [3].

والإشراف التربوي في وقتنا الحاضر لم يعد يعتمد أسلوباً واحداً كما كان في السابق، بل أصبح يستخدم أساليب كثيرة، لهـا دورهـا الفعـال في إعـداد المعلـم، ومساعدته على حل ما يعترضه من مشكلات أو تذليلها، ودراسة جميع الظروف المؤثرة في نموه. ومن الأسـاليب الحديثة التي تسـهم في معالجة جوانب الضعف لدى الطلاب المعلمين، وتدعم نواحي القوة فيهم، الورش التعليمية، الزيارات

ــــــــــــــــــــــــ

[1] مرعي، توفيق أحمد، (١٩٨٦م)، الاتجاه التكاملي في الإشراف التربوي، مجلة الطالب المعلم، معهد التربية، الاونروا / اليونسكو، العدد الأول

[2] شعلان، محمد سليمان وآخرون، مرجع سابق، ص ١٠٥

[3] سيد، حسن حسين، مرجع سابق، ص ١٠١

الصفية، الـدروس النموذجيـة، الـدورات التدريبيـة، المـؤتمرات التربويـة، النشرات، الاجتماعات الفردية والجماعية[1].

ويورد المطيري (٢٠٠٠) الأساليب الإشرافية التالية :

١- الزيارات الصفية : زيارة المشرف التربوي للمعلم داخل حجرة الصف

٢- الزيارات المتبادلة : زيارات ينظمها المشرف، محددة الأهـداف، والتواريخ بين المعلمين في المدرسة الواحدة أو مدارس متعددة.

٣- الـدروس النموذجيـة : دروس يعدها وينفذها المشرف التربـوي أو المعلـم المتميز بهدف تطبيق أساليب تربوية جديدة أو شرح كيفيـة استخدام تقنيات التعليم الحديثة يعقبها نقاش مفتوح حول الدرس.

٤- الورش التربوية : يقصد بها الجلسـة التربويـة الهادفة إلى مناقشـة مشكلة تربوية للوقوف على أسباب تلك المشكلة ووضع حلول لها.

٥- النشرات التربوية : يقصد بها نشـرات وتعليمات يعـدها المشرف التربـوي بشكل فردي أو جماعي ويقدمها للمعلمين.

٦- القراءات الموجهة: عبارة عن ما يختاره المشرف التربوي من قراءاتـه ليقدمـه للمعلمين لاطلاعهم على الجديد في تخصصهم أو تـذكيرهم بمـا نسوه مـن جوانب العملية التعليمية.

٧- اللقاءات : أسلوب إشرافي يلتقي فيه المشرف بالمعلمين سواء مـن مدرسة واحدة أو عدة مدارس بعد تخطيط مسبق لتبادل الخبرات.

٨- الندوات التربوية : عبارة عن عرض عدد من القضايا التربويـة وموضوعات محددة من قبل عدد من القادة التربويين، وفتح مجال للمناقشة.

---

[1] السـويدي، وضحى علي، (١٩٩٢م)، دور مشرف التربية، مرجع سابق، ص٢١.

٩- البرامج التدريبية : كل برامج منظمة تكسب المعلمين المزيد من الخبرات الثقافية والمهنية،وهي من أقدم الأساليب الإشرافية، والأوسع انتشاراً.

١٠-البحث العلمي : يهدف إلى تطوير العملية التعليمية والتربوية، وتلبية حاجات المعلمين،ومن له علاقة بالعملية التربوية. [1]

ويصنف دليل الإشراف التربوي (٢٠٠٢) الوسائل والأساليب التي يتبعها المشرف التربوي على النحو الآتي :

أولاً : الزيارات الصفية : وهي الأقدم استخداماً،والأكثر شيوعاً،والأهم،لأن هدفها الرئيس جمع المعلومات لدراسة الموقف التعليمي ومن أهمها :

- الزيارة المخطط لها : بناءً على اتفاق مسبق بين المشرف والمعلم وتنسيق بين مدير المدرسة والمعلمين وتكون بناءً على طلب من المعلم إذا كان على درجة من الوعي المهني.

- الزيارة المفاجئة : نوع غير محبب وتتم دون إشعار أو اتفاق مسبق ولا ريب من قيام المشرف بها على اعتبار أن المعلم حالة واحدة من الاستعداد والعطاء دوماً

ثانياً : تبادل الزيارات بين المعلمين : وهي قيام معلم أو أكثر بزيارة زميل لهم في غرفة الصف يعقبها لقاء يضم الجميع للإفادة من أسلوب المعلم، وفي الغالب تنفذ لمهارة من المهارات.

ثالثاً : المشاغل التربوية : نشاط تعاوني عملي لمجموعة من المعلمين بهدف دراسة مشكلة تربوية مهمة أو نموذج تربوي محدد كالخطة السنوية، تحليل محتوى وحدة دراسية.

([1])المطيري، جزاء بن مرزوق، (٢٠٠٠م)، مرجع سابق، ص ١٦٩.

رابعاً : الدروس التطبيقية : أسلوب عملي علمي لتوضيح فكرة أو طريقة أو وسيلة تعليمية يرغب المشرف إقناع المعلمين بها، وقد يقوم بها معلم ذو خبرة.

خامساً : التعليم المصغر : قيام المعلم بتدريس موضوع محدد لفترة قصيرة تحت متابعة مشرف مختص، واستخدام جهاز (الفيديوتب) إن وجد، بهدف التركيز على مهارة أو أسلوب محدد والإفادة من التغذية الراجعة (المشرف، الطلبة، المعلم) وإعادة عرض ما تم تسجيله أو مشاهدته.

سادساً : البحوث الإجرائية : دراسة نوعية للعمليات والطرق المستخدمة في مجال العمل والحياة اليومية لزيادة فاعلية هذه الطرق، واكتشاف طرق أكثر ملاءمة، ومحاولة علاج ما يمكن مواجهته من مشكلات.

سابعاً : النشرات التربوية، والقراءات الموجهة : وهما وسيلتا اتصال مكتوبة بين المشرف والمعلمين يستطيع المشرف أن ينقل خلاصة قراءاته ومقترحاته ومشاهداته، أو إثارة اهتمام المعلمين بقراءات معينة لتنمية كفاياتهم.

ثامناً : الاجتماعات واللقاءات : وهي لقاءات تربوية لمعلمي مادة دراسية، أو صف معين أو مجموعة معلمين من تخصصات مختلفة لتحقيق تكامل في جهودهم وأفكارهم وهي أنواع ثلاثة :

(أ) تضم فئة واحدة كمعلمي صف معين أو مادة معينة.

(ب) اجتماعات عامة لجميع المعلمين في مدرسة أو مجموعة مدارس.

(ج) اجتماعات اللجان وهي مجموعة أفراد متجانسين مهنياً.

تاسعاً : الندوات : وهي نشاط جمعي يهدف تولي عدد من المختصين أو الخبراء عرض مشكلة ونقاش حولها.

عاشراً : المؤتمرات : أسلوب حديث يسهم في نمو المعلمين مهنياً لتبادل الخبرات في قضايا وأمور تهم الجميع لحلول تربوية مناسبة [1].

([1]) وزارة التربية والتعليم، (٢٠٠٢م)، مرجع سابق، ص ص٥١ - ٥٧

أدوات الإشراف التربوي ونماذجه :

إن عملية الإشراف التربوي بما ينطوي عليه من فعاليات رئيسة بدءًا بالتخطيط للإشراف على مستوى الوزارة والمديرية والمدرسة ومروراً بالمحتوى وتحديد المجالات الإشرافية من تعلم وتعليم أو تطوير منهاج أو تدريب أو إدارة إلى استخدام الأساليب الإشرافية المناسبة فردية أو جماعية وانتهاءً بالتقويم والمتابعة والتغذية الراجعة لتحقيق الأهداف التربوية في تحسين عملية التعلم والتعليم. ويمكن تمثيل هذه العملية بالشكل التالي :

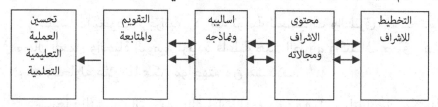

المصدر: مقترح من إعداد الباحث للعملية الإشرافية.

وتتطلب هذه العملية في مستوياتها المختلفة توافر نماذج وأدوات لابد من استخدامها في (المدرسة والمديرية والوزارة) لتنظيم وتوثيق فعاليات الإشراف التربوي لغايات المتابعة والتقويم بهدف تحسين العملية التربوية وتطويرها، وقد أفرد دليل الإشراف التربوي (٢٠٠٢) النماذج الخاصة بالمشرف التربوي على النحو التالي :

- نموذج متابعة النشاطات المدرسية.
- نموذج متابعة فعاليات الطابور الصباحي
- تقرير الزيارة الإشرافية العامة.
- نموذج تقرير الزيارة الصفية الإشرافية
- نموذج خلاصة العمل اليومي للمشرف التربوي.
- نموذج لقاء إشرافي (فردي وجماعي).
- نموذج تقرير الدرس التطبيقي وتبادل الزيارات.
- نموذج تقرير اجتماع مجلس ......

- نموذج متابعة تحصيل الطلبة. - نموذج متابعة الامتحانات.

- نموذج خلاصة العمل اليومي للمشرف. - نموذج تقرير الزيارة الإشرافية الصفية لمعلمي المباحث المهنية والتربية المهنية.

- نموذج التقويم الذاتي للمشرف.

كما أورد الدليل نماذج أخرى لرئيس قسم الإشراف التربوي لمتابعة المشرفين وتوزيعهم والفعاليات التي يقومون بها في الميدان، ونموذج خاص بالمشرف في الوزارة ونموذج لسجل الزيارات الإشرافية في المدرسة وقد أشير إلى هذه النماذج في الملحق الخاص[1].

ويبدو من استعراض أساليب الإشراف التربوي السابقة مدى التطور الذي طرأ على الإشراف التربوي باعتبارها عملية فنية ديمقراطية تعاونية تهدف إلى إصلاح التعليم، يرافق تطورها ظهور أساليب تلائم التطور الحاصل في هذه العملية، حيث تطورت الأساليب القديمة والتي تمحورت حول الزيارات المفاجئة للمعلمين في صفوفهم في الوقت الذي كان فيه الإشراف تفتيشياً، وكان من نتاج ذلك الأثر السيئ في نفوس المعلمين والاتجاه السلبي نحو الإشراف التربوي، إلا أن التطور والتغير الحاصل أحدث أساليب وتقنيات حديثة تناسب ما تؤمله العملية الإشرافية الشاملة حيث استخدمت التقنيات التجديدية كالكمبيوتر والتعليم المصغر والفيديو، والمنحى التكاملي ذي الأوساط المتعددة إضافة إلى المؤتمرات التربوية،والمشاغل التدريبية، والحلقات الدراسية، والاجتماعات، والقراءات الموجهة، والنشرات التربوية، والبحوث الإجرائية، والدروس التطبيقية، والتسجيل،والشرائح التعليمية [*] في فترات متباينة، مما أسهم في رفع مستوى

---

(1) وزارة التربية والتعليم، (٢٠٠٢م)، دليل الإشراف التربوي، مرجع سابق، ص ص ٥٩ - ٦١.

(*) أسلوب تقني يستخدم في التدريس العملي وهو يتيح للمعلم الفرصة لمشاهدة أدائه أو الاستماع إليه ليتمكن من تحليل موقفه وتحسين أدائه يعقبه اجتماع للمناقشة.

المعلمين من خلال استخدام الأساليب الفردية تارة أو الجماعية أو الاثنتين معاً لمواكبة التطور والتغير نحو الأفضل.

وبناءً على ما تقدم فإن المشرف التربوي لا يأخذ بأسلوب إشرافي بعينه بل يستخدم أساليب متعددة ومتنوعة بحسب الموقف الإشرافي بكل أبعاده، والمشرف التربوي المميز والفاعل من يحسن استعمال الأساليب والوسائل المناسبة مراعياً لفروقهم الفردية، وخبراتهم في التدريس ومشكلاتهم وقدراتهم، ولديه الكفاءة الأدائية في التبديل والتغيير بالشكل الذي يتطلبه الواقع لإحداث التطوير المرغوب والإسهام في حل مشكلات المعلمين.

ومن هنا ينبغي على المشرف التربوي أن لا يلتزم بأسلوب واحد بل يأخذ بالأسلوب الذي يحقق الهدف الذي يريد الوصول إليه بما يتناسب والموقف التعليمي مراعياً طبائع المعلمين وخصائصهم في التالية:

١- ملاءمة الأسلوب الإشرافي للموقف التربوي لتحقيق الهدف الذي يسعى إليه.

٢- معالجة الأسلوب الإشرافي لمشكلات المعلمين وحاجاتهم.

٣- أن يكون الأسلوب الإشرافي ملائماً لتوعية المعلمين من حيث الخبرات والقدرات.

٤- التعاون بين المشرفين والمعلمين في التخطيط للأسلوب الإشرافي وتقويمه.

٥- المشاركة الطوعية للمعلم في الأسلوب الإشرافي.

٦- إشراك بعض العاملين في الحقل التربوي من الخبراء والإداريين في اختيار الأسلوب الإشرافي، وتخطيطه، وتنفيذه.

٧- عدم إغفال الأسلوب الإشرافي للجوانب الشخصية، والشكلية العاطفية للمعلمين.

٨- المرونة في الأسلوب الإشرافي ليراعي ظروف المعلم والمشرف والمدرسة والبيئة والوسائل التعليمية.

٩- شمول الأسلوب لخبرات تهم في نمو المعلمين في شئون العمل الجماعي، والعلاقات والمهارات الاجتماعية.

ويرى الباحث أن هذه الأساليب الإشرافية بقسميها: الفردية كالزيارات الصفية واللقاءات الفردية التي تتبعها أو الجماعية كالندوات وورش العمل (المشاغل)، والاجتماعات، والدروس النموذجية ... الخ، وما تتطلبه من أدوات ونماذج لهيكلية الإشراف تخطيطاً وتنظيماً وتقييماً لابد من توافرها لتحسين العملية التربوية بمجملها.

ومن المسلّم به اختلاف هذه الأساليب لاختلاف حاجات المعلمين واختلاف قدراتهم وكفاياتهم، وتعدد ألوان وجوانب القصور لديهم، مما يحتم على المشرف التربوي والمشرف المقيم استخدام الأسلوب الإشرافي المناسب ومراعاة الأداة التي تخدم هذا الأسلوب في سعيه لتطوير بيئة التعلم، وليضمن تحقيق أكبر قدر من الفائدة للعاملين في الميدان مما يعود بالنفع على الطلبة وعلى العملية التعليمية التعلمية.

إلا أنه وبالرغم من التطور المتسارع في تعدد الأساليب الإشرافية فاننا نجد أن الأساليب الفردية أكثر شيوعاً وقبولاً لدى المشرفين وذلك لسهولة تنفيذها والإعداد لها، ولأن الأساليب الجماعية تتطلب قدرة علمية فائقة وقدرة على الإلقاء وإدارة النقاش والحوار والحاجة فيها للإعداد والمتابعة، مع العلم أن استخدام الأساليب الجماعية يحقق نتائج إيجابية كثيرة لتعاملها مع المجموعة والاستفادة من قدرات المعلمين مما يخفف العبء عن كاهل المشرفين التربويين وتفتح المجال للإبداع، وتثري العمل إيجابياً من خلال استغلال قدرات المميزين من المعلمين،وإشراكهم فيها، وقد أخذت هذه الأساليب طريقها في الوقت الحاضر، وتم

التركيز عليها في التدريب والتأهيل المهني مؤخراً للوصول إلى أكبر عدد من المعلمين في الميدان.

يلاحظ الباحث تنوع الأساليب الإشرافية الفردية منها والجماعية، ولم تعد الزيارة الصفية الوحيدة، ويأتي ههنا التطور للأساليب الإشرافية في السنوات الأخيرة نتيجة الجهود التي سعت إلى تطوير النظام التربوي، ورفع كفايته على نحو يؤدي إلى تطوير نوعية التعليم، ورفع مستواه.

لذا نرى أن الإشراف التربوي يمر بمرحلة تطويرية منسجمة مع التطوير التربوي عموماً بدءًا من المعايير الموضوعية في اختيار المشرف، ومروراً بتنمية اتجاهات الإشراف وأساليبه، إضافة إلى تدريب المشرفين لتزويدهم بالكفاءات المهنية، والمهارات القيادية، وتم إصدار كتاب "دليل الإشراف التربوي" الذي تم تحديثه، ويظهر فيه اتجاه نحو إلغاء الإشراف التخصصي، والاكتفاء بالإشراف العام.

مشكلات الإشراف التربوي :

لا تختلف المشكلات التي تواجه الإشراف التربوي، وتطويره، وتحسينه، في الأردن كثيراً عن غيرها في البلدان العربية، وفي العالم بأسره، ذلك لأن أهداف الإشراف التربوي الشامل واحدة تقريباً، حيث يشكل تحسين التعليم هدفاً رئيساً للإشراف التربوي، مما يوجب إحداث تغييرات في سلوك المعلمين، واتجاهاتهم، بهدف زيادة الفاعلية المدرسية، كما أن مدخلات الإشراف التربوي، وعملياته، ومخرجاته، تسهم في تحسين العملية التربوية، وتطويرها.

ويلاحظ من خلال البحث والدراسة أن هناك مشكلات كثيرة للإشراف التربوي، ويظهر ذلك من الخلاف حول تحديد مفهوم الإشراف التربوي، والتباين في الأساليب والطرق الواجب إتباعها من قبل المشرفين، وأهم هذه المعوقات ما أشار إليه المسّاد (١٩٨٦) من أن معوقات الإشراف التربوي، هي :

- مشكلات تتعلق بالمجتمع الإحصائي للمعلمين: أي ضخامة عدد المعلمين الذين يشرف عليهم، وصفة هؤلاء المعلمين من حيث الخبرة قدامى أو جدد، وعدم تدريس بعضهم لتخصصه، وعدم استقرار المدارس بداية العام الدراسي بسبب التشكيلات المدرسية، والتنقلات.

- مشكلات تتعلق بالتقويم حيث أن المشرف مطالب بتقييم المعلمين نهاية العام مما يتأثر بعاملين هما: العلاقات الشخصية القائمة بين المشرف والمعلمين، وعامل القياس ويعني اعتماد المشرف على سمات المعلم مسقطاً من حسابه نواتج التعليم.

- ضعف انتماء المعلم للمهنة وعدم الرضى الوظيفي، واعتبار الوظيفة محطة مؤقتة مما يؤدي إلى عدم اكتراث المعلم بالمشرف.

- مقاومة المعلم للتجديدات التربوية لتعوده على الروتين، وكذلك الحال بالنسبة للمشرف التربوي.

- عدم التكامل والتنسيق للأعمال في الأقسام الإدارية المختلفة يقف حجر عثرة في سبيل إنجاز العمل بشكل فاعل.

- ندرة التسهيلات المادية والإدارية للمشرف التربوي [1].

ويشير الحمد (١٩٨٩) إلى بعض المعوقات (المشكلات) الإشرافية في دولة الكويت بأنها :

- الاعتماد في اختيار الموجه الفني على مدى إتقانه لعملية التدريس.

- عدم قيام الموجه الفني بتوطيد علاقته بالمجتمع.

- ضعف قنوات الاتصال التربوي بين الموجه والمعلمين.

---

(١)المسّاد، محمود أحمد، (١٩٨٦م)، الإشراف التربوي الحديث واقع وطموح، مرجع سابق، ص ص٤٢-٤٤.

عدم وجود معايير وأسس لاختيار الموجه الفني.

- ضعف العلاقة الودية بين الموجه الفني والإدارة المدرسية مما يولد خلافاً حول تقويم المعلمين[١].

وترى ميسون الزعبي (١٩٩٠) أن من مشكلات الإشراف التربوي في الأردن :

- زيادة الأعباء الإدارية على المشرف التربوي.

- عدم اهتمام أصحاب القرار بتوصيات المشرفين التربويين.

- قيام المشرف بالإشراف الفني والإداري في آن واحد.

- عدم الرضى عند المديرين عن ترك المعلمين لمدارسهم والالتحاق بالدورات التدريبية[٢].

ويرى (هوبر) (Hooper, 1991) : في دراسة له عن واقع أداء المشرف في عمله الإشرافي الجديد أن أهم التحديات والمصاعب التي يواجهها، هي:-

- ظهور حاجة المشرفين إلى التدريب على عملهم الإشرافي،وخاصة في مجال التعامل مع الآخرين.

- عجز المشرفين الجدد عن حل مشكلات العمل التي تواجههم لصعوبة بناء علاقات عملية مع المعلمين الذين كانوا زملاء لهم في السابق[٣].

وصنف السعود (١٩٩٢) في دراسته حول معوقات العمل الإشرافي في الأردن المعوقات إلى التالية :

---

(١)الحمد، رشيد، (١٩٨٩م)، " برنامج لإعداد الموجهين الفنيين وتحسين أدائهم "، مجلة التربية، الكويت، العدد٣، أكتوبر، الكويت، ص١٣٩-١٤٨.

(٢)الزعبي، ميسون، (١٩٩٠م)، مرجع سابق، ص ص ٤٣-٤٩.

(3)Hooper, William, C. (1991). On Being Promoted: The Transition to Supervisor. Dissertation Abstracts International. Vol. 53, No. 8, February 1993, 2622. A

- عدم توافر الوسائل التعليمية للمعلم وعدم توافر المكان والإمكانيات لعمل الوسائل الإشرافية.

- قلة عدد المشرفين بالنسبة للمعلمين وتدني مرتباتهم.

- بعد المدارس عن مركز المديرية، وعدم قيام مديري المدارس بعملهم باعتبارهم مشرفين مقيمين.

- عدم تدريس المعلم لتخصصه في المرحلة التي أعد لها.

- عدم الانتماء إلى مهنة التدريس، وكراهية الزيارات الصفية.

- نظرة المعلم السلبية للإشراف وعدم اهتمامه بإرشادات المشرف.

- عدم كفاية المعلم في مجالات التخصص الأكاديمي والمسلكي.

- ضعف كفايات المشرفين الأكاديمية،والمسلكية،وعدم قدرتهم على التعبير عن مشاعرهم واتجاهاتهم نحو المعلمين.

- عدم القدرة على بناء برامج تدريبية [1].

وكشفت دراسة الزهراني (١٩٩٤) عن بعض معوقات الإشراف في السعودية على النحو التالي:

- انخفاض مستوى وسائل الاتصال بين المشرف والمعلم في الجوانب المختلفة.

- القصور في ممارسة مجال التقويم لعدم الموضوعية فيه وعدم القدرة على مساعدة المعلم في تطوير أساليب تقويم المتعلم.

([1])السعود، راتب، (١٩٩٢م)، "معوقات العمل الإشرافي في الأردن كما يراها المشرفون التربويون "، دراسات، الجامعة الأردنية، مجلد ٢١ (أ)، العدد ٤، عمان، ص ص٤٤٥-٤٥٠.

- اعتقاد المعلمين بوجود قصور في ممارسة الموجه للعلاقات الإنسانية وبناء علاقات ودية[1].

وخلص عطوي (٢٠٠١) إلى جملة أسباب لخص فيها معوقات الإشراف وافترق عن غيره في:

- افتقار الإشراف التربوي لقيادة مركزية قادرة على المساهمة في تطويره وتحسينه.

- أسلوب تعامل القيادات التربوية مع المشرفين أسلوباً متردداً من حيث المهام وسلطة المشرف.

- التغير الدائم في جهاز التعليم، وتسرب الخبرات.

- ضعف التعاون بين أقسام مديريات التربية والتعليم فيما يتعلق بالتعيين وتحديد المراكز والتنقلات [2].

وتشير عفاف عمر (٢٠٠١) إلى ان هناك صعوبات تقف عقبة أمام المشرفين في تأدية مهامهم بفاعلية ومن أبرزها :-

١- الزيادة المستمرة في عدد المعلمين غير المدربين مما يلقي بمزيد من العبء على المشرفين التربويين.

٢- اكتظاظ الفصول بالتلاميذ، وهذا من شأنه أن يضيف تعقيدات إلى العملية التعليمية والتي يعمل المشرف التربوي على تحسينها في الجوانب الفنية البحتة.

([1])الزهراني، عبد الله سالم، (١٩٩٤م)، "دور المشرف التربوي اتجاه المعلم في الاتصال والتقويم والعلاقات الإنسانية"، رسالة الخليج، مكتبة التربية العربي لدول الخليج، العدد ٥١، الرياض، ص ص ١٨١ – ١٨٨.

([2])عطوي، جودت عزت، (٢٠٠١م)، مرجع سابق، ص ص٢٦٥-٢٦٦.

٣- قلة الوسائل التعليمية من الأجهزة والمواد التي تخدم المواد الدراسية المختلفة وبالتالي يصعب على المشرف مساعدة المعلم في اكتساب الخبرة في هذا المجال المهم.

٤- قلة الدورات التدريبية التي تعقد للمشرفين التربويين من أجل تطوير أدائهم.

٥- قلة الاعتمادات المالية التي تخصص للتوجيه الفني، لتلبية متطلباته الأساسية من إدارية وفنية[١].

وتذكر جوهرة الجوفان (٢٠٠٢) معوقات أخرى بالنسبة للمشرفات في السعودية إضافة إلى ما ورد سابقاً :

- الظروف الاقتصادية والاجتماعية للمشرفات حيث يعانين من كثرة الأعمال وصعوبتها وتعقيداتها وانخفاض الدخل وقلة الامتيازات ومتطلبات الأسرة والأطفال والأهل.

- تشتت المدارس وتباعدها واتساع رقعة المسافات بينها مما يشكل صعوبة الانتقال بسرعة، ويقلل عدد الزيارات والاتصال المباشر بين المشرفات والمعلمات[٢].

ويرى الباحث أن معوقات الإشراف التربوي ما زالت قائمة لشمولها، لكافة جوانب العملية الإشرافية بمجالاتها المختلفة اقتصادياً واجتماعيا وفنياً وإدارياً وشخصياً، رغم الجهود المبذولة لتطوير الإشراف وتحسينه، وذلك راجع إلى الأسباب التالية :

([١])عمر، عفاف إبراهيم عثمان، (٢٠٠١م)، تقويم التوجيه الفني بمرحلة الأساس بولاية الخرطوم، رسالة ماجستير (غير منشورة)، جامعة الخرطوم، ص ص ٩٥-٩٦.

([٢])وزارة المعارف السعودية، (٢٠٠٢م)، جوهرة بنت خالد الجوفان - تعليم البنات – مشكلات الإشراف التربوي ١٤٢٣هـ، من موقع الوزارة على الإنترنت:http://www.eshraf.com/htm/prob.htm

- النقص في الإمكانيات المادية المساعدة، والإمكانيات البشرية مـن حيـث الإعداد المهني لهذه الوظيفة.

- عدم الاهتمام كثيراً بالوسائل والأساليب التي لها مردودها في الميدان، وخاصة أساليب التوجيه الجماعية، والدورات التدريبية.

- الأخذ بالإشراف التقليدي والتركيز على تزويد المعلمين بمعلومات جاهزة ومجردة تعقب الزيارات الصفية.

- ضـعف توظيـف تكنولوجيا المعلومـات والتقنيـات الحديثـة في الإشراف وتأهيل المديرين ليكونوا مشرفين مقيمين لتجاوز معوقات الإشراف في الميدان.

المبحث الثالث: مدير المدرسة بوصفة مشرفاً مقيماً

إن اختيار القيادات المدرسية يعد من أدق العمليات التربوية، لما لطبيعة الدور الذي تؤديه هذه القيادات في ظل اعتبار المدرسة وحدة أساسية للتطوير، ولما لهذه القيادات المدرسية من دور في الإشراف على من يتولون تربية النشء في أدق مراحل حياتهم كالطفولة والمراهقة، ومدير المدرسة رأس العملية التعليمية التعلمية والناظم لعملياتها والمرجعية لكل العاملين فيها، ولما لهذا الدور المميز الموكل بها فإن الإدارة التربوية تحرص على اختيار العناصر ذات الكفاية العالية، وتمدها بالخبرات الفنية وتزودها بخبرات المتخصصين في الشؤون التربوية للوصول إلى أفضل الطرق التربوية في إدارة مدارسهم.

وقد شهد واقع التربية والتعليم في الأردن تغيرات واضحة في النظرة لدور مدير المدرسة بعامة ودوره الفني الإشرافي بخاصة، لأن المدرسة نواة الوعي الاجتماعي، ومركز إشعاع وقيادة لعمليات التحديث والتجديد في المجتمع من خلال إعداد الأجيال الواعية، بسبب الدور المهم الملقى على عاتق المدرسة، وفي مقدمتهم مدير المدرسة الذي يجب أن يتمتع بقدرة عالية على القيادة والتنظيم لمعالجة الأمور بعقلانية وحكمة، ولكي يقوم بهذا الدور فإن عليه أن يولي النواحي الفنية في مدرسته اهتماماً أكبر، لأن الجانب الفني من عمله يرتبط بشكل مباشر في صقل أفكار التلاميذ واتجاهاتهم من خلال المنهاج المدرسي، وعدم ممارسته لدوره الإشرافي الفني يؤدي إلى ميل التلاميذ إلى الفوضى والتخريب واللامسؤولية، كما أن قيام مدير المدرسة بهذا الدور لا يعني إلغاء دور المشرف التربوي وإنما يرفده ويكمله، ولأهمية الدور الإشرافي لمدير المدرسة وتعدد المهام المناطة به، فقد تم إبداء بعض الاقتراحات في الدراسة المقدمة لندوة رفع كفاءة مدير المدرسة في عقد التسعينات المنعقدة في جامعة مؤتة عام ١٩٨٩م والتي يمكن أن تسهم في تعزيز

قيام مديري المدارس بالدور المطلوب منهم في مجال الإشراف، ومن أهم هذه الاقتراحات :

- الحصول على مؤهل عالٍ في فرع من فروع المعرفة بمستوى الدرجة الجامعية الأولى كحد أدنى.

- تأهيلهم تأهيلاً تربوياً كالحصول على دبلوم التربية لغير الحاصلين عليه.

- إدخالهم في برنامج تدريبي في الإدارة المدرسية مدته عامٍ على الأقل.

- المشاركة في برامج تبادل الزيارات لمديري المدارس.

- إيفاد عدد من المديرين في دورات تدريبية في الخارج.

- عقد اجتماعات ولقاءات دورية بين مديري المدارس ذات المستوى الواحد، وتزويد المدارس بمراجع ونشرات ترتبط بالإشراف والدور الفني لمدير المدرسة[1].

ويرى دول (Dull, ١٩٨١) أن مدير المدرسة باعتباره مشرفاً مقيماً في المدرسة مسؤول عن تنفيذ برنامج التعليم وفي المجال الإشرافي التشاركي هو صاحب مسؤولية ضمن مهامه :

- المبادرة بجعل عمل الجماعة مستمراً دون انقطاع باقتراح خطوات عملية، وتوضيح الغامض، واقتراح بعض الإجراءات.

- التنظيم بترتيب احتياجات المشرف والمعلم من الإجراءات، وإطلاعهم على ما استحدث من معلومات من قبل الوزارة، وتنظيم تبادل الخبرات بين المعلمين والمشرفين في المدرسة والمدارس الأخرى.

---

(1) الطراونه، إخليف، (٢٠٠٠م)، مدى إمتلاك مديري ومديرات المدارس الثانوية في محافظة الطفيلة للكفايات الإشرافية من وجة نظر المعلمين، مجلة إبن الهيثم للعلوم المصرفية والتطبيقية، جامعة بغداد، المجلد ١٣، العدد ١، بغداد، ص ص ٤٨-٥٠

وتكاد تُجمع الدراسات والأبحاث التربوية حول المدارس الفعالة أن مدير المدرسة هو قطب الرحى، وحجر الزاوية في نجاح المدرسة وبلوغ أهدافها وتحقيق رسالتها، ورغم تعدد أدواره فإنها تساهم بدرجات متفاوتة في تعميق رسالة المدرسة وتحسين أدائها وتجويد عطائها، كما تجمع هذه الدراسات على أن القيادة للعملية التربوية تأتي في طليعة الأدوار التي يضطلع بها مديرو المدارس الناجحة، ونجاح المدير في أداء هذا الدور يأتي في طليعة العوامل والمقومات التي توصل المدرسة إلى مصاف المدارس الفعالة [٢].

والإدارة المدرسية باعتباره عملية تؤدي إلى تسهيل العمل بالمدرسة وتطويره بطريقة ما من شأنها أن تتم فيها العملية التربوية على وجه ميسور وفعال، تتطلب مديراً ناجحاً وقادراً على مساعدة المدرسين في تنفيذ طرق التدريس الجيدة، وتوفير الوسائل المساعدة على الابتكار، يقوّم الاعوجاج باللين والرأفة بروح الأبوة ويبارك الأعمال الحسنة، فهو المسؤول الأول عن سير العمل من جميع الوجوه الإدارية والفنية والمسلكية في المدرسة، وتقتضي هذه المسؤولية أن يتمتع بالمهارات اللازمة لتنظيم أمور مدرسته وإدارتها بالشكل المناسب، ويقوم أعمال جميع العاملين في المدرسة من معلمين وإداريين وطلاب بمطابقة ما يجري عمله مع الأهداف التي يخطط النظام التربوي للوصول إليها، ومن أهم واجباته الإشراف على حسن سير التدريس والقيام بزيارات صفية ليعرف مدى تقدم المدرسين في المنهاج والأساليب التي يتبعونها، ومدى ملاءمتها لمستوى الصفوف،

---

(٢) Dull, L.W. "Supervision School Leadership Handbook Charlse Morrin Publishing Company. Columbus, Olio, U.S.A, ١٩٨١. (P.١٣٧).

(٣) الدويك، تيسير،(١٩٩٢م)،تدريب مديري المدارس،مركز التدريب التربوي،ط٢،عمان، الأردن، ص١.

مما يكسب المعلمين أسلوباً في التقويم الذاتي لعملهم، وهو الأساس في تحسين العملية التعليمية [1].

ومع شيوع فكرة أن مدير المدرسة مشرف تربوي مقيم، أخذ المربون يولون الموضوع أهمية كبيرة باعتبار أن المدير مسؤول مهم في هذه العملية، فهو المشرف التربوي الذي يعيش في المدرسة، ويعرف مشكلاتها، وحاجاتها، وقدرات المعلمين ومشكلاتهم وحاجاتهم، كما يعرف حاجات الطلبة والبيئة المحلية، كل هذا يتطلب مهارات وكفايات خاصة في مدير المدرسة يقتضي، إعداده وتدريبه بصورة مستمرة للقيام بمثل هذا الدور [2].

ومفهوم الدور الإشرافي لمدير المدرسة يؤكد على قيادته التربوية وقدرته على الإبداع والتغيير والتجديد في مجالات عمله كافة، وفي كل مهمة من مهماته، وتعني القدرة على التأثير في المعلمين والطلبة لتنسيق طاقاتهم وجهودهم واستغلال المصادر المادية والبشرية في المدرسة وما حولها لتحقيق أهداف المدرسة المنبثقة من فلسفة التربية وأهدافها في المجتمع.والإشراف عملية ديمقراطية تقوم على احترام المعلمين والطلبة وغيرهم من المتأثرين بالعمل الإشرافي والمؤثرين فيه، وهو عملية تعاونية شاملة وعلمية لاعتماده على التفاعل والمشاركة بين جميع ذوي العلاقة بالعملية التربوية كما يرمي إلى تحسين التعليم وتطويره بدءًا من الفلسفة التي تقوم عليها التربية، وانتهاء بالنتاجات النهائية التي تم إحداثها في سلوك المتعلمين معتمداً البحث والتجريب، وتوظيف نتائجها لتحسين التعليم كما تقوم على السعي لتحقيق الأهداف القابلة للقياس والملاحظة [3].

هذا التغير في مفهوم الإدارة المدرسية حملها رسالة ذات شقين : الأول متعلق بالأمور الإدارية التي يمكن أن يعهد بها إلى بعض الإداريين يصرفونها

---

(1) الميداني، محمود عصام، (١٩٩٣م)، مهارات الإدارة المدرسية في القيادة والتنظيم والتقويم، مجلة التربية، اللجنة الوطنية القطرية للتربية والثقافة والعلوم، الدوحة، العدد١٠٤، ص٨٣-٨٦.

(2) عطوي، جودت عزت (٢٠٠١م)، مرجع سابق، ص٢٥٤.

(3) الدويك، تيسير، (١٩٩٢م)، تدريب مديري المدارس، مرجع سابق، ص٦.

وينجزون ما يحتاج إلى الإنجاز منها، فلا يعوق ذلك حركة التعليم في شيء، والثاني متعلق بالأمور الفنية التي تحتاج الخبرة والحنكة والدراية، وإلى صفات القيادة الحكيمة في كل ما يتصل بالطلاب والمعلمين وأولياء الأمور، وما يربط المدرسة بالمجتمع من علاقات، وما يرتبط بالمناهج وأنواع النشاط التربوي وطرق التدريس والوسائل والأدوات المعينة عليه، والإشراف التربوي وكل ما يتصل بأمور التربية لأنها عملية نمو في جميع جوانب الشخصية من عقلية جسمية،وعاطفية،ووجدانية،وروحية، وخلقية، ولكي تقوم المدرسة بهذه الرسالة تحول اهتمام الإدارة المدرسية إلى تحقيق هذه الأهداف وفي مقدمتها الإشراف التربوي [1].

المشرف المقيم والمشرف التربوي

إن من أبرز التغيرات الحديثة في مهنة مدير المدرسة مسئوليته في توجيه المعلمين والإشراف عليهم، ومساعدتهم على النمو عن طريق دراسة نقاط القوة والضعف، التي يلاحظها في المواقف التعليمية المختلفة، من خلال زياراته للصفوف الدراسية، كما أن له دوراً في تقويم التعليم كونه شريكاً في وضع الخطط والأهداف، ومن الطبيعي أن يشارك في عملية التقويم لمعرفة ما تحقق من أهداف، والعوامل التي تساعد أو تعيق عملية تحقيقها، لوضع برامج لتحسينها، ويمكن تحديد العلاقة بين دوري كل من مدير المدرسة من حيث هو مشرف مقيم، والمشرف التربوي على النحو التالي :

١ – دور مدير المدرسة من حيث هو مشرف مقيم متمم ومكمل لدور المشرف التربوي لأن مدير المدرسة أكثر التصاقاً بالمعلمين العاملين معه وأكثر قدرة على تحديد حاجاتهم، أما المشرف التربوي فأكثر قدرة على تقديم المساعدة المتخصصة في المجال المحدد.

---

(1) الأسدي، سعيد جاسم، وإبراهيم، مروان عبد الحميد، (٢٠٠٣م)، مرجع سابق، ص٣٦.

٢ – التنسيق،والتعاون،والفهم،وتدعيم الثقة، وتقدير العلاقات الإنسانية بينهما من أهم الشروط الواجب وجودها، لتحقيق التكامل في مستويات التخطيط والتنفيذ والتقويم والمتابعة.

٣ – من الإجراءات التي تساعد على تحقيق التكامل بينهما :

- إطلاع المشرف التربوي على أوضاع المدرسة، وإشراكه في دراسة مشكلاتها لتشخيصها،وتحديد دوره في المساعدة.

- دراسة الخطة المدرسية، ومشاركته في تخطيطها لتحديد دوره في التنفيذ إذا أمكن.

- استعداده لتقديم أية مساعدة تطلب منه من قبل مدير المدرسة على أن تكون مدروسة، ومحددة ومخطط لها.

- الاشتراك بالأعمال الإشرافية كالندوات، وورش العمل، والزيارات الصفية مع المدير.

- الإكثار من اللقاءات بينهما للتعرف الى إمكانيات كل منهما، لتحديد وسائل الاستفادة من هذه الإمكانيات.

- أن تكون لدى كل منهما أطر مرجعية ومعايير تربوية مشتركة بديلاً عن العلاقات الشخصية القائمة على المزاجية.

- وضوح العلاقة المهنية بينهما، لأن مجالات العمل بينهما كثيرة كالنمو المهني للمعلمين، والمجتمع المحلي، ومساعدة المعلمين الجدد، وتطوير المناهج والتعرف الى التجارب والبحوث الجديدة [١].

إن هذا التكامل يؤكد أهمية دور كل من المشرف المتفرغ والمشرف المقيم لما ينفرد به كل من الدورين من مزايا مع توافر القدر المعقول من الكفاية لممارسة

---

(١) الخطيب، رداح وآخرون، (١٩٨٤م)، مرجع سابق، ص ص١٥٤- ١٥٦

الـدور الإشرافي، فمـدير المدرسـة أقـدر عـلى تحسـس الحاجـات، وتحديـد الأولويات المباشرة والملحـة لطلابه، وبيئتـه، وأعـرف بالخصائص المشـتركة لهـذه الأطراف، وأقدر على المتابعة، وملاحظة التغيرات، والتغذية الراجعة، في حين يملك المشـرف التربـوي المتفـرغ ميـزات خاصة بعمله كتفرغـه التـام للعمـل الإشرافي، وتعمقه في جوانبه وخاصة مادته التخصصية، ونظرتـه الشـمولية بحكم زياراتـه لعدد كبير من المدارس، وتعامله مع أعداد كبـيرة، وأنمـاط متنوعـة مـن المـديرين والمعلمين والطلبة.

هذه المزايا التي ينفرد بها كل من مدير المدرسـة والمشرف المتفـرغ تغدو مزايا للعمل الإشرافي، حينما يسـود التعـاون بـين الطرفـين فيكمـل أحدهما الآخـر، ويخططان للعمل معاً، فيقتسمان الأدوار في المجالات المختلفة التالية :

١ – التخطيط المشترك بين المشـرف المقيم والمشرف المتفـرغ في ضـوء التنظيـم الإداري لوزارة التربية، الـذي يحـوي أربعـة مسـتويات للتخطيـط الإشرافي ؛ مسـتوى الوزارة والمديرية والمشـرف الواحـد، ومسـتوى المدرسـة، حيـث أن التنسيق والتكامل بين خطتي المشرف التربوي والمشرف المقيم يبـدو أكـثر أهمية وإلحاحاً لصلتهما المباشرة بالمعلمين والطلبة، وحال تعـذر التخطيـط المشترك المباشر وجـب إطلاع كـل واحـد مـنهما عـلى خطـة الآخر لإجـراء التعديلات التي تخدم الطرفين.

٢ – التنفيذ المشترك للخطط الإشرافية لتكمل الأدوار بعضـها البعـض، وتنسـجم مع المهمات الأخرى المنوطة بكل من المشرف المقيم والمشرف المتفـرغ عـلى حدة، لأن المشاركة في التنفيذ المشترك تتيح الفرصة في العمل مع أعداد أكبر من المعلمين في وقت واحد وتهيئ للمـديرين فرصة ممارسة عمل إشرافي مبرمج يسـاعدهم في استكمال كفاياتهم، ومهاراتهم الإشرافية، وتضـمن أن يكون المدير أكـثر تقبلاً وحماسـة لإنجاح النشـاط الإشرافي وتكون استجابة المعلمين،وتقبلهم له أفضل.

٣ - المشاركة في التقويم للعمل الإشرافي ومتابعة نتائجه،وتقويم المعلمين حيث يتناول التقويم جميع عناصر العمل من أهداف، ووسائل، وأنشطة متبعة لبلوغ الأهداف ووسائل التقويم بالإضافة لتقويم أدوار المشاركين في العملية، ومدى فاعلية كل طرف في المتابعة المشتركة والأكثر حيوية للوقوف على سلوك المعلمين والمتعلمين [١].

ويلاحظ أن دور مدير المدرسة لا يمكن تناوله بمعزل عن العملية الإشرافية، باعتباره أحد الأطراف التي تؤثر وتتأثر بالعملية التربوية، لأن مدير المدرسة مشرف تربوي مقيم، ومهماته ذات علاقة كبيرة بمهام المشرف التربوي الزائر، فكلاهما معنيان بتحسين العملية التعليمية في المدرسة، وتوظيف جميع الإمكانيات المدرسية المتاحة نحو تحسين الأهداف التربوية، وتبرز في هذا المجال أهمية العلاقة القائمة بين المشرف التربوي ومدير المدرسة، ومدى التعاون بينهما لخير المدرسة، وصالح العملية التربوية، وأهم الأسس الناظمة لذلك هي:

- التشاور المتبادل بين المشرف التربوي ومدير المدرسة في كل القضايا التي يشعر أحداهما أن لها علاقة بواجبات الآخر وصلاحياته.
- إطلاع مدير المدرسة للمشرف على الأعمال المبتكرة التي قام بها المعلمون بغية تشجيعهم.
- الاشتراك في وضع الخطط الكفيلة بتقويم إدارة المدرسة ونشاطات المدير.
- تبادل الخبرات التربوية الناجحة في مجال الإشراف، والإدارة لإكساب مدير المدرسة القدرة للقيام بأعماله.

([٢]) الدويك، تيسير، (١٩٩٢م)، تدريب مديري المدارس، مرجع سابق، ص ص٧ - ٩.

- النظر لمدير المدرسة على أنه قائد تربوي للمعلمين، والتلاميذ وإشعاره بأن المشرف الزائر ما هو إلا خبير فني وليس بديلاً عنه [1].

وتوصلت دراسة ولاية كاليفورنيا (California, ٩٧) إلى نوعية النتائج عن دور المدير ودور المشرف التربوي على النحو التالي :

دور مدير المدرسة في مدرسته :

- استخدام القوانين المدرسية والأهداف الموضوعة لتحديد مستويات التعليم المطروحة في المدرسة.

- توظيف موارد المدرسة المالية لتحقيق الأهداف الموضوعة ضمن موازنة قادرة على تحقيق ذلك.

- حفظ وتنظيم سجلات ووثائق المدرسة وخاصة ما يتعلق بمستويات الطلاب التعليمية.

- منح مساعدي المدير، والموظفين الإداريين السلطات والواجبات التي تتطلبها طبيعة عملهم.

- تلقي تقارير خاصة بعمل المشرف التربوي ومتابعتها، وتطوير التدريب الخاص بالمعلمين والمناهج في ضوء التقارير المقدمة.

- منح السلطة الكافية للمشرف التربوي لتقويم المعلمين، والمدارس والبرامج التعليمية.

---

(1) حيدر، عبد الصمد سلام، (١٩٩٣م)، درجة ممارسة المشرفين التربويين ومديري المدارس لمهامهم الإشرافية في أمانة العاصمة صنعاء بالجمهورية اليمنية، رسالة ماجستير (غير منشورة)، الجامعة الأردنية، عمان، ص١٥.

دور المشرف التربوي يتمثل في :

- المشاركة في تنفيذ السياسات التعليمية الموضوعة للمدرسة.

- التأكد من أن الطلاب منحوا الفرصة الكافية لاجتياز مستويات التعليم الموضوعة.

- تقديم الحلول الناجعة للمشكلات التعليمية التي تعترض المعلمين والمدارس.

- تزويد الإدارة بالتقارير التي تشمل جميع ما يدور في المدرسة وبرامجها بشكل دوري.

- تزويد الإدارة المدرسية باحتياجات المدارس، والتحسينات التي تحتاجها.

- تزويد الإدارة المدرسية بنتائج الطلاب التعليمية [1].

ويرى الباحث أن الإدارة المدرسية الحديثة قد اكتسبت أهمية كبرى في الوقت الحاضر في ضوء فلسفة التربية القائمة على إعداد الأفراد للحياة السليمة، لأنها أصبحت ذات بعد إنساني يوفر الموارد والوسائل وييسر الإمكانيات، ويهيئ الظروف البيئية والاجتماعية لتحقيق الأهداف التربوية، ولم يعد هدف الإدارة المدرسية روتينياً يهتم بالجانب الإداري، وتنظيم شؤون المدرسة، بل انطوت على الجانب الفني، ووظيفته الأساسية الإشراف التربوي لتحسين العملية التعليمية التعلمية وتطويرها، وأصبح الجانب الإداري وأنشطته المختلفة وسيلة لغاية واحدة هي تحسين الأداء وتطويره لخدمة التعليم، والحصول على مخرجات أفضل للوصول إلى المدرسة باعتبارها وحدة أساسية للتطوير، ولذلك أصبح المدير مشرفاً تربوياً مقيماً.

---

(1) المحمود، احمد زعبي العبد الرحمن، (١٩٩٩)، درجات المساءلة والتقويم في الإشراف التربوي، رسالة ماجستير (غير منشورة)، اليرموك، اربد، ص ص٢١ - ٢٢.

والإشراف التربوي في المدرسة ممثلاً في مديرها يحل كثيراً من مشكلات الإشراف وبخاصة العلاقة بين المشرف التربوي الزائر والمعلم، في ظل عمل المشرف المقيم، المرتبط بالقيادة الحكيمة والإشراف الدائم والمستمر على العمل والرؤية الثاقبة للأهداف المراد تحقيقها، وتميزه بكفايات شخصية ومعرفية وقيميه تتعلق باستعداده العلمي والمهني، وقدرته وطرائقه في التعامل لإنجاح العمل الجماعي، واتصافه بالشجاعة والصبر والإدارة والأناة والتصميم، والقدرة على رعاية مدرسية وميولهم واتجاهاتهم، مع ديمقراطيته في احترام العاملين معه، والثقة بهم ليكسب احترامهم وثقتهم، ثقة المشرفين التربويين المختصين لتحسين أداء معلميه، وأداء مدرسته لأن هذه مجتمعة خصائص للإشراف الناجح.

وليس في عمل مدير المدرسة من حيث هو مشرف مقيم أي تعارض مع الإشراف التربوي التخصصي، بل أن هذين الدورين يشكلان عملاً تعاونياً لخدمة العملية التعليمية التعلمية، وما يراه المشرف التربوي عند المعلمين ربما يفترق مع رؤية مدير المدرسة، مما يتطلب نظرة موحدة للأمور في سبيل إقرارها، ومتابعتها من قبل الاثنين معاً، ليتم استثمارها في صالح المعلمين والطلبة، وليكون دور الاثنين متكاملاً للحد من العلاقات السلبية مع المعلمين، والعمل على حل مشكلات التعليم لكافة المواد، للعمل على إيجابية العلاقة بين الإشراف المدرسي ممثلاً بمديرها، والإشراف التربوي ممثلاً بالمشرف المتفرغ، والمعلمين من جانب آخر.

ويرى الباحث أن دور مدير المدرسة من حيث هو مشرف مقيم في مدرسته مهم وفاعل، لأن الإشراف عنصر حيوي وجوهري في مجموع العناصر المؤثرة في فاعلية الإدارة المدرسية، لتحقيق الأهداف التربوية والتعليمية المختلفة، كمشرف مقيم في مدرسته يعمل بالتعاون مع الآخرين لتحقيق الأمور التالية :

- **التخطيط** : فهو من يعمل على وضع خطة لعمله بالتعاون مع الإشراف التربوي والمعلمين بإتباع أسلوب علمي في تخطيط الأهداف وتحديدها.

- **التنظيم** : حيث يقسم العمل على العاملين في مدرسته، ويحدد مسؤوليات كل فرد منهم، ويوفر الوسائل الكفيلة بتنفيذ مهامهم، وخاصة بشأن توزيع الحصص المدرسية للمباحث وبين ذوي الاختصاص الواحد بما يلائم كل واحد منهم من مستويات التعليم المختلفة.

- **التوجيه والرقابة** : فهو على اتصال دائم بالعاملين ومراقباً لهم في تنفيذ واجباتهم، ويعمل على إيجاد الدوافع إلى العمل لديهم ويوجههم إلى الأساليب المجدية.

- **الإشراف على المعلمين** : فاتصاله مستمر معهم بحيث يتبين احتياجاتهم ويكشف الجوانب السلبية والإيجابية في عملهم، ويأخذ بيد المقصرين منهم، ويثني على المتميزين ويتابعهم في أعمالهم ويحثهم على الإنجاز، ويزورهم في غرفهم الصفية ويشرف عليهم، ويعمل برامج تبادل الزيارات بينهم، ويثير دافعيتهم بإعداد الوسائل التعليمية،وتهيئة الجو المناسب ليعملوا باطمئنان، ويتبع الطرق الفردية في المقابلة من أجل التوجيه والإشراف، ويستخدم الأساليب المناسبة مع المعلم أثناء متابعته لتحضيره وعطائه، ويشرك المعلمين في الأمور المدرسية ويزيل أي سوء فهم بين معلميه لبناء قاعدة سليمة من خلال الاجتماعات، والزيارات البيتية، والمشاركة في الأفراح والاتراح، وهذا يمثل الجوانب الإنسانية للإشراف.

- متابعة النتائج المدرسية ليشخص مواطن القوة وثغرات الضعف، ليعزز الأولى، وينهي الثانية.

وكل هذه الأمور بالإضافة إلى أمور إدارية أخرى، تعمل على رفد الجانب الإشرافي، وتحقق غايته من أنشطة ومعلومات وتعليمات، مما يؤدي إلى أن تكون المدرسة وحدة للتطوير التربوي، وتحسين أداء العاملين بمشاركة الإشراف التخصصي لتحقيق الغايات المنشودة.

المبحث الرابع: تجربة بعض البلاد العربية في الإشراف التربوي

تتفاوت المجتمعات في الأهداف التربوية التي تسعى لتحقيقها، والخطط التي تضعها لتنظيم العمل وتنفيذه، ضمن إمكانياتها المادية والبشرية، مراعية للوقت والجهد في الحصول على مخرجات ذات نوعية جيدة، مما أدى إلى الحاجة إلى الإشراف توخياً لسلامة التنفيذ، وتجنباً للقصور أو الإهمال في العمل، لأن البشر المختلفون في رغباتهم، وميولهم، وقدراتهم هم ركيزة الإشراف التربوي وهدفه بصفتهم أداة التغيير والتطوير على هذا الكوكب، ولهذا وضع النظام الإشرافي العملية الإنسانية أساسا للتفاعل مع نظام التدريس وعموده الرئيس المعلم، فيما الظروف المحيطة والمؤثرة بعمليتي التعلم والتعليم مظلته الحقيقية.

والإشراف باعتباره عملية إنسانية [1] يراد بها تفعيل عمل الأفراد في موقف معين وتنشيطهم، مع تحقيق توازن بين رضاهم النفسي وتحقيق الأهداف المرجوة، حيث يوفق بين إرضاء المطالب الإنسانية لديهم وبين تحقيق أهداف العملية التعليمية التعلمية، من خلال التركيز على العلاقات التنظيمية، للتواصل معهم بتوفير المناخ الاجتماعي الذي يعزز الظروف المواتية، للعمل على إشباع حاجاتهم الإنسانية كي نحقق في النهاية الأهداف المدروسة. ولذلك ارتبط مفهوم العلاقات الإنسانية بالعمل مع الآخرين بطريقة بناءة، تحظى بتقدير كبير منهم وتحفزهم على العمل بروح الفريق الواحد، في جو من التفاهم والتعاون مع قدر من الاحترام لأعمالهم والاستجابة لمشاعرهم وأحاسيسهم لنستفيد أحسن ما لديهم من آراء، لأن المدرسة التي يسودها الجو الرسمي، والتقيد باللوائح، والتعليمات تبقى عديمة التماسك في تحقيق أهدافها، ويتصف معلموها بعدم التفاعل والتعاون في حين أن التي تتمتع بعلاقاتها الإنسانية تحوي ولاء المعلمين لمدرستهم، وتؤدي أداءً متميزاً وفاعلية أكبر في تحسين وتقديم الخدمات المطلوبة والمرغوبة، لذا نشط القائمون

([1]) الأسدي، سعيد جاسم، وإبراهيم، مروان عبد المجيد، (٢٠٠٣م)، مرجع سابق، ص ص ١٨٧ - ١٩١

على الإشراف التربوي بوضع الخطط والنظم لتحقيق غاياته المنشودة، على سلم أولويات كل بلد من بلدان العالم العربي، كما هي حال بقية الشعوب والأمم.

ففي الأردن خضعت عملية الإشراف التربوي إلى العديد من المراجعات، في ضوء التجديدات التربوية، إذ بدأت باعتباره عملية تفتيش عام ١٩٢١م واستمرت حتى عام ١٩٦٤م، لتبدأ مرحلة التوجيه التربوي بعقد مؤتمر أريحا في العام نفسه، ولعدم تحقيق نتائج ايجابية جاءت المرحلة الثالثة ١٩٧٥ لتؤرخ للإشراف التربوي الذي أصبح عملية قيادية ديمقراطية منظمة، تهدف إلى دراسة العوامل المؤثرة في جميع عناصر العملية التربوية، من مناهج ووسائل ومعلم وفي مقدمتها الموقف التعليمي تقويماً وتحسيناً، وبعقد مؤتمر التطوير التربوي الأول عام ١٩٨٧ تم تقويم الواقع التربوي وتشخيص مشكلاته كافة، ليؤكد في التوصية التاسعة منه على جانب الإدارة المدرسية والإشراف التربوي، ويتم تبني الإشراف التكاملي متعدد الوسائط والقائم على الكفايات، إلا أن هذه المراجعات الدائمة وإن بدا فيها الإشراف التربوي في مراحل مقبولة وجيدة – ما زال – في حاجة إلى تحسين وتطوير، حيث أن الكثير من الأساليب والممارسات الإشرافية القديمة قد طغت على الحديثة منها بشكل أو بآخر، وظهرت اتجاهات المعلمين نحو الإشراف التربوي سلبية أكثر من إيجابياتها في معظم الجوانب الإشرافية [١]

ففي الوقت الذي نظر فيه إلى المعلم كناقل للمعلومات والمعرفة المجردة إلى ذهن الطالب، اتسم النمط الإشرافي بالتفتيش وهدف إلى متابعة أخطاء المعلم، وحثه على تصويبها ومحاسبته على ذلك، وبظهور مفاهيم تربوية جديدة كالتوجيه التربوي أصبح النمط الإشرافي يركز على ملاحظة سلوك المعلم، ودراسته، والعمل على تعديله، وتطويره من خلال أساليب إشرافية متنوعة، وبزيادة النمو الفكري للمعلم جاء الإشراف التربوي ليؤكد على ضرورة تحديد حاجات المعلمين المعنية

[١] الطراونة، اخليف، وآخرون، (٢٠٠٠م)، تقويم دور مشرفي المرحلة من وجهة نظر معلمات الصف في اقليم الجنوب، مؤتة للبحوث والدراسات مجلد (١٥) العدد (٧)، ص ص ١٣٥ - ١٣٩

لبناء برامج تدريبية تلبي حاجاته مع الاستعانة بالأساليب والتقنيات الحديثة والمتطورة.

ويرتقي الإشراف إلى مرحلة التنوع لينسجم مع الاهتمام بالعلاقة الإنسانية في العمل التربوي، وتمثل هذا النمط بإعطاء المعلم الحرية في اختيار الأسلوب الإشرافي الذي يسهم في تطوير مهاراته، وتطورت ممارسات الإشراف التربوي إلى الأفضل، إلا أن إيمان وزارة التربية والتعليم في الأردن بضرورة ضبط نوعية الأداء لأجهزة النظام التربوي ومنها الإشراف التربوي الأكثر تأثراً وتأثيراً في العمل التدريسي والتربوي، يأتي إصدار دليل للإشراف التربوي عام ٢٠٠٢م ليقوّم الإشراف التربوي بما يتناسب وفلسفة التربية والتعليم في الأردن ليحدد الأدوار الرئيسة ويصف المهام ومجالات العمل في مركز الوزارة والميدان برؤية جديدة للإشراف التربوي الشامل.

وتشير نظم الإشراف التربوي إلى مستويين من الإشراف هما :-

أولاً: الإشراف التربوي على مستوى الميدان (المدرسة ومديرية التربية والتعليم) هدفه تطوير العملية التعليمية التعلميةفي المدرسة أولاً كوحدة للتطوير التربوي وعلى مستوى المديرية في المحافظة، حيث يوجد في كل مديرية تربية قسم للإشراف التربوي، يُقسم فيه المشرفون إلى مشرفي مرحلة، ومشرفي مباحث، يمثل الأول الإشراف على المرحلة الأساسية بعموم، أما مشرف المبحث فيشرف على مبحثه أو تخصصه على مستوى المديرية إضافة إلى دور عام لكل مشرف من النوعين السابقين يُعرف بالدور العام يعمل فيه المشرف على تقديم الدعم والمشورة الفنية وفق حاجة المدارس، ويشخص فيه صعوبات التعلم ويعمل على تبادل الخبرات بين المعلمين، ويصمم الدورات في الأساليب العامة، وهنا يبرز دور مدير المدرسة باعتباره مشرفاً مقيماً في مدرسته، ويمثل طرفاً أساسياً في العملية الإشرافية ويقوم بتغطية الجانب الفني في حضور المشرف وفي حال عدم تواجده، وينسق دوره هذا مع قسم الإشراف في المديرية، ويقوّم عمل العاملين معه فنياً من

خلال علاقة إنسانية مبنية على الاحترام والتقدير المتبادل مع المشرفين المختصين من خلال أدوارهم، ويعمل المشرفون تحت مظلة قسم التأهيل والتدريب والإشراف التربوي في المديرية الذي يرأسه متخصصون من خلال أدوارهم، ويعمل المشرفون تحت مظلة قسم التأهيل والتدريب والإشراف التربوي في المديرية الذي يرأسه متخصص يُعرف برئيس القسم وتقوّم كافة الفعاليات الإشرافية بنماذج أعدت لهذه الغاية.

ثانياً : الإشراف التربوي على مستوى الوزارة (مركز الوزارة) وفيها أحدثت مديرية التأهيل والتدريب والإشراف التربوي التي تعنى بالدور الاستراتيجي للإشراف والمتابعة الشاملة لكل الفعاليات الإشرافية، وأقسام الإشراف في الميدان، وتقوم على تعيين المشرفين، واختيارهم،وتدريبهم،وتحدد احتياجات المديريات من المشرفين، وتقديم التغذية الراجعة حول ممارسات الإشراف في المديريات، وتعمل على تطوير جهاز الإشراف مهنياً بتطوير معايير التنقلات وأسسها، والتعيينات وتصميم البرامج، ونقل الخبرات... الخ ذلك من مهام، ونظراً لاختلاف مستويات الإشراف التربوي تعددت أدواته المستخدمة للتقويم كالنماذج، والتدوين الدقيق، والتقارير لمستويات الأداء اعتماداً على الملاحظة، والتحليل، وإعطاء فرصة لتكنولوجيا المعلومات في التوثيق والتحليل للحصول على مصادر المعلومات، وتقديم التوجيهات الأكثر نجاحاً في الميدان التربوي[١]

وتكشف الأبحاث والدراسات عن تطور مماثل في السعودية[*] لمفهوم الإشراف التربوي خلال العقدين الأخيرين خاصة بعد قصور الأنماط السابقة للإشراف التربوي (التفتيش والتوجيه)، حيث حاولت الدراسات إحداث تغييرات مرغوبة لتلافي أوجه القصور مما تجسد في المفهوم الجديد للإشراف التربوي

---

(١) وزارة التربية والتعليم، (٢٠٠٢م)، دليل الإشراف التربوي، مرجع سابق، ص ص ١٧ - ٣٨

(*) من موقع الوزارة على الانترنت .http://www.eshraf.com/htm

وهو: "عملية فنية شورية قيادية إنسانية شاملة غايتها تقويم وتطوير العملية التعليمية والتربوية بكافة محاورها".

أما المراحل التي مرّ بها الإشراف التربوي في السعودية فعرفت بمراحل النمو والتطور وهي:-

المرحلة الأولى:

التفتيش في عام ١٣٧٧هـ / ١٣٧٨هـ حيث أنشأت الوزارة نظاماً أطلقت عليه (التفتيش)، وقامت بتعيين عدد من المفتشين في كل منطقة يتناسب وحجمها، أما مهمة المفتش فكانت الإشراف الفني على المدارس من خلال زيارتها ثلاث مرات سنوياً بهدف توجيه المعلم في الأولى، والوقوف على أعمال المعلم وتقويمه في الثانية، ولمعرفة أثر المعلم في تحصيل الطلاب في الثالثة، وانشئ في العام التالي قسماً خاصاً بالتفتيش أسندت إليه عملية التفتيش ميدانياً لمعرفة هل تحقق الغرض من التفتيش؟ وكتابة تقارير في ضوء الزيارات، ومعرفة مدى تنفيذ التعليمات الصادرة، وقد انيطت مهمة الإشراف عليه إلى إدارات التعليم الابتدائي.

المرحلة الثانية :

التفتيش الفني بحلول عام ١٣٨٤هـ حيث أنشأت الوزارة أربعة أقسام متخصصة لمواد (اللغة العربية، اللغات الأجنبية، المواد الاجتماعية، الرياضيات والعلوم) وأطلق عليها عمادة التفتيش الفني، وربط التفتيش بإدارات متخصصة كالتعليم الثانوي، والمتوسط، ومعاهد المعلمين، وتكونت في عام ١٣٨٧هـ هيئة فنية في الإدارات لرسم خطط مفتشي المواد وإعداد الدراسات الفنية، وتم إصدار تعليمات لمفتشي المناطق باعتماد تقاريرهم وإرسالها إلى إدارات التفتيش، وشملت مهام المفتش: دراسة المناهج ومراجعة المقررات الدراسية، وحصر المعلمين والكتب والأدوات والاحتياجات في المعامل وغيرها.

المرحلة الثالثة:

التوجيه الفني عندما أدركت الوزارة أن كلمة تفتيش تعني المباغتة والبحث عن الأخطاء صدرت تعليمات عام ١٣٨٧هـ تنص على :-

١- تسمية المفتش الفني بالمشرف التربوي

٢- تقوية العلاقة بين الموجه والمعلم والاهتمام بالجانب الإنساني، والمصلحة العامة.

٣- تقديم المشورة الإدارية والفنية لإدارات المدارس التي يزورها الموجه.

٤- دراسة المناهج والكتب الدراسية والاسهام في الامتحانات.

وفي عام ١٣٩٤هـ تم إصدار تعليمات منظمة لزيارات الموجه للمدارس وفق الحاجة لهذه الزيارات.

المرحلة الرابعة:

إنشاء الإدارة العامة للتوجيه التربوي والتدريب عام ١٤٠١هـ حيث تم تنظيم عملية التوجيه على النحو التالي :-

١- إنشاء إدارة في جهاز الوزارة تعرف بالإدارة العامة للتوجيه التربوي والتدريب تحت إشراف الوكيل المساعد لشؤون المعلمين.

٢- نقل الموجهين التربويين القائمين على عملهم في قطاعات التعليم المختلفة وفي الوزارة إليها.

٣- نقل اختصاصات وصلاحيات إدارات التدريب التربوي إليها، وهدفت هذه الترتيبات أداء العمل بجوانبه التخطيطية والتنفيذية المختلفة على أكمل وجه بقصد التطور.

المرحلة الخامسة :

الإشراف التربوي عام ١٤١٦هـ والقاضي باعتماد مسمى الإشراف التربوي بدلاً عن التوجيه التربوي وأصبح مسمى الإدارة العامة للتوجيه والتدريب إلى الإدارة العامة للإشراف التربوي والتدريب ثم الإدارة العامة للإشراف التربوي، وتتبعها شعب للإشراف في مختلف التخصصات، وتتعاون مع مديري إشراف المناطق والمحافظات لرسم خطط زيارات المدارس بكافة مراحلها من قبل المشرفين، وتزويدها بما تحتاج إليه من إشراف، ومعرفة المشكلات وحلها في المناطق، والميدان.

ويظهر الاهتمام في تطوير الإشراف من حيث تقارير المشرفين التربويين في إدارات التعليم، وما يقومون به من زيارات للمعلمين،ويهدف إلى متابعة المعلمين فيما يؤدونه مع طلابهم، وأثر ذلك في الطلاب، ومساعدة المعلمين على تطوير أنفسهم، والتحقق من تطبيق المناهج، وتذليل الصعوبات التي تعترضهم، ونقل الخبرات والتجارب التربوية بين المعلمين، وملاحظة أعمال إدارات المدارس ومنها جداول الدروس وعدالتها بين المعلمين، والتحقق من مدى فاعلية الإدارة في التنظيم والدقة، وكيفية إجراء الاختبارات، والاطمئنان الى أنها تجري حسب ما خطط لها على مستوى الوزارة.

وتعد مهمة الإدارة العامة للإشراف التربوي السعودي تحسين العملية التربوية والتعليمية وتطويرها، من خلال التخطيط ومتابعة التنفيذ بما يؤدي إلى النهوض بمستوى أداء المشرفين التربويين، والمعلمين في الميدان، وتقويم عناصر التعليم المدرسي بكافة مدخلاته وعملياته، وهذا ما يعكس مدى التطور الذي بدأ في بدايته بالمراقبة، والتفتيش والبحث عن عيوب الأداء، وممارسة الثواب، والعقاب إلى التوجيه التربوي، الذي يعنى بتنمية المعلمين ومعاونتهم على اكتشاف ذواتهم الحقيقية، وطاقاتهم المختلفة بطريقة مباشرة، ثم أصبح إشرافاً تربوياً يبني علاقات عمل مشتركة في إطار من العلاقات الإنسانية، ويهدف إلى تنمية المتعلمين والعملية

التعليمية، من خلال تنمية المعلمين، وتطوير أدائهم، وتحسين المناهج، والوسائل، وتطوير البيئة المدرسية. وقد تضمنت الآلية الجديدة المقترحة عام ١٤١٧هـ إلى إحداث نقلة نوعية في مجال العمل الإشرافي من حيث الممارسة، والأساليب، وتوفير الوقت للمشرف التربوي للقيام بمهامه وتضمنت كذلك بعض الأفكار الرائدة، وأهمها الأخذ بنظام المشرف المتعاون، الذي يقوم بدور المشرف التربوي المقيم، ويقف على مشكلات المعلمين عن قرب، فيقدم لهم العون الفني المناسب، ويتعاون مع جهاز المدرسة الإداري في توفير الخبرات المهنية المناسبة للمعلمين، كل حسب احتياجه، وقدراته، وإمكانياته.

أما في سلطنة عُمان والتي بدأت نهضتها التعليمية عام ١٩٧٠م، فإن وزارة التربية والتعليم قد اهتمت بالتوجيه التربوي من خلال النشرات التوجيهية، واستقدام الموجهين ذوي الخبرة من الدول العربية، وقد تم تنظيم التوجيه التربوي بحيث يكون هناك موجه تربوي في جميع المواد التي تدرس في الصفوف الثلاثة الدنيا من المرحلة الابتدائية، بينما يوجه في الصفوف الثلاثة العليا من هذه المرحلة موجه متخصص في المواد المتقاربة (علوم ورياضيات، لغة عربية واجتماعيات... الخ) وفي المرحلتين الإعدادية والثانوية فيوجه فيهما موجه يعرف بموجه المادة.

ويلاحظ أن التوجيه كان يرمي إلى عدة أهداف تطورت مع الزمن، وأهمها:-

١- تصحيح مسار العملية التربوية، ومعالجة نقاط الضعف.

٢- اكساب المشرف التربوي القدرة على تحليل العملية التربوية.

٣- تعميق وعي المشرف بمسئولياته في ضوء المفهوم الحديث للإشراف التربوي.

٤- تمكين المشرف من استخدام المنهج التكاملي متعدد الوسائط.

أما مراحل تطوير الإشراف التربوي فيمكن تحديد ثلاث مراحل في مسيرته، وهي :-

المرحلة الأولى :

صدور دليل جديد للتوجيه التربوي ١٩٩٣/٩٢م، وضم مفهوم التوجيه الحديث وأساليبه وتقنياته المختلفة.

المرحلة الثانية :

البدء بتطبيق برنامج لتطوير الموجهين التربويين عام ١٩٩٥/٩٤م حيث تم تحديد إطار يتعين على الموجه اجتياز اختبار يخضع بعده لدورات إعداد الموجهين، وتشتمل على فترات ثلاث، هي :-

١- الفترة الأولى : مدتها ثلاثة أسابيع يتم فيها تزويد الدارسين ببعض التعيينات الدراسية تناقش ما يتصل بالتوجيه التربوي.

٢- الفترة الثانية : مدتها أربعة أشهر لتنفيذ الأفكار المكتسبة في الفترة الأولى.

٣- الفترة الثالثة : تهدف إلى تعزيز النتاجات التعليمية والتركيز على الممارسات الميدانية الفعلية.

المرحلة الثالثة :

بحلول عام ١٩٩٨/٩٧م حلول مفهوم الإشراف التربوي واستحداث دائرة للإشراف في المناطق لتنظيم الدورات والمشاغل اللازمة لتأهيل العاملين في ميدان التوجيه.

ولحداثة النهضة التعليمية في سلطنة عمان فان هناك عدداً من المشكلات، وبالذات ما يتصل هنا باداء الموجهين التربويين، ومن أهمها: قلة عدد الموجهين بشكل عام، وقلة عدد العُمانيين منهم بشكل خاص، وعدم اعتماد آلية لتدريبهم بعد إلغاء دورة التوجيه التربوي مع أن النية تتجه إلى جامعة السلطان قابوس للقيام

بدور التدريب، ولم يتم انفاذ ذلك بعد، مما يوضح أن التوجيه التربوي ليس في مستوى الطموح [1]

وفي السودان يتم إنشاء أول جهاز للتوجيه الفني برئاسة مصلحة المعارف عام ١٩٠٢م، عُرِّف في ذلك الوقت بالتفتيش، وقد ساير التوجيه الفني مثيله في الدول الأخرى حيث اتخذ اشكالاً وأنماطاً مستمدة من الفلسفة القائمة، ومرّ بالمراحل التالية :

المرحلة الأولى (١٩٠٢-١٩٣٣م):

حيث خضع لإشراف مركزي برئاسة مصلحة المعارف، مهمته التوجيه في المدارس الأولية والوسطى، وقد اتسم بالتسلطية الاوتوقراطية التي همها تنفيذ المقررات الدراسية بدقة، وحفظ المعلومات بصورة آلية، ويعكس هذا المفهوم الفكر التربوي عند المستعمر الإنجليزي في ذلك الوقت.

المرحلة الثانية (١٩٣٤-١٩٥٦م):

وفيها تم إسناد مهمة التفتيش لمعهد أنشئ في هذه المرحلة عرف بـ(بخت الرضا)، وفيه تحول مفهوم التفتيش إلى التوجيه الفني وبدأت النظرة التسلطية بالانحسار لتحل محلها المشاركة وروح التعاون بين المعلمين والمفتشين، ويعني التوجيه مركزياً تتولاه بخت الرضا وهدف إلى تقديم المساعدات للمدارس، وإعطاء المعلم معرفة متجددة ودقيقة عن العمل في المدارس، وتدريب الشباب في هيئة التدريس ليحلوا محل غيرهم من المشرفين.

المرحلة الثالثة (٥٦-١٩٦٩):

وفيها تم إنشاء جهاز مركزي للتفتيش لمتابعة معلمي المدارس الثانوية مقره رئاسة الوزارة، وبقيت المرحلة الأولية والوسطى من مهمات بخت الرضا، وفي

([1]) بطاح، أحمد، (٢٠٠١م)، سبل تطوير التوجيه التربوي في سلطنة عمان، العلوم التربوية، العدد الأول، يناير ٢٠٠١م، معهد الدراسات التربوية، القاهرة، ص ص ٨٧ – ٩٠.

هذه المرحلة عين مفتش لكل مادة ليقوم بمهمة التفتيش على مادته، وقد تميز النمط الإشرافي بروح الديمقراطية والإشراف التشخيصي الإصلاحي التعاوني، وتحليل الموقف التعليمي داخل الصف وخارجه، وسادت العلاقات الإنسانية واستخدمت الزيارات والنشرات والأفكار التي اتسمت الفترة بشيوعها مما حسن الأداء.

المرحلة الرابعة (١٩٦٩م):

مرحلة التوجيه الفني وقد سايرت هذه المرحلة مثيلتها في مصر، ولربما جاء التغيير نتيجة التأثر حيث عرّف السلم التعليمي، وتغيرت نظم الإدارة والحكم مع إندلاع ثورة مايو، ومن أهم التعديلات وإجراءات المرحلة تطبيق نظام اللامركزية ممثلاً بقيام الحكم الشعبي المحلي، حيث أنشئ عام ١٩٧٣م قسم للتوجيه الفني بالمحافظات يشرف عليه أحد المعلمين من ذوي الخبرة سمي (كبير الموجهين الفنيين) وهو المسئول الأول لدى مساعد المحافظ وتقع على عاتقه مسؤولية الإشراف على عمل الموجهين حسب البرنامج المعد للطواف على المدارس على شكل زيارات لتقويم الأداء للمعلمين، وتوجيههم لتجويد الأداء والارتقاء به، وكتابة التقارير عن سير الدراسة، والمنهج ورصد السلبيات والإيجابيات، وبعثها إلى إدارة التوجيه الفني المركزي بالوزارة، ومع قيام الحكم اللامركزي وتجميع عدد من المحافظات لتكون وحدات إدارية عرفت بالأقاليم، فإن رئاسة التوجيه أصبحت بإشراف كبير الموجهين المسؤول أمام مدير عام التعليم بالأقاليم التابع بدوره لوزير الخدمات أو التربية. وبحلول عام ١٩٨٣م تعاد إدارة التوجيه الفني إلى معهد التربية ببخت الرضا، ويتم دمج التوجيه في المرحلتين الأولية والوسطى إلى الثانوية، بغية التنسيق والاستفادة من الامكانيات المتاحة في التغذية الراجعة، وتطوير وتعديل المناهج وتنقيح الكتب المدرسية،وقد تحول اسم التفتيش إلى التوجيه الفني مع أن الممارسات والأهداف كانت أبعد من ممارسات التفتيش بمفهومه المعروف [1].

---

(1) الحسن، حسن عبد الرحمن، (١٩٨٩م)، التوجيه الفني في التعليم العام، التوثيق التربوي، العدد ١٠٢/١٠٠، يونيو ١٩٨٩ يونيو ١٩٩٠، ص ص ٢٥ - ٢٨.

المرحلة الخامسة :

وبقي التوجيه الفني على وضعه السابق حتى ١٩٩٢/١١/٢١ حيث صدر قرار أصبحت وزارات التربية الولائية هي المسؤولة عن إدارة وتنظيم التوجيه الفني دون أي تدخل من الوزارة الاتحادية.

ويلاحظ أن التوجيه الفني بولاية الخرطوم يقوم على أساس التنظيم الثنائي الذي يعتبر مدير المرحلة الثانوية بالولاية مسئولاً عن التوجيه الفني وتصدر منه السلطة في اتجاهين هما:-

الأول : للهيئة الإدارية وتشمل مدير المرحلة بالمحافظة فالمدير الإداري بالمحافظة ثم إلى مدير المدرسة.

الثاني : لهيئة التوجيه الفني وتشمل المدير الفني بالولاية ثم مدير التعليم بالمحافظة يليه المدير الفني بالمحافظة ثم كبير الموجهين فالموجه الفني.

ويعتبر الموجه مسئولاً عن التوجيه في مادة معينة ضمن مرحلة واحدة من مراحل التعليم على أساس التنظيم الأفقي بحيث يكون متخصصاً في مادته ويراقب مستويات أدائها ويقدم التقارير المكتوبة عن المعلمين إلى كبير الموجهين، وتقع عليه مسئولية العمل الميداني في التأكد من تنفيذ كشف التنقلات، وحصر معلمي المادة وبيانات وافية عن المعلمين ووضع جدول الزيارات التي تشمل المسح الميداني بداية العام، وزيارة المدارس لإجازة الامتحانات، ومن أهم ممارساته أنه يخطر المدارس التي ينوي زيارتها مسبقاً بموعد الزيارة، ويلقى الدروس التوضيحية، ويدّون التقارير العامة عن سير الدراسة، والخاصة عند نهاية الزيارة، وينظم تبادل الزيارات بين المعلمين، ويعمل على تذليل الصعوبات التي تعترض مسار المعلمين في أداء عملهم إضافة إلى الاجتماع بالمعلمين لمعرفة وجهات نظرهم حول ملاحظاته أثناء زيارة الفصول.

وفيما يخص علاقة التوجيه بالإدارة المدرسية فإن مدير المدرسة مسئولٌ عن إدارة مدرسته، وفق توجيهات وقرارات إدارة التعليم ويعمل على توزيع المسئوليات على المعلمين ويشرف على تنفيذها، ومتابعة أدائها [١].

وتجمل عفاف عمر [٢] أهم الأهداف للتوجيه الفني المركزي الذي تتولاه (بخت الرضا) والتوجيه اللامركزي الذي تتولاه الأقاليم (الولايات) بالتالية :-

١- مساعدة المعلمين على حل المشكلات التي تقابلهم داخل الفصول وتقويمها.
٢- تبادل الخبرات والتجارب بين المعلمين ولفت نظرهم إلى السلبيات والإيجابيات في دروسهم.
٣- متابعة الكتب الدراسية الجديدة والوقوف على آراء المعلمين ومقترحاتهم حول المناهج والكتب.
٤- متابعة المعلمين الذين تدربوا بمعهد بخت الرضا وصولاً للتدريب الأمثل للمعلمين.
٥- تنظيم الملاحظات والتعليقات عن المدارس التي تمت زيارتها والإفادة منها عند المتابعة وتصنيفها.
٦- الاهتمام بالمقترحات والآراء حول الكتب وطرق التدريس ومستوى المعلمين للاسترشاد بها في تطوير المناهج وتحديثها.
٧- تحليل التقارير والمذكرات واستمارات التوجيه الواردة من الولايات ودراستها والإفادة من نتائجها.
٨- معرفة أوجه النقص في المدارس.
٩- إصدار النشرات، والدوريات.

---

(١) الفكي، على حسن أحمد، (١٩٩٩م)، فاعلية التوجيه الفني بالمرحلة الثانوية بولاية الخرطوم من وجهة نظر المعلمين، رسالة دكتوراة، جامعة ام درمان الإسلامية، ص ١٣٠.

(٢) عمر، عفاف إبراهيم عثمان، (٢٠٠١م)، مرجع سابق، ص ص ٤٦ – ٤٧.

ويرى الباحث أن الإشراف التربوي في البلاد العربية التي تناولها قد نما وتطور من التفتيش الذي يقوم على استخدام السلطة وتصيد الأخطاء، وتوجيه النقد إلى التوجيه بما يمثله من تقديم للمشورة في طرائق التدريس، ومساعدة المعلمين في النمو المهني، من خلال علاقة الزمالة القائمة على الاحترام المتبادل إلى الإشراف التربوي الذي يعني الديناميكية والتطور والتحديث والاهتمام بالموقت الصفي، والعملية التعليمية التعلمية بكاملها، على الرغم من التفاوت الزمني في الانتقال من مرحلة إلى أخرى بين الدول.

وتشير الدراسات إلى أن الإشراف التربوي في البلاد العربية قد استحدث لغاية واحدة هي تحسين العملية التدريسية والارتقاء بأداء المدرس لواجبه باسلوب التشجيع والنقد البناء من قبل المشرفين التربويين، والتعاطف مع المعلمين وتوجيههم وارشادهم والعمل على تأهيلهم لممارسة التدريس الناجح من خلال الأساليب الملائمة والقائمة على الديمقراطية والشورية، ومحاولة استبدال الطبقية القديمة (التفتيش) بعلاقة الزمالة القائمة على الفهم المتبادل.

ويلاحظ الدارس للإشراف التربوي في البلاد العربية أن أهداف الإشراف والتوجيه التربوي الحديث جاءت لتحقيق الأهداف الرئيسية التالية :-

١- تحسين العملية التعليمية التعلمية من خلال القيادة الإنسانية، والمهنية للمعلمين.

٢- تقويم عمل المؤسسات التربوية وعلى رأسها (المدرسة)، وتقديم المقترحات لتحسين الأداء فيها.

٣- تطوير النمو المهني،وتحسين الأداء، وطرائق التدريس للمعلمين.

٤- العمل على توجيه الإمكانيات المادية والبشرية، وحسن استخدامها للنهوض بعملية التعلم والتعليم.

٥- توظيف التكنولوجيا الحديثة وطرائق التقويم بما يتلاءم وعلاقة التعاون والتشارك بين المشرفين التربويين والمعلمين.

٦- الإشراف التربوي مكمل لدور المديرين في تحسين مستوى الآداء، والارتقاء بمستواه من خلال التقويم الهادف في بيان جوانب القوة والقصور، بعيداً عن اعتبارات المجاملة،والمحسوبية لتقديم الاقتراحات الإيجابية في معالجة الضعف.

ويرى الباحث أن غالبية الجهود المبذولة في الأنظمة التعليمية العربية المعاصرة، تركز على أن الإشراف التربوي أصبح عملية ديمقراطية تعاونية، تقوم على الاحترام المتبادل بين أطراف الإشراف التربوي من مشرفين ومديرين ومعلمين، وتؤمن على اختلاف أشكالها أن الإشراف التربوي خدمة مهنية يراد بها معالجة الخطأ في الممارسات التربوية دون تصيد لهذا الخطأ من حيث تقديم مقترحات لمعالجة السلبيات، وسد الفجوات المتعلقة بالمواد الدراسية، وتفادي الخطأ والوقاية منه لحماية المعلمين من الوقوع في الممارسة الخطأ، مما يعني واجب المشرف في التوجيه الفني للمعلمين الجدد للقيام بمسؤولياتهم بحكم ما لدى المشرف من خبرة لينبههم إلى الصعوبات التي قد تواجههم ويساعدهم على تلافيها، ويلاحظ كذلك أن دور الإشراف التربوي يقوم على الابتكار للأفكار والأساليب المستحدثة لتطوير العملية التربوية بحكم عمل المشرف واتصاله وخبراته ليؤدي دور الوسيط في نشر المعلومات والوسائل والأفكار المستحدثة، للعمل على بناء الإشراف التربوي المأمول في رفع كفاية العاملين في الحقل التعليمي.

وتظهر الدراسات أن بدايات النظام الإشرافي العربي، قد اتخذت من التفتيش طريقاً في الحكم على أداء المعلمين، من خلال أسلوب الزيارة الصفية المفاجئة، كما أن الإشراف التربوي اتخذ تنظيماً يقضي بالمركزية في التخطيط، واللامركزية في التنفيذ لتسهيل مهمة المشرفين التربويين، حيث تمثل ذلك في مديريات التربية في المحافظات الاردنية إلى إدارات التفتيش في المناطق في السعودية إلى (بخت الرضا) ثم الولايات في السودان إلى دائرة الإشراف في المناطق في عُمان، واتسمت بتقارير للأداء.

وفيما يخص نقاط الافتراق بين النظم الإشرافية العربية نلاحظ تفاوتاً في تطبيق ذلك، فمن دراسات تشير إلى أن نظام التفتيش قد بدأ مبكراً في السودان بحلول عام ١٩٠٢م وبحلول عام ١٩٢١م في الأردن إلى بداية متأخرة كما هو واضح في عمان التي بدأت فيها النهضة التعليمية متأخرة بحدود عام ١٩٧٠م، وإلى بداية متوسطة في القرن العشرين لنظام التفتيش في السعودية عام ١٣٧٧هـ / ١٩٥٦م، على الرغم من أن هذه البدايات اتسمت بالنمط الإشرافي التفتيشي التصيدي للأخطأ، وقد اتخذت وسيلة للحكم على أداء المعلمين الزيارة الصفية المفاجئة.

أما بشأن الأساليب المستخدمة فأثبتت الدراسات أن الزيارة الصفية جاءت في مقدمة ذلك، وفي كافة الدول التي تمت دراستها، والتي في الغالب تؤدي إلى تقرير الإشراف الموضوع للمعلم والذي تفاوت من منطقة إلى أخرى حيث يضع المشرف التربوي (الموجه الفني) في السودان تقريراً من (٤٠) علامة في حين نجده في الأردن (٣٠) علامة لتقييم أداء المعلمين، مما يسهم في التقييم الموضوع للمعلم في نهاية العام الدراسي.

وبشأن سلطة المشرف التربوي فهي تختلف من منطقة إلى أخرى حيث أن من مهمات المشرف التربوي التأكد من تطبيق التنقلات في السودان وعقد اجتماعات مع معلمي المواد للاستماع إلى وجهات نظرهم بعد زيارتهم، إلى دور إشرافي توجيهي يساند المعلمين في ضرورة الارتقاء بمستواهم التدريسي والمهني في الأردن معتمدين السلطة الأخلاقية إلى جانب السلطة الرسمية، إلى دور توثيقي يعطي إمكانية النقل والتوجيه في السعودية وعمان، من خلال تقارير الأداء التي يقوم المشرفون بتعبئتها.

المبحث الخامس:بعض الاتجاهات والوسائل التطويرية الحديثة في الإشراف التربوي

تشير الدلائل إلى أن الإشراف التربوي قد واكب العملية التربوية في الأردن حيث سارت بطريقة تلقائية حتى المؤتمر الأول للتطوير التربوي عام ١٩٨٧م، والذي يعد نقطة تحول في هذه المسيرة، خاصة في المرحلة الثانية منه والتي هدفت إلى تحسين الأثر النوعي لعملية التطوير ورفع القدرة والكفاءة في العمليات التربوية، ومنها تفعيل دور الإشراف التربوي، حيث ظهرت تجديدات إشرافية تطويرية فرضتها طبيعة المرحلة من أجل إحداث نقلة نوعية متميزة في مفهوم الإشراف التربوي وبنيته وفعالياته ومخرجاته، في ظل عدم تحقيق سلوك تعليمي فاعل، وقلة برامج التدريب قبل الانخراط في مهنة التعليم، وضعف الممارسات التعليمية الصفية للمعلمين المبتدئين.

ولهذا تباينت النظرة للإشراف التربوي نتيجة اختلاف طبيعة التعامل بين المشرفين التربويين والمعلمين، حيث نظر بعضهم إلى العلاقات القائمة بالفوقية والتبعية، والبعض كعلاقة إنسانية ثنائية تتسم بالود والصداقة والانفتاح، فيما نظر ثالث إليها على أنها سلسلة من تفاعلات وأحداث ينغمس بها طرفا العلاقة ليعملا معاً ويكونا مسؤولين عن النتائج، وأيا كانت النظرة للإشراف التربوي فهو جهاز مهم يحتضن خيرة الخبراء والمتميزين من التربويين، وآلية اختياره تعزز كفاءات عالية الخبرة متميزة الأداء، لكننا نعيش في عالم متغير، تغيرت فيه الأدوار والمهمات تغيراً سريعاً، احتاج إلى قرارات فائقة من المشرفين للتّكيف مع الأوضاع الجديدة والأدوار الجديدة والأدوات الجديدة[1].

([1]) المسّاد، محمود، (٢٠٠١م)، تجديدات في الإشراف التربوي، مرجع سابق، ص٢٤٢

وكان من ثمار هذه المرحلة - الإشراف التربوي - أن اتجاهات المعلمين للعملية الإشرافية قد تحسنت لظهور حالات محددة تبادر لدعوة المشرف التربوي للزيارة، وتفاعل المعلمون إيجابياً مع التجربة دون خوف، ولم يعد المعلم يخفي حاجاته المهنية عن المشرف بل يتعاون معه في تحديد المشكلات والبحث عن الحلول وأصبح يحس بأهمية الدور الإشرافي، ونوعية العمل المطلوب منه، إضافة إلى مبادرة المعلمين للتجريب الذاتي في مجال التعلم والتعليم[(١)].

ولذلك وجب توفير الرضى لجميع العاملين في المؤسسات التربوية وذلك لما يترتب عليه من أثر على مستوى أدائهم، الأمر الذي سعت إليه وزارة التربية والتعليم وبشكل دائم في تحسين تطوير نظمها الرئيسة والفرعية، مولية اهتمامها الأكبر بالإشراف التربوي وذلك لأهميته في تحسين أداء المعلم، مما ينعكس على المتعلم، ويرفع مستوى العملية التربوية ويحقق أهدافها [(٢)].

ولهذا ظهرت بعض الاتجاهات الإشرافية والوسائل التطويرية التالية :

أولاً : الإشراف التكاملي

انبثق مفهوم المنحى التكاملي للإشراف المتعدد الأوساط من التعامل مع الإشراف التربوي باعتبارها عملية تساعد المعلمين والمديرين على امتلاك قدرات تنظيم تعلم الطلاب بشكل تتحقق فيه لديهم الأهداف التعليمية والتربوية، وتكون على هيئة نظام يتكون من مجموعة من العناصر أو العمليات ولكل عنصر أو عملية وظيفة وعلاقات تبادلية مع بقية العناصر والعمليات، ولها مدخلات ومخرجات "[(٣)].

---

(١) وزارة التربية والتعليم، (٢٠٠٢)، مرجع سابق، ص٢٢

(٢) وزارة التربية والتعليم، (١٩٩٥م)، برنامج تطوير الإشراف التربوي، عمان ص ص ٢-٥

(٣) مرعي، توفيق، (١٩٨٩م)، أساليب الإشراف التربوي، ورقة مقدمة للحلقة الدراسية في الإشراف التربوي الفعال، عمان، (١٨ - ٢٣ نوفمبر) ص٣.

والإشراف التكاملي عملية تشاركية تعاونية لتفعيل دور الإدارة المدرسية والإشراف التربوي بإحداث التكامل بين الدور الإداري لمدير المدرسة والدور الفني للمشرف التربوي، من خلال مراعاة ما له صلة بالعملية التعليمية التعلمية باستخدام أساليب إشرافية متنوعة ومتكاملة ترتقي إلى مستوى أن الإشراف التربوي عملية قيادية ديمقراطية تعاونية منظمة تهدف إلى دراسة وتحسين العوامل المؤثرة في الموقف التعلمي التعليمي، وهدفه الرئيس رفع كفاءة الإشراف التربوي في تطوير العملية التربوية من أجل :

- تحسين العملية التربوية، وتحقيق نقلة نوعية في النظام التعليمي.

- المشاركة في متابعة التطوير والإبداع في المدرسة.

- تفعيل دور المشرف التربوي إدارياً وفنياً باتصاله المستمر بالميدان، وبقائه فيه أطول فترة ممكنة.

- زيادة التنسيق والتعاون والتكامل بين المشرف التربوي ومدير المدرسة من حيث هو كمشرف مقيم.

- فصل الدور الإشرافي للمشرف التربوي عن الدور التقييمي.

- تحويل عمل المشرف من تقديم الخدمة للمعلم حسب التخصص إلى دعم المدرسة عامة وتحسس مشكلات الميدان التربوي وقضاياه.

- تبادل الخبرات والمعلومات والتجديدات التربوية بين المشرفين التكامليين في مجتمعاتهم [1].

وهو بهذا المفهوم مسؤولية مشتركة بين مدير المدرسة باعتباره قائداً تربوياً ومشرفاً مقيماً في مدرسته من ناحية، وبين المشرف التربوي من حيث هو خبير

([1]) الصمادي، حسن فهد محمود، (٢٠٠٠م)، دراسة واقع الإشراف التكاملي من وجهة نظر المعلمين والقادة التربويين في محافظة عجلون، رسالة ماجستير (غير منشورة)، جامعة اليرموك، اربد، ص١١.

متخصص من ناحية ثانية، وكلاهما يقوم بدور فاعل ومؤثر يتمثل في الإدارة، والتنظيم والمتابعة من قبل المدير، وتقديم الدعم والمساندة والخبرة التربوية من المشرف التربوي، ويقوم المشرف التكاملي بمجموعة من المهام والفعاليات التربوية بمشاركة مدير المدرسة وهيئة العاملين ضمن المجالات التالية:

- التخطيط الفصلي والسنوي والتطويري وتقديم التسهيلات التي تحقق أهداف الخطة للمعلمين وإعداد الخطط التدريسية، وتحضير الدروس.

- مجال التنمية المهنية للمعلمين بالكشف عن احتياجاتهم وتحديدها وتصنيف واختيار أفضل الأساليب لتلبيتها كالزيارات، والندوات.

- مجال القياس، والاختبارات بتطوير الإجراءات وأساليب الاختبارات التحصيلية، وتحليل النتائج، ووضع الخطط العلاجية.

- مجال الأنشطة التربوية، وتفعيل دور التسهيلات المدرسية من خلال المعلمين، المكتبة، المختبر، الإرشاد [1].

وقد خرج المؤتمر الوطني الأول للتطوير التربوي المنعقد في عمان ٧ – ٩ أيلول ١٩٨٧م بالتوصيات الآتية :

١ – تبني مفهوم الإشراف التكاملي متعدد الوسائط القائم على الكفايات، والذي يتناول جميع عناصر العملية التربوية طلاباً،ومعلمين، ومنهاجاً، وإدارة صفية، ومدرسية، وخدمة مجتمع، وتوفير متطلبات تنفيذه.

٢ – وضع تنظيم إداري للإشراف التربوي يستند إلى مفهوم الإشراف التكاملي، وينبثق من دور الإشراف وأهميته وإبراز دور المشرفين التربويين في تقويم المعلمين والمديرين، وإعداد التشكيلات المدرسية لتمكينهم من أداء عملهم بشكل متكامل.

---

[1] عطوي، جودت عزت، (٢٠٠١م)، مرجع سابق، ص ص٢٥٠-٢٥٢.

٣ – وضع أسس اختيار المشرفين التربويين ومعاييرهم في ضوء مفهوم الإشراف التربوي التكاملي والكفايات الإشرافية ورعاية أجهزة الإشراف التربوي لتمكينهم من تحقيق التطور المنشود.

٤ – استخدام أساليب إشرافية متنوعة متكاملة فردية وجماعية مباشرة وغير مباشرة بما يتفق مع الهدف الإشرافي لتحقيق أهداف الإشراف التربوي بشكل عام.

٥ – التقويم المستمر لعملية الإشراف التربوي والاستفادة من التغذية الراجعة لأجل تطويرها، وتقويم عمل المشرفين.

٦ – زيادة الاهتمام بالمرحلة الأساسية للصفوف من (١ – ٦) باعتبارها مرحلة أساسية متميزة في المراحل التعليمية.

٧ – التنسيق بين وزارتي التربية والتعليم العالي لاعداد المشرفين التربويين وتدريبهم من خلال برنامج الدبلوم العالي والماجستير في الجامعات الاردنية تتناسب مع متطلبات عملية الإشراف التربوي.

بدأت الوزارة بتطبيق هذا المنحى للإشراف التربوي والإدارة المدرسية في بداية العام الدراسي ١٩٩٩/٢٠٠٠م، واستمرت لمدة عامين، وقد شمل هذا المنحى التكاملي تطوير دور المشرف وتفعيله من ناحيتين :

الأولى : دور المشرف التربوي نحو المدرسة وهيئة العاملين فيها بتعزيز مفهوم الإشراف التربوي الشامل وتطوير البيئة التعليمية وأساليب التدريس الفعال.

الثانية : دور المشرف نحو المعلم والمبحث الذي يتولى تعليمه وفقاً للتخصص الأكاديمي بحيث يعمل المشرف التربوي على تنمية المعلم وتحسين أدائه[1].

جاء تعميم هذا المنحى بموجب كتاب رقم م ت/٣٥٩٢٥/٦/١٤ تاريخ ١٩٩٩/١٠/٣م، وللحصول على تغذية راجعة حول تطبيق هذا المنحى لغايات

---

[1] وزارة التربية والتعليم، (٢٠٠٢)، مرجع سابق، ص ص ٢٢ - ٢٤

تطويره، وقد أصدرت المديرية العامة للتدريب والتأهيل التربوي كتاب رقم م ت/٤١٣٧/٦/١٤ تاريخ ١٩٩٩/١١/١٥م، يتضمن تزويد الوزارة بما يلي :

- ملاحظات حول تطبيق هذا المنحى.

- نماذج من تقارير إشرافية استخدمها المشرف أثناء ممارسته للدور الإشرافي العام.

- ملاحظات حول دليل المشرف التربوي في ضوء تطبيق هذا المنحى.

- الحاجات التدريبية للمشرفين التربويين في ضوء هذا الدور الجديد للمشرف التربوي.

وقد أشارت التقارير الواردة من المديريات في الميدان إلى أن تطبيق هذا النظام قد أسهم في تطوير العملية التعليمية التعلميةوأدى لتنمية العلاقات الإنسانية بين المشرف والبيئة التدريسية، وأسهم في تطوير البيئة التعليمية الصفية المدرسية ومن أبرز جوانبه الإيجابيه :

- مساهمة المشرف التربوي بشكل أفضل في التخطيط والتنفيذ للعديد من الأنشطة التعليمية والتربوية في المدرسة كالخطط التدريسية والإدارية التطويرية، وتحديد الحاجات الفنية للمدرسة، والمعلمين ووضع الخطط العلاجية وتنفيذها، وإعداد الوسائل التعليمية، واستخدامها وإعداد الأنشطة المدرسية اللامنهجية، ومتابعتها.

- ممارسة المشرف لأساليب إشرافية متعددة وإتاحة الفرصة له لممارسة فعاليات إشرافية جديدة تطويرية لتنمية المعلمين.

- زيادة حرص المشرف التربوي على نموه المهني على نحو يمكنه من أداء دوره الجديد من خلال مشاهدته لحصص صفية في غير مجال تخصصه.

- معالجة المشكلات الإدارية والفنية في المدرسة بصورة أسرع مما كانت عليه سابقاً، وتقديم الدعم الفني لحل هذه المشكلات.

- تعميق دور المشرف التربوي في التعرف إلى جميع فعاليات المدرسة.

- تنمية روح التنافس الإيجابي بين المشرفين التربويين أنفسهم في المدارس المختلفة لتحقيق الأهداف المنشودة.

- تفعيل قنوات الاتصال بين المدرسة والإدارة التربوية مما يؤدي إلى توفير الجهد والوقت والمال.

- حرية حركة المشرف وزيادة مدة وجوده في المدرسة.

- تنمية العلاقات الودية والاجتماعية والإنسانية والعمل بروح الفريق بين المشرف والمدير والهيئة التدريسية.

- تفعيل دور المرافق المدرسية المساندة كالمختبر والمكتبة والحديقة المدرسية وإبراز دور المشرف مهنياً.

- متابعة المدرسة من جميع الجوانب الفنية والإدارية.

- المساعدة على انضباط الهيئة التدريسية في المدارس.

- السرعة في متابعة الإجراءات المنفذة والوقوف على نتائجها وإجراء التعديلات الفورية عليها.

- المساهمة في تحسين البيئة الصفية والمدرسية وإضفاء الذوق الجمالي عليها.

- تمكين المشرف من نقل الخبرات الفنية والإدارية بين المدارس التي يشرف عليها.

- تمكين المشرف التربوي من ممارسة دوره في تفعيل العلاقة بين المدرسة والمجتمع المحلي.

أما أبرز السلبيات الواردة في التقارير فتمثلت في وسائط النقل ونقص عدد المشرفين وحاجاتهم الفنية للتدريب ومنها :

- صعوبة تمكن المشرف من التعرف إلى معلمي التخصص في المدارس الأخرى،ومتابعتهم وخاصة الجدد، واقتصار الزيارات التخصصية على فئة قليلة نسبياً من المعلمين.

- صعوبة الانتقال بين المدارس والوصول إلى بعضها لعدم توفر وسائط النقل.

- نقص عدد المشرفين التربويين لتطبيق المنحى، ومقاومة بعضهم بسبب عدم وضوح الصلاحيات.

- صعوبة متابعة البرامج النوعية، وبرامج التطوير والتدريب التي تتبناها وزارة التربية لانشغال المشرف المعني بمتابعة المدارس المخصصة له وفق هذا المنحى.

- عدم وجود نماذج تقييمية موحدة لممارسة الدور الإشرافي الشامل.

- شعور المعلم بان جوانب المتابعة الفنية التخصصية قد قلت مما يترتب عليه إهمال بعض الجوانب التخصصية.

- حرمان المدرسة من الإفادة من خبرات المشرفين الآخرين.

- صعوبة متابعة المشرفين في الميدان فنياً خصوصاً إذا كان عددهم كبيراً في المديرية.

- التفاوت في أعداد المعلمين بين مشرف وآخر وعدم توفر مكان مخصص للمشرف في المدرسة.

- قلة الإعداد اللازم للمشرف لممارسة هذا النوع من الإشراف.

- حدوث ازدواجية في المتابعة، والمسؤولية بين المشرف التربوي الذي يقوم بالدور الشامل والمشرف التربوي الذي يقوم بدور تخصصي [1].

يوفر الأسلوب القائم على المنحى التكاملي فرصاً جيدة للمشرف والمعلم للتفاعل تفوق ما توفره الأساليب الإشرافية الأخرى إذا ما استخدمت منفردة، مما يجعل العمل الإشرافي ينفذ إلى الأعماق من جهة، ويوفر الفرص المناسبة لإكساب المعلمين اتجاهات إيجابية نحو الإشراف لها أثر فعال في تقبل المعلمين للتطوير والتحسين، مما يوصل الإشراف إلى أهدافه الحقيقية، ناهيك عن سمة أخرى وهي تناوله جميع العناصر في الموقف التعليمي التعلمي من معلم،ومنهاج،وأهداف، ومحتوى، وخبرات تعليمية، وتقويم، كما انه يهتم بمشكلات التلاميذ ومعالجتها، مما يحدث تغيير تربوي حقيقي، وهذا هو الإشراف الشامل بما يوظفه من أدوات إشرافية في منظومة واحدة لخدمة أهداف إشرافية محددة [2].

ويرى الباحث أن منحى الإشراف التكاملي الذي تم تطبيقيه مؤخراً في وزارة التربية والتعليم الأردنية ولمدة عامين لم تهيأ له الفرص الكافية لنحكم على مدى فشله أو نجاحه في تحقيق أهداف الإشراف التربوي من حيث هي تجربة جديدة للإشراف التربوي الشامل، وذلك لعدم توفر الشروط اللازمة لتطبيقه من إعداد لكوادر الإشراف التربوي وتدريبهم مع مديري المدارس الشريك الفعلي لوحدة الإشراف الفعال للقيام بهذا الدور، إضافة إلى عدم توفير الأدوات اللازمة في تطبيق فعالياته الإشرافية كالأعداد اللازمة لهذا المنحى، ووسائل المواصلات، والمشاغل التدريبية ... الخ، كما أن التهيئة المسبقة لم تكن بتنسيق مع مديري المدارس والمعلمين العاملين في الميدان، بل جاء تطبيق هذا المنحى بشيء من الرسمية المفروضة وبلغة تفتيشية مع مديري المدارس تعاملت معهم بصفة الرئيس

([1]) وزارة التربية والتعليم، (١٩٩٩م)، مديرية الإشراف التربوي، دراسة حول ملاحظات الميدان على تطبيق المنحى التكاملي للإشراف التربوي والإدارة المدرسية للفترة من١٠/١٠ - ١٩٩٩/١٢/١٥م، ص ص ٢- ٤

([2]) نشوان، يعقوب حسين، (١٩٩١م)، مرجع سابق، ط٣، ص٢٥٢

والمرؤوس كما فهم بعض المشرفين التربويين حيث أثبتت ذلك الممارسات الإدارية التي طفت على السطح فأضاعت الهدف الإشرافي التخصصي لانصراف عمل المشرف للجوانب الإدارية، مع حدوث ازدواجية في المتابعة والمسؤولية وتضارب في الصلاحيات بين مديري المدارس والمشرفين التربويين.

وقد اتضح من تطبيقه أن هناك تفاوتاً في الفهم لآلية تحقيق الأهداف التربوية لدى المشرفين، حيث ظهر من جراء هذا التفاوت أن هذا الأسلوب الإشرافي ذو طابعين في العلاقة الإشرافية القائمة في المدرسة من حيث وحدة أساسية للتطوير وهما :

- إن العلاقة الإشرافية ذات طابع رسمي تستمد سلطتها من الوظيفة الرسمية للمشرف وتقوم على تحقيق حاجات المدرسة لتحقيق الهدف من العملية التعليمية التعلمية.

- إن العلاقة الإشرافية ذات طابع إنساني تستمد سلطتها من السلطة الأخلاقية الاجتماعية للمشرف التربوي المميز بكفاياته الشخصية والمعرفية والأخلاقية في علاقته مع المعلمين والإدارة المدرسية وتحقيق حاجات المعلمين المهنية والشخصية وإشراكهم في أساليب إشرافية منوعة.

ولكل ما تقدم فإن الباحث يرى أن منحى الإشراف التكاملي يحقق إشرافاً تربوياً فعالاً في ظروف ملائمة ومناسبة وبتوفير كافة الشروط اللازمة لإدامته وتحقيق أهدافه وغاياته الإشرافية، لأنه يستخدم جملة من الأدوات الإشرافية، ولتركيزه على طابعين أساسيين هما الطابع الرسمي والطابع الإنساني، لتداخل هذين الطابعين معاً وضرورة كل منهما للآخر للحصول على العمل وتحقيق الأداء الأفضل للمؤسسة التعليمية، ومراعاته لحاجات المعلمين والعاملين في المدرسة، وبهذا تسير الحاجات الخاصة للمعلمين في خدمة المصلحة العامة وتوفير أجواء أفضل للعملية التعليمية التعلمية بكافة عناصرها.

ثانياً: الإشراف عملية تفاعل بين شخصية Supervision as Interpersonal Intervention

يهتم هذا النمط بإحداث عملية اتصال وتفاعل مع المعلمين من خلال تأكيده على مشاركة المعلمين في التخطيط للصعوبات التي يواجهونها، ويتخذ هذا النمط مجموعة من الخطوات التي تبدأ بجمع المعلومات عن الصعوبات التعليمية والتفكير في وضع الحلول والبدائل ليختار المعلم ما يناسبه، ولذلك يعتبر هذا النمط الإشرافي أقرب إلى الإشراف الذاتي بدلاً من مساعدة المشرف للمعلم (١).

فالإشراف التربوي عملية تفاعل بين شخصية حيث تركز هذه الاستراتيجية على طبيعة العلاقة، وفاعليتها بين المشرف والمعلم من خلال العلاقات البين شخصية، وهناك علاقة بين هذا التفاعل وإنتاجية الإشراف أو فاعليته، لأن عمل المشرف يتطلب التدخل في النشاط التعليمي للمعلم في النظام الصفي، بهدف تحسين العملية التعليمية التعلمية، وتحقق نمو المشرف والمعلم مهنياً وشخصياً، لذلك فإن عملية الاتصال الكائنة بإيجابياتها وسلبياتها يتوقف عليها مدى ما يحققه الإشراف من تأثير في العملية التعليمية التعلمية كما تحدد مستوى ما حققه الإشراف التربوي من إنجاز بشكل عام، وبقاء التواصل بين المشرف والمعلم مفتوحاً وإيجابياً ضروري لتحقيق الغايات من الإشراف.

والإشراف التربوي بصفته قيادة تربوية ينبغي أن يتمثل في السلوك الإشرافي الذي يقوم به المشرف ويتأثر به المعلم، ولذلك فقدرة المشرف على القيادة تؤهله لمساعدة المعلمين والتنسيق بينهم ودعم وتبني قيمهم وتحسسه لمشاعرهم وإدراكاتهم، وهو دون شك عملية تعاونية تتطلب توفر الثقة والتقدير المتبادل بين الطرفين مما يوصل إلى مفاهيم مشتركة حول القضايا التي تهمهما للعمل معاً بوصفهما زميلين متعاونين في الوصول لقرار مشترك، ولكن يجب أن

---

(١) Arthur Blumeberg. "Supervision as Interpersonal Interventionist". Paper. Prepared for meeting. California. ١٩٧٦. P.٢.

يكون القرار الأخير للمعلم كي يكون مسؤولاً عن نتائج عمله مدعمين بذلك استقلالية الإشراف الذاتي ومركزين على أهميته [١].

والإشراف التربوي لا يتوقف عند إظهار الكفايات المهنية وتنميتها لدى المدرسين بل يتجاوزها لتوسيع ثقافتهم العامة وإلمامهم بشؤون الحياة، لأن المدرس إنسان قبل أن يكون مدرسا، وكلما ازدادت معلوماته واتسعت معارفه شعر بالسعادة وكان أكثر إنتاجا، والإشراف كذلك يساعد المدرسين في الوقوف على حقيقة أنفسهم، وإدراك مواطن الضعف في أعمالهم ليتجنبوها، وتكون هذه المساعدة باقتراح طرق التدريس الأكثر فاعلية من غيرها أو إرشاده إلى طريقة يختار بها المدرس الخبرات التعليمية المناسبة أو كيفية تنظيم الأدوات والمواد، أو تخطيط الواجبات أو طريقة التفاعل الناجح، وينبغي أن يكون المشرف التربوي صريحاً فلا يفرض أسلوبا يفضله ولا طريقة للتدريس وإنما يراعي كفاية المدرس وقدرته [٢].

ويهتم الإشراف كعملية بين شخصية بمفاهيم التأثير والمؤثر (لأرجرس) (Argres, ١٩٧٩) حيث يهتم التأثير بتطوير نظام من العلاقات للتدخل بين الأفراد والجماعات لمساعدتهم وينشأ عن هذا المفهوم ثلاث عمليات لدور المؤثر هي :

١ - توفير معلومات مرتبطة بالمشكلة : لأن طبيعة المعلومات التي يجمعها المشرف في مجال تعامله مع المعلم ذات أهمية لأنها انعكاس للافتراض الذي يكون له عن دوره وتعكس طريقة جمع المعلومات بالتعاون مع المعلم أو دونه الطريقة التي يتصور بها المشرف دوره مع المعلم، ويجب أن تجمع المعلومات بالتعاون مع المعلم بحيث تشمل جميع جزئيات النظام الإشرافي فتتناول أساليب التعليم وسلوك المعلم والطالب وعلاقة المشرف بالمعلم.

---

(١) المسّاد، محمود أحمد، (١٩٨٦م)، الإشراف التربوي الحديث واقع وطموح، مرجع سابق، ص ص ١٣٠-١٣١.

(٢) الأسدي، سعيد جاسم ومروان عبد المجيد، (٢٠٠٣م)، الإشراف التربوي، مرجع سابق، ص ص ٢٨-٢٩.

٢ – ضـمان اسـتقلالية المعلم في اختيار الحـل المناسب : فعلى المشرف التربوي أن يعمل على تهيئة الموقف بحيث يختار المعلم القرار بحرية واستقلالية، لأن الاختيار الحر يجعل المعلم منتميا لهذه القرارات ومسؤولا عن النتائج وتؤكد موقف المشرف من المعلم بوصفه شخصا مدركاً وناضجاً.

٣ – خلق إلتزام داخلي بالحل الذي اختاره : بحيث يطور المشرف التزاما داخليا لدى المعلم ويولد قناعة عند الفرد بعمل ما، ويشعره بأنه مسؤول عنه، لأن ذلك يفي بحاجات المعلم وشعوره بالمسؤولية، وخلق القناعة الداخلية لديه مما يقوده إلى النمو ويقتنع بنجاعة ما ذهب إليه [١].

خطوات الإشراف عملية تفاعل بين شخصية :

يرى المسّاد (٢٠٠١) أن هناك مجموعة من الخطوات الواجب التسلسل بها من قبل المشرف التربوي إذا رغب في هذا الاتجاه لممارسة دوره الإشرافي بعد أن يتسلح بمتطلبات ذلك من استيعاب لدوره ووعيه لأهداف الإشراف على أن ينحصر عمله في المعلم بشكل رئيس، متميزاً بثقته بنفسه بحيث يمنحها للمعلم، مطلعاً على أساليب الإشراف جميعها، قادراً على التعامل بلباقة ودماثة مع المعلم وهذه الخطوات، هي :

- أن يجمع المشرف التربوي المعلومات عن المعلمين التابعين له عن طريق استبانه يعدها بنفسه وينفذها بطريقة الزيارة الميدانية الصفية المحدد هدفها مسبقاً، ويوثق المعلومات بمشاركة إدارات المدارس مستخدماً الملفات الشخصية واللقاءات والمشاغل.

- أن يحدد المعلم في خطته السنوية مواعيد الزيارات الصفية للمشرف التربوي وتفرغ لدى مدير المدرسة والمشرف في خطته الخاصة.

---

(١) المسّاد، محمود أحمد (٢٠٠١م)، تجديدات في الإشراف التربوي، مرجع سابق، ص٢٤٦

- تصنيف المعلمين التابعين له حسب حاجتهم الإشرافية والأسلوب الإشرافي المناسب لكل واحد منهم.

- أن يعلم المعلم الأسلوب الإشرافي الذي سيشارك فيه وله الحق بالاشتراك في أكثر من نشاط وفق حاجته بالتخطيط المشترك مع المعلم وبطريقة ودية إيجابية تسودها أجواء التواصل المفتوح لتحقيق التغذية الراجعة.

- أن يسلك المشرف سلوكاً إنسانياً يشعر معه المعلم بتساوي السلطة وتبادل الثقة والإحترام وتقبل أفكار المعلم ويشعره مشاركته اتخاذ القرار.

- أن يحرص المشرف التربوي أن تكون سلطته مستمدة من السلطة العلمية والتفوق في فن التدريس.

- أن يحكم على الإشراف بالنتائج التي توصلوا لها ومدى تحقيقها الأهداف باستخدام أدوات فعالة.

- أن يحرص المشرف التربوي على حفظ أسرار المعلم ونقاط ضعفه.

- أن يكون للمشرف التربوي مكتب يقيم فيه في إحدى المدارس الثانوية يكون معملاً يلتقي فيه المعلمون أوقات إقامته فيه بحيث تكون إقامته معروفة لديهم.

- أن يلتقي رئيس قسم الإشراف بالمشرفين التابعين له يناقش معهم خططهم ومشكلاتهم بشكل دوري شهري أو نصف شهري.

- الاستفادة من المعلمين المتميزين ضرورة وواجب لازم، يمكن ترتيب ذلك في خطته بحيث يعرف أولئك المعلمين والإدارات ومتى سيشاركون باعتبارهم مدربين أو متدربين وأين يتم ذلك ؟

- تطوير أساليب الإشراف وأدواته وخططه الفرعية والعلاجية بما ينسجم وهذا الاتجاه من خلال المشاغل التربوية التي تجمع المشرفين التربويين وراسمي السياسة الإشرافية في الوزارة والمديريات في الميدان [1].

فوائد الإشراف التربوي عملية تفاعل بين شخصية :

من المتوقع حال تطبيق هذا الاتجاه أن يعود بالفوائد التالية على أطراف العملية الإشرافية :

١ – اعتباره نموذجاً لتعلم الكبار لا يركز على مشاكل التعلم والتعليم فحسب بل على تقويم علاقة المشرف بالمعلم التي إما أن تؤدي نمو طرفي العلاقة وإما أن تمنع ذلك النمو.

٢ – تبادل التغذية الراجعة عندما يفصح كل منهما عمّا في ذاته للآخر وذلك بفتح الاتصال بينهما بشكل متبادل لأن كليهما بحاجة للآخر، لشرح خطته ونواياه والمعلم لشرح سلوكه ومشاعره.

٣ – التقويم بالنتائج، لأن النموذج يقترح تنظيم التقويم بين المشرف والمعلم في ضوء نجاح كل منهما في أداء مهمته وتحقيقها الأهداف المرجوة مبتعدين عن التقويم السطحي للأداء

٤ – تحسين مستوى العملية التعليمية التعلمية جهد مشترك لكل العاملين لا مجموعة عليا وأخرى دنيا.

٥ – الإشراف الذاتي نتيجة حتمية لهذا المفهوم لأن المعلم الذي يساهم في صنع القرار بكل حرية واستقلال سيتبنى موقف المدافع عنه.

٦ – تكوين الاتجاه الإيجابي لدى المعلمين نحو الإشراف التربوي، لأن العلاقة الإيجابية يسايرها الاتجاه الإيجابي نفسه نحو الإشراف [2].

---

(١) المسّاد، محمود أحمد،(٢٠٠١م)،تجديدات في الإشراف التربوي، مرجع سابق، ص٢٥٠-٢٥٢.

(١) المسّاد، محمود، (٢٠٠١م)، تجديدات في الإشراف التربوي، مرجع سابق، ص٢٤٨

ويرى الباحث أن هذا التوجه الإشرافي من الأنماط الإشرافية التي تركز على العلاقات الإنسانية البينية والبين شخصية لأن التعليم داخل غرفة الصف عملية تفاعل إنسانية بين الطالب والمعلم وتأتي مهمة المشرف التربوي في تقديم الأنموذج القدوة في علاقته مع المعلم ليستمدها المعلم في علاقته مع طلابه، وهذا النمط الإشرافي موجود في الواقع، ولكن ليس بصورة مفصلة لأن الإشراف الفعال يستمد خصائصه من مختلف الأنماط والنماذج الإشرافية التي تتداخل وتتكامل مع بعضها لتحقيق الأهداف التي يسعى إليها الإشراف التربوي.

والإشراف كعملية بين شخصية نموذج من نماذج الإشراف التربوي الحديث وأسلوب من أساليبه الهادفة إلى تحسين العملية التعليمية التعلمية، في ظل الفهم الشمولي للإشراف التربوي، الذي يولي اهتمامه لجميع عناصر العملية من طالب ومعلم ومنهاج وإدارة وعملية إشرافية، وهو ممارس دون شك في هذا الإطار، وغير منفصل عن النماذج الأخرى التي يتم التعامل بها، لتحقيق الإشراف التربوي الفعال، الذي يوفق بين حاجات الأفراد وحاجات المؤسسة التعليمية، ذلك لأن الإشراف الحديث يعمد إلى إشعار المعلم بالراحة والطمأنينة والمشاركة في عرض المشكلات، وإبداء الحلول أثناء عملية التفاعل القائمة بين الطرفين، المشرف التربوي والمعلم، مما يثمر عنه قبول أفكار المعلم واحترامه حتى يتبنى الفكرة ويعمل بموجبها، ولا يتم هذا إلا بالتواصل المفتوح بين الطرفين الأمر الذي يؤدي إلى تحسين السلوك التعليمي لدى المعلمين وأداء تدريسهم، والإشراف بهذه الصورة التعاونية التشخيصية يكسب المعلم القدرة على التعامل مع المواقف التعليمية المماثلة بمفرده وبذاتية مما يؤثر عليه إيجابياً في تبني الحلول وقبول الإشراف الفعال.

لهذا فالإشراف كعملية بين شخصية مدخل في الإشراف الذي يعمل على زيادة فاعلية العملية الإشرافية، ويرمي إلى توفير التفاعل المناسب بين المشرف والمعلم، بالاتصال الميداني الإيجابي وعمليات التعزيز والتأثير المتبادل، ومن هذه

المداخل المستخدمة في الإشراف التربوي الحديث الإشراف المبني على العلاقات الإنسانية، والإشراف التشاركي، والإشراف التكاملي.

ثالثاً : الإشراف التنوعي :-

يرجع تطوير هذا النمط إلى آلان (جلاتثورن) (Glatthorn ٩٧)، ويقوم على فرضية بسيطة وهي أنه بما أن المعلمين مختلفون فلا بد من تنوع الإشراف، فهو يعطي المعلم ثلاثة أساليب إشرافية لتطوير قدراته وتنمية مهارته ليختار منها ما يناسبه، حيث يعطي المعلم الحرية في تقرير الأسلوب الذي يريده، أو يراه مناسباً له، وفيه تعني كلمة مشرف كل من يمارس العمل الإشرافي، مدير المدرسة أو الزميل، ولا تقتصر على من يشغل منصب المشرف التربوي.

ويحتوي الإشراف التنوعي على ثلاثة خيارات لممارسته، وهي :

١) التنمية المكثفة :

وهو أسلوب مشابه للإشراف الإكلينيكي إلا أنه يختلف عنه من ثلاثة وجوه هي:

- يركز الإشراف الإكلينيكي على طريقة التدريس بينما أسلوب التنمية المكثفة ينظر إلى نتائج التعلم.

- يطبق الإشراف الإكلينيكي - غالباً - على جميع المعلمين في حين أن أسلوب التنمية المكثفة يطبق مع من يحتاجه.

- يعتمد الإشراف الإكلينيكي على نوع واحد من الملاحظة في حين أن أسلوب التنمية المكثفة يستفيد من أدوات متعددة.

ويؤكد (جلاتثورن) على خصائص التنمية المكثفة في ضرورة الفصل بين أسلوب التنمية المكثفة وبين التقويم، لأن النمو يحتاج إلى علاقة حميمة ونوع من التجارب والانفتاح، ويوجب أن يقوّم المعلم شخص آخر غير المشرف الذي شارك

معه في هذا الأسلوب، مع ضرورة أن تكون علاقة المشرف بالمعلم علاقة أخوية تعاونية.

أما مكونات أسلوب التنمية المكثفة فهي ثمان تشمل :-

١- اللقاء التمهيدي : ويفضل في أول العام الدراسي بحيث يبحث المشرف مع المعلم الأوضاع العامة ويتحسس المشرف ما قد يحتاج إلى علاج ويحاول توجيه العلاقة بينهما وجهة إيجابية.

٢- لقاء قبل الملاحظة الصفية، لقاء تتم فيه مراجعة خطة المعلم للدرس المراد ملاحظته وتحدد فيه أهداف الملاحظة الصفية.

٣- الملاحظة الصفية التشخيصيه حيث يقوم المشرف بجمع المعلومات المتعلقة بالجوانب ذات العلاقة بالأمر المراد ملاحظته لتشخيص احتياجات المعلم.

٤- تحليل الملاحظة التشخيصيه، وفيها يقوم المعلم والمشرف معاً بتحليل المعلومات التي تم جمعها في الملاحظة، ومن ثم تحدد النقاط التي تدور حولها النشاطات التنموية.

٥- لقاء المراجعة التحليلي، وفيه يتم تحليل خطوات الدرس، وبيان أهميته لنمو المعلم.

٦- حلقة التدريب، وهو لقاء يعطى فيه المشرف نوع التدريب والمتابعة لمهارات سبق تحديدها أثناء العملية التشخيصيه، وتتكون حلقة التدريب تلك من الخطوات التالية :-

أ / التزويد بالمعلومات الأساسية لتلك المهارة.

ب/ شرح تلك المهارة وكيف تؤدي ؟.

ج/ عرض المهارة عملياً.

د/ تمكين المعلم من التدريب عملياً وبطريقة موجهه مع إعطاء معلومات راجعة عن وضعه

هـ/ تمكين المعلم من التدرب المستقل، مع إعطاء معلومات راجعة عـن وضعه.

٧- الملاحظة المركزة : وفيها يركز المشرف على ملاحظة تلك المهارة المحددة وجمع معلومات عنها.

٨- لقاء المراجعة التحليلي المركز، وفيه تتم مراجعة نتائج الملاحظة المركزة وتحليلها، ويلاحظ أن هذه الخطوات معقدة نوعاً ما وتستهلك الوقت، إلا أن (جلاتثورن) يعتذر عن هذا بأن الطريقة تطبق مع فئة قليلة من المعلمين.

٢) النمو المهني التعاوني :-

وهو الخيار الثاني للإشراف التنوعي، ويعني رعاية عملية نمو المعلمـين مـن خلال تعاون منتظم بين الزملاء ويذكر (جلاتثورن) ثلاثة مسوغات له:-

١- الوضع التنظيمي للمدرسة : حيث أن العمل الجماعي التعاوني بين المعلمين له أثر على المدرسة أكبر من العمل الفردي على أهميته، وكـذلك للعمـل الجماعي أثر في تقوية الروابط بين المعلمين وفيه ربط بين تطوير المدرسـة ونمو المعلمين، وينظر إلى نمو المعلمين على أنه وسيلة لا غايـة فهـو تحسـين للتعلم من خلال تحسين التعليم.

٢- وضع المشرف : فبهذا الأسلوب وبدوره المسـاند يمكن للمشرف أن يوسـع دائرة عمله.

٣- وضع المعلم : فهذا الأسلوب يجعل المعلم يستشعر أنه مسؤول مـن تنميـة نفسه، وأنه ينتمي إلى مهنة منظمة ومقننة ونامية، كما أنه يخفف مـن العزلة التي يعيش فيها المعلمون غالباً، ويمكنهم مـن التفاعـل مـع زملائهـم والاستفادة منهم.

ومن صور النمو المهني التعاوني التالية :-

- التدريب بإشراف الزملاء (تدريب الأقران) : وهو من أكثر الصور
شيوعاً حيث يقوم مجموعة من الزملاء بملاحظة بعضهم بعضاً أثناء التدريس،
ومناقشة الجوانب السلبية واقتراح حلول لها والتدرب على تطبيقها، وتتم في هذا
الأسلوب خطوات النمو المكثف نفسها، ولكنها بين الزملاء دون تدخل مباشر من
المشرف، وتشير الكثير من الدراسات إلى أن هناك أثراً كبيراً لهذا النوع من
التدريب على نمو المعلم، واكتسابه لمهارات تدريسية جديدة، كما أنه يقوي
الاتصال بين الزملاء،ويشجعهم على التجريب، وتحسين أساليب محددة في طرق
التدريس.

- اللقاءات التربوية : وهي نقاشات منظمة حول موضوعات
مهنية وتربوية وعلمية لرفع المستوى العلمي للمعلمين ويجب أن تكون هذه
اللقاءات منظمة ومرتباً لها حتى لا تتحول إلى كلمات لا هدف لها.

- تطوير المنهج : مع أن المنهج معد مسبقاً، إلا أن تطبيق المعلمين
له يتفاوت، ويبقى تطبيق المعلم للمنهج له أثر كبير في أن يؤتي ثماره، فيعمل
المعلمون بشكل جماعي أو على شكل فرق، لوضع خطة لتطبيق المنهج وتعديل
ما يمكن تعديله أو سد بعض الثغرات التي تكون في المنهج، كذلك البحث عن
الطريق الأنسب لتنفيذ المنهج وتطبيقه، وحل ما قد يعترض المعلمين من
مشكلات في ذلك، مع عمل تقويم للمنهج، وما يتبع ذلك من اقتراحات للتطوير.

- البحوث الميدانية، وتعني هنا: البحوث التي يقوم بها المعلمون
وتتعلق بأمر من الأمور التربوية العملية، وهذا النوع من البحوث يسهم في دعم
العمل الجماعي بين المعلمين، ويساعد على تطوير التدريس، ورفع مستوى
المعلمين التربوي والعلمي والمهني.

ويؤكد (جلاتثورن) على أن كل مدرسة يمكنها أن تصوغ ما يناسبها من
صور النمو المهني التعاوني إذا توفرت الشروط التالية :-

١- وجود الجو التربوي العام الذي يدعم العملية.

٢- مشاركة القاعدة، وهم المعلمون، ودعم القمة، وهم المسؤولون.

٣- لزوم البساطة، والبعد عن التكلف، والرسميات المبالغ فيها.

٤- إيجاد التدريب اللازم.

٥- الترتيب لإيجاد الوقت اللازم.

٦- مكافأة المشاركين[(١)].

٣) النمو الذاتي:

وهو الخيار الثالث للإشراف المتنوع وهو عملية نمو مهنية تربوية يعمل فيها المعلم منفرداً لتنمية نفسه، وهذه الطريقة يفضلها المعلمون المهرة وذوو الخبرة، ففي هذا الخيار يكون نمو المعلم نابعاً من جهده الذاتي، وإن كان سيحتاج من وقت لآخر إلى الاتصال بالمدير أو المشرف.

حيث يقوم المعلم بوضع هدف أو أكثر من أهداف النمو لمدة سنة، ويضع خطة لتحقيق هذا الهدف أو الأهداف ثم ينفذ الخطة، وفي النهاية يقيم ويعطي تقريراً عن نموه، ودور المشرف هنا هو المساندة وليس التدخل المباشر.

ولنجاح عملية النمو الذاتي ينبغي مراعاة النقاط التالية :-

١- إعطاء التدريب الكافي لمهارات الإشراف الذاتي كوضع الأهداف وصياغتها، وتصميم خطط واقعية وفاعلة لتحقيقها وتحليل تسجيلات المعلم نفسه ثم تقويم التقدم والنمو.

٢- إبقاء البرنامج بسيطاً، وأبعاده عن التعقيد مثل الإكثار من الأهداف واللقاءات والأعمال الكتابية.

---

(١) Allan Glatthorn ١٩٩٧, http://www.khayma.com/ishraf/types.htm

٣- توفير المصادر اللازمة.

٤- إيجاد وسائل للحصول على معلومات راجعة عن التنفيذ.

٥- تشجيع المعلمين على العمليات التي تركز على التفكير والتأمل في عمل المعلم نفسه ووضع ملف تراكمي لأداء المعلم يساعد على هذا.

ويلاحظ إن الإشراف المتنوع يسعى إلى الاستفادة من أساليب الإشراف الأخرى وتطويعها لتناسب أكبر قدر من المعلمين كما أنه يحاول تزويد المعلمين بأكبر قدر من عمليات الإشراف، وأنشطته ليتمكن كل معلم من اختيار ما يناسبه ويحقق نموه العلمي والمهني فالمرونة من أهم سمات هذا الأسلوب الإشرافي وهي التي تعطيه القدرة على التكيف مع الأوضاع المدرسية المختلفة[1].

ويرى الباحث أن هذا النوع الإشرافي يتميز عن غيره بإعطاء المعلم الحرية في اختيار الأسلوب الذي يناسبه، في حين تعطى حرية الاختيار للمشرف التربوي في الإشراف التطويري، والإشراف فيه يعني من يمارس العمل الإشرافي، ولا يقتصر على من يشغل منصب المشرف التربوي، مما يؤكد دور مدير المدرسة، والزملاء، والفريق، كما يحتوي هذا النوع على ثلاثة خيارات للممارسة هي: التنمية المكثفة التي تعتمد العلاقة الأخوية التعاونية بين المشرف والمعلم، والنمو المهني التعاوني وهو: رعاية نمو المعلمين من خلال التعاون المنتظم بين الزملاء، وخاصة التدريب بإشراف الزملاء (تدريب الأقران) مما يقوي الاتصال بين الزملاء، أما الخيار الثالث فهو النمو الذاتي وهو: عملية نمو مهنية تربوية يعمل فيها المعلم منفرداً لتنمية نفسه وهي ميزة للمعلمين المهرة في أن يكون نموهم نابعاً من جهد ذاتي، كما يعد الإشراف المتنوع إشرافاً إكلينيكياً لأنه يشخص احتياجات المعلم من خلال النظر إلى نتائج التعلم، ومن هنا فالإشراف المتنوع من أكثر أنواع الإشراف مراعاة للفروق الفردية بين المعلمين ويعطي حرية الاختيار

---

(١)Barbara Little Gottesman & James Jenning
http://www.khayma.com/ishraf/types.htm

لهم في تناول الأسلوب الإشرافي الأنسب في الممارسة المرغوبة، الأمر الذي يدعو إلى ضرورة مراعاته والأخذ به أسلوباً إشرافياً متطوراً، في ظل التغيرات التقنية المتسارعة لخدمة عمليتي التعلم والتعليم والحصول على أداء تدريسي متميز.

رابعاً : التعليم المصغر :

وهو أسلوب فردي يقوم فيه المعلمون بتدريس موضوع ما في زمن قصير لعدد محدود من التلاميذ، وهو من الأساليب المعينة للمعلم على اكتشاف أخطائه بنفسه ويعمل على تفاديها عندما يقوم بإعادة تدريس الموضوع [١].

وهو أسلوب تدريبي مستحدث للتطور المهني للمعلمين، يعتمد الاستخدام المنطقي الهادف لموقف تعليمي فعلي وتتميز بقلة عدد المتدربين، والمدة الزمنية للدرس، والمهارات المستخدمة فيه، ويعمل المشرف التربوي على التركيز على مهارة واحدة أثناء التدريس، ويستمر بالتدريس عليها ومتابعتها وتقويمها وتقديم التغذية الراجعة بشأنها حتى يتم اكتسابها وإتقانها ولذلك فإن التعليم المصغر يهتم اهتماماً كبيراً بالمشاركة الفعالة بين المشرف التربوي والمتدرب، ويمارس الاثنان التخطيط للموقف التعليمي التعلمي، في حين يقوم المعلم المتدرب بتطبيق ما تم الاتفاق عليه في الخطة أمام زملائه والمشرفين عليه باستخدام التسجيل لذلك الموقف على الفيديو، وبعد الانتهاء من التطبيق يقوم المشرف التربوي بتزويد المعلم بالتغذية الراجعة حول مجريات ما حدث، ومن ثم يقوم الاثنان بالتخطيط من جديد لنفس المهارات التعليمية، ويتم تكرار هذه العمليات إلى أن يصل المتدرب إلى إتقان تلك المهارات لينتقل إلى مهارات أخرى [٢].

([١])وزارة التربية والتعليم (١٩٨٢) مرشد التوجيه الفني، الجهاز المركزي للتوجيه الفني، الخرطوم، السودان ص ٢٣.

([١]) نشوان، يعقوب (١٩٨٦) مرجع سابق، عمان، ط٢ ص ١٦٢.

وقد عُرف التعليم المصغر عام ١٩٦٣م باعتباره فاتحة اهتمام إلى عملية التعليم لا التدريس ثم أطلقوا عليه اسم (تكنولوجيا التعليم) وفي أواخر السبعينات من القرن السابق ظهر مصطلح التقنيات التربوية في فتح المجال واسعاً لكل أنواع التعليم المبرمج الذاتي (١).

وأتاح التعليم المصغر أسلوباً لامتلاك المهارات التعليمية اللازمة للتعليم عن طريق الاكتساب التدريجي للمهارات وفق أسلوب روح التعليم المبرمج، ولا بد فيه من التركيز على مهارة واحدة دون الانتقال إلى أخرى حتى تتجمع المهارات المحددة حسب تحديد الأهداف، ثم جاء مبدأ التغذية الراجعة (Feedback)، والتقويم الذاتي، والتقويم النقدي الملاحظ من قبل المشرف، ويعتمد التعليم المصغر على رسم نظام التعليم (Learning System Design) أي الربط بين الإعداد والتدريب وتنظيم التعليم باعتبارها سلسلة من المتغيرات (٢).

ويستطيع المشرف التربوي استخدام أسلوب التعليم المصغر للمعلمين أثناء الخدمة، خاصة للمهارات التعليمية المستحدثة أو الأساليب الجديدة في التدريس والتي يمكن أن يتدرب عليها المعلمون باستخدام هذا المنهج مما يخدم في أن يكون التدريب فاعلاً في تغيير اتجاهات المعلمين نحو الإشراف، ويكتسب المهارات الأدائية، المساعدة في تحقيق الأهداف وتحسين العملية التعليمية التعلمية.

وتعد مهارة التهيئة الحافزة للدرس، واستخدام الإطار المرجعي المناسب (التعليم القبلي) وتنويع المثيرات والتعزيز وضبط المشاركة والحصول على التغذية الراجعة أو طريقة تقديمها، والتكرار المخطط، والتنويع في الأسئلة. والتواصل

---

(٢) العابد، أنور بدر، (١٩٨٥م)، التقنيات التعليمية تطورها، مفهومها ودورها في تحسين التدريس، مجلة تكنولوجيا التعليم، العدد "١٦"، المركز العربي للتقنيات التربوية، ديسمبر، الكويت، ص ٤٥.

(٣) العابد، انور بدر، (١٩٨٥م)، مرجع سابق، ص ٢٠٠.

ومهارة المحاضرة من أهم المهارات الممكن للمشرف التدريب عليها من خلال استخدامه لأسلوب التعليم المصغر [١].

ويستند التعليم المصغر إلى خمسة مبادئ أساسية لانفاذه وهي :- [٢]

١- التعليم المصغر تعليم حقيقي في إطار بنية تجريبية ذات تعليم فعلي حقيقي.

٢- التعليم المصغر يبسط العوامل المعقدة فيقلص الصف والدرس ومدة الدرس.

٣- التعليم يتيح تدريباً مركزاً وموجهاً وفق أهداف محددة قد تكون اكساب قابليات أوتقنيات أو اتقان بعض عناصر المادة التعليمية أو شرح بعض الطرائق والأساليب.

٤- التعليم المصغر يسمح بتوجيه السلوك التربوي الذي يصطنعه المعلم توجيهاً أدق وأفضل، ففي البنية التجريبية المخبرية تخضع العوامل التعليمية للتغير والتبديل والتعديل وامكانات انتقاد المعلم لنفسه، ورأي المشرف فيه.

٥- التعليم المصغر يعزز تعزيزاً كبيراً عنصر معرفة النتائج أو التغذية الراجعة (Feed back) عن طريق الملاحظة أو المشرف أو تقويم الذات، عرض الآداء لتحليل العناصر، تحديد الهدف وغايته، أفعال الطلاب، يوضح سلوك المعلم مما يؤدي إلى تجويده.

خامساً : الفيديو باعتباره وسيلة إشرافية :-

من التقنيات التي استخدمت لتحسين الممارسات الإشرافية الهادفة إلى تعليم أكثر فاعلية، والتي تؤدي بدورها إلى رفع مستوى تحصيل الطلبة، وتنمية الاتجاهات والمواقف الإيجابية نحو عمليتي التعلم والتعليم، وتسهم في التقليل من ذاتية المشرف وذاكرته خلال مراحل العملية الإشرافية، تقدّم تسجيلات دائماً يمكن

([٤]) بلقيس، أحمد، (١٩٨٩م)، مرجع سابق، ص ص ١١-١٦

([١]) العابد، أنور بدر، (١٩٨٥م)، مرجع سابق، ص ص ٢٠٠ - ٢٠٥

المشرف والمعلم المشاهدة للموقف عند الرغبة في ذلك، كما تتيح المجال لتحليل بعدين مهميّن من ابعاد العملية التعليمية التعلميةهما : الاتصال اللفظي والاتصال غير اللفظي، وتوفر أطراً مرجعية للمراجعة والتركيز على السلوك الفعلي للمشرف والمعلم، واستخدام الفيديو لتسجيل التعليم الصفي أو التعليم المصغر، يوجب على المشرف التربوي أن يعمل على توظيفه بكفاية وفاعلية لخدمة هذه العملية واثرائها من خلال الإجراءات التالية :-

- أن يتجاوب مع أسئلة المعلمين واستفساراتهم المتعلقة بأهداف استخدام الفيديو وآليته في العملية الإشرافية.
- أن يساعد المعلم في إدراك أن استخدام الفيديو لا يضمن تطوراً فورياً للسلوك التعليمي.
- أن يعمل على تدريب المعلمين والطلاب على استخدام الفيدو في الغرفة الصفية.
- الاعتياد على وجوده، وإطلاعهم على الهدف الرئيس لاستخدامه وهو تحسين التعلم والتعليم.
- بحث المظاهر السلوكية المؤثرة على العملية التعليمية التعلمية من تعزيز وأسئلة وتحليلها.
- أن يدرك المعلمون أهمية الإعداد والترتيب المناسب لغرفة الصف وتهيئة الظروف الملائمة لنجاح عملية التسجيل.
- العمل على توفير مكتبة للفيديو تحوي الأشرطة التعليمية المعززة لدور المشرف والمساعدة للمعلم في تحسين سلوكه التعليمي [(١)]

---

(1) Gerald. D. Baileg D and Rose Mary Talat : Enhancing the Clinical Supervision Model with the Video Tape Recorder, Educational Technology, January, ١٩٨٧, pp ٢٥-٢٨

سادساً: الكمبيوتر:-

استخدم الكمبيوتر حديثاً، وأعدت برامج تعليمية مفردة عن طريق الدخول في البرامج مع السينما والفيديو والألعاب التعليمية، وأسلوب المحاكاة وغيره، وحتى الأشياء الطبيعية يمكن أن تبرمج بطريقة تدفع إلى التعليم المرحل فصار الاعتماد والأساس في المطلوب هو التعليم المرتب على أساس مدروس للخبرات التي تساعد على تحقيق التغير المرغوب في الأداء أو تنظيم عملية التعليم التي هي أساس وظيفة المعلم إذا التعلم نتيجة الأداء.

والتدريب عملية للتفاعل المتبادل بين المعلم وعناصر البيئة التعليمية من أجل اكتساب الخبرات والمهارات والاتجاهات التي ينبغي تحقيقها في فترة زمنية محددة تعرف بالدرس[1].

والكمبيوتر باعتباره تقنية حديثة يؤدي إلى تنمية عناصر التطوير التربوي في عملية الإشراف، وذلك بتقليص الأعمال الكتابية والورقية المفروضة على المشرف التربوي، والزيادة في الإنجاز والأداء وارتفاع درجة الموضوعية فيما يتعلق بالمعلومات والبيانات التي يتم جمعها، ويعمل على تغيير أنماط تبادل المعلومات بين المشرف والمعلم ويثير دافعيتهم من خلال إشعارهم بإمكانية المشاركة في تقويم دروسهم، وبناء استراتيجيات إيجابية لتحسين سلوكهم التعليمي في جو تسوده روح الزمالة والتعاون المثمر.

ويساعد استخدام الكمبيوتر في العملية الإشرافية المشرف التربوي في كافة مراحل الإشراف، ففي الإجتماع القبلي الذي يسبق الملاحظة الصفية يقوم المشرف والمعلم بوضع الإطار التنظيمي العام لعملية الملاحظة، حيث توضع مجموعة من الأسئلة المتعلقة بأهداف الدرس المراد تحقيقها واستعدادات التلاميذ، والخطة الدراسية والاستراتيجيات الخاصة بالتعليم

---

(1) العابد، أنور بدر، (١٩٨٥م)، مرجع سابق ص ٤٤

ويقوم المشرف باستخدام الكمبيوتر أثناء الملاحظة في تسجيل الفقرات المتعلقة بسلوك المعلم والتلاميذ ضمن خانات محددة توضح الوقت المستغرق في كل خطوة، وفي النهاية يقوم المشرف والمعلم معاً بالإطلاع على سجل الملاحظة المدون والتعرف الى محتوياته وتصنيفها وتحليلها والنظر إلى مدى تحقيق الدرس للأهداف الموضوعة من قبل، وبالتالي وضع النتائج النهائية، وتطوير التوصيات والمقترحات الهادفة تحسين السلوك التعليمي وصياغة الخطة اللازمة لتحقيق لك، ويتيح الكمبيوتر الفرصة أمام المعلمين للمساهمة الإيجابية في تحسين سلوكهم الصفي، من خلال مناقشاتهم للمعلومات المتعلقة بالملاحظات الصفية وإبداء الرأي في محتويات التقرير النهائي وما ينبثق عنه من توصيات، وتصبح بذلك مهمة تحسين نوعية التعليم مهمة جماعية تعاونية[١].

سابعاً : استخدام التدريب على الحساسية :-

إن من شروط التفاعل الإيجابي والبناء بين المشرف والمعلم في النظام الإشرافي أن يكون المشرف قادراً على الإحساس بالآخرين، ويضع نفسه مواضعهم في محاولة لفهم أسلوب تفكيرهم وحقيقة مشاعرهم، وطبيعة معرفتهم حيال موقفٍ ما، هذه المهارة تحتاج لتنمية وتدريب خاص لزيادة إحساس المشرف التربوي بالمعلمين ومحاولة إدراك المواقف المختلفة من خلال وجهات نظرهم، فالمشرف يحتاج إلى تطوير إحساسه لكي يصبح قادراً على التخطيط والتنظيم للممارسات الإشرافية في ضوء ردود أفعالهم، وهذا شرط أساسي لنجاح برنامجه الإشرافي وهذه التقنية الإشرافية تعني أن يكون المشرف التربوي قادراً على رؤية أثر سلوكه على المعلمين الذين يتفاعل معهم، لتقديم تغذية راجعة مناسبة تعمل على تغيير سلوكه وممارساته الإشرافية نحو الأفضل، والتدريب على الحساسية دون

(١)عماد الدين، منى مؤتمن (١٩٩٣م)، أساليب وتقنيات اشرافية تطويرية، مجلة رسالة المعلم، ع (١) م (٣٤)، عمان، ص ص ٧٠- ٧١

شك هو قدره المشرف على قراءة ما في عيون الآخرين من آثار تصرفاته عليهم سلباً أو إيجاباً[1].

ويرى الباحث أن الإشراف التربوي من أهم الأجهزة التربوية التي شملها التطوير والتحديث في مفهومها وأساليبها، لتساير حركة التطور وتتمشى مع نتائج البحوث التربوية والنفسية الحديثة، التي أكدت على إعطاء الأولوية للمتعلم في أساليب التدريس الحديثة مما أفسح المجال لظهور الاتجاهات الإشرافية والوسائل التطورية السابق ذكرها في مجال الإشراف التربوي، ليصبح التدريس في غرفة الصف طابعة النشاط العقلي والعلمي المتطور، مما يتطلب معلماً معداً ومدرباً، وتحقق للمشرف التربوي مزيداً من الفاعلية في تنفيذ النشاطات الإشرافية التي تعود على المتعلمين بالنفع والفائدة.

واستعراض ما تقدم يظهر أهمية التعرف إلى وسائل تساعد في إيصال المعلومات إلى أذهان الطلبة، ميزتها أن تكون مريحة وتربوية لا تؤثر سلباً في المتعلمين، ولا تشكل خطراً على حياتهم وبذلك نوجد فرصاً تعليمية جديدة تثري العملية التربوية وتزيد من إقبال الطلبة على التعلم، خاصة وهو متطلب مستمر يعتمد على مبدأ التعلم الذاتي، وتطوير أساليب التفكير المنطقي، ولذلك فالحاسوب والفيديو والتعليم المصغر من التقنيات التربوية التي تحسّن من الأداء الصفي، وتؤكد ضرورة التفاعل الشخصي بين الحاسوب والطالب وغيره من التقنيات ليتجاوز مواطن الضعف لديه، ويزيد من قدرته على التحليل والتركيب وحل المشكلات كما تنمي هذه التقنيات والوسائل من القدرة على التركيز والصبر لدى الطلبة.

---

(١) Elmo Dello. Dora : Quality Supervision and Organization for Quality Teaching Educational Leadership, May ١٩٨٩, pp ٣٥-٣٨

الفصل الأول

الباب الثاني : الدراسات السابقة

حظي موضوع الإشراف التربوي باهتمام كثير من الباحثين والدارسين في كافة بيئات العالم، سواء أكانت محلية أم عربية أم أجنبية، مما يؤكد الأهمية الكبيرة للإشراف التربوي في العملية التربوية من مختلف جوانبها. وقد تنوعت موضوعات البحث،وأغراضه، فيما أجري من دراسات، حيث ركز بعضها على الإشراف التربوي باعتباره عملية تم تناول مفهومها ومراحلها وأنواعها، وأساليبها ومعوقاتها وكفايات القائمين عليها، إلى دراسات بحثت اتجاهات المعلمين والإداريين من مديري مدارس وقادة تربويين نحوها، إلى أخرى تناولت الإشراف التربوي من حيث أساليب تقويمه، والمساءلة فيه، والسلطات التي يملكها القائمون عليه، كما حظيت طبيعة التفاعل ومدى الفاعلية وتحليلها بدراسات أخرى.

وسيتناول الباحث الدراسات المحلية الخاصة بالمملكة الأردنية الهاشمية في الخمس عشرة سنة الأخيرة، أي من عام ١٩٨٧ - ٢٠٠٢م، وهي الفترة التي تلت مؤتمر التطوير التربوي الأردني الأول، للوقوف على المستجدات نحو هذه العملية في أعقاب المؤتمر، حيث تناول الباحث غالبية الدراسات التي بحثت الموضوع في جانب دراسته النظري، أما الدراسات العربية والأجنبية فسوف يتناولها الباحث من العام (١٩٨٥) معتمدا ترتيبها وفق التسلسل الزمني متضمنة موضوع الدراسة وهدفها وأهم نتائجها.

وقد قُسمت الدراسات السابقة إلى ثلاثة أقسام هي :

- الدراسات المحلية الخاصة بالإشراف التربوي الأردني.
- الدراسات العربية في الإشراف التربوي.
- الدراسات الأجنبية في الإشراف التربوي.

ويرى المؤلف أن هذه الدراسة تختلف عن الدراسات السابقة في محاولتها تناول الإشراف التربوي باعتباره عملية أساسية في العملية التربوية دون التوقف عند نوع بعينه من أنواع الإشراف التربوي، لبيان فاعلية هذه العملية من وجهة نظر المشرفين التربويين الطرف الأساسي في الإشراف التربوي، ومديري المدارس الأكثر التصاقا بالميدان التربوي، لأن النظرة المتخصصة في الإشراف التربوي كالتكاملي، والتشاركي، والإكلينيكي، لم تثبت زمنيا أنها الأكثر ملاءمة رغم ثبات العملية بعموم، مما دفع الباحث إلى تناول الإشراف التربوي في ضوء الرؤية القائمة للإشراف التربوي في عام ٢٠٠٣/٢٠٠٢ حيث ارتقى الإشراف إلى مرحلة التنوع لينسجم مع الاهتمام بالعلاقات الإنسانية، مما يعطي المعلم الحرية في اختيار الأسلوب الذي يسهم بتطوير مهاراته.

أولاً: دراسات تتعلق بالأردن

دراسة هندم (١٩٨٧)[1]، دراسة تجريبية هدفت إلى ملاحظة أثر أسلوب الإشراف بالأهداف في سلوك المعلمين التعليمي وسلوك المديرين الإشرافي، حيث اتبعت الدراسة المنهج الوصفي.

وقد أوضحت النتائج أن استخدام أسلوب الإشراف بالأهداف يحسّن اتجاهات المعلمين نحو الإشراف التربوي أكثر من الإشراف الحالي الذي يولد اتجاهات سلبية نحو الإشراف التربوي، وأن هناك زيادة في نقاش المعلمين وكلامهم في المجموعة التجريبية، خلال لقاء المشرف التربوي مع المعلم في الاجتماع الفردي، وأن كلام المشرفين المباشر في المجموعة الضابطة، يزيد على ثلاثة أضعاف كلامهم غير المباشر، حيث ارتبط السلوك الإشرافي المباشر بسلـوك سلبي من قبل المعلمين، وارتبط السلوك الإشرافي غير المباشر باتصال فاعل، وإنتاجية عالية، وعلاقات إيجابية مع المعلمين.

---

(1) هندم، حسن أحمد على، (١٩٨٧م)، "أثر أسلوب الإشراف بالأهداف في سلوك المعلمين التعليمي وسلوك المديرين الإشرافي وفي اتجاهاتهم نحو الإشراف التربوي في الأردن" رسالة ماجستير (غير منشورة)، جامعة اليرموك، اربد.

دراسة أبو شرار (١٩٨٨) [١]، والتي هدفت إلى تقويم فعالية أدوات الإشراف التربوي المستخدمة في مدارس وكالة الغوث في الأردن، والتي اتبعت المنهج الوصفي وأداته الاستبانة، في حين تكونت عينتها من (٤١) مشرفاً و (٣٠) معلماً اختيروا بالطريقة العشوائية،

أظهرت النتائج أن أدوات الإشراف التربوي المستخدمة في مدارس وكالة الغوث لا تؤدي الغرض المرجو منها، ولا تلبي حاجات المعلمين، وتركز على المعلم أكثر من تركيزها على المنهاج.

دراسة الخليلي وسلامة (١٩٨٩) [٢] هدفت الدراسة التعرف على الخصائص الواقعية لعملية الإشراف التربوي ودورها في جزء من العالم العربي وهو الأردن، وتحديد مشكلاتها المستقبلية لتحسينها، وقد اتبع الباحث فيها منهج الاستقصاء الطبيعي، وذلك بتحديد مجموعة من الأسئلة ذات الطابع المفتوح، أما مجتمع الدراسة فكان (٢٢) مشرفا، وهم مشرفو العلوم في الأردن، أجاب منهم (١٧) بنسبة (٧٧.٣%)، أظهرت نتائجها :

١ – أن مشرفي العلوم يشكون من قلة وضوح دورهم الإشرافي لدى الإداريين وعدم تحديد مسؤولياتهم وواجباتهم الإشرافية بدقة.

٢ – أن ثلث مشرفي العلوم لا يقومون بالتخطيط السنوي لبرامجهم الإشرافية، وما يمثله نصف العينة لا يقومون بالتخطيط الأسبوعي.

٣ – وجود درجة عالية من المركزية الإدارية في التنظيم التربوي، مما يعيق دور المشرفين.

---

(٢) أبو شرار، محمد سلامة، (١٩٨٨م)، "تقويم فعالية أدوات الإشراف التربوي المستخدمة في مدارس وكالة الغوث في الأردن" رسالة ماجستير (غير منشورة)، الجامعة الأردنية، عمان، ص ٦٦

(٣) الخليلي، خليل يوسف، وسلامة، كايد محمد، (١٩٨٩م)، "الخصائص الواقعية لعملية الإشراف التربوي ومشكلاتها والتطلعات المستقبلية لتحسينها كما يراها مشرفو العلوم في الأردن" دراسة ميدانية، مجلة أبحاث اليرموك، العدد١، مجلد٧، جامعة اليرموك، أربد

وخلصت الدراسة إلى التوصيات التالية :

- تحديد مهام مشرفي العلوم ومسؤولياتهم.
- تخويلهم صلاحيات إشرافية أكبر في وضع خطة الإشراف.
- العمل على زيادة الاستقرار في برامج توزيع الدروس في المدارس.
- تضييق مجال الإشراف ليصبح مداه خمسين معلما لكل مشرف.
- تقسيم المشرفين إلى مشرف مرحلة، ومشرف مبحث.
- إعطاء حوافز مادية، ومعنوية.
- عقد دورات تدريبية مسلكية، وفنية للمشرفين.

دراسة الايوب (١٩٩٠)[1]، التي هدفت التعرف على تصورات المشرفين التربويين في الأردن لدرجة أهمية مهامهم الإشرافية، ودرجة ممارستهم لها، استخدم الباحث المنهج الوصفي واشتملت الدراسة على عينة من (٩٧) مشرفا تربويا هم جميع أفراد المجتمع الإحصائي، في كل من عمان الكبرى، العاصمة، البلقاء، دير علاّ والشونة الجنوبية، توصلت الدراسة إلى النتائج التالية :

- أن تصور المشرفين التربويين لأهمية مهامهم الإشرافية جاءت مرتبة كالتالي: مناهج، النمو المهني، إدارة الصفوف، التعليم والتعلم، الإدارة المدرسية، الاختبارات، العلاقة مع الزملاء والمجتمع، والتخطيط.
- أن تصور المشرفين التربويين لدرجة ممارستهم لمهامهم الإشرافية جاءت على النحو : إدارة الصفوف، مناهج، النمو المهني، التعليم والتعلم، العلاقة مع الزملاء، المجتمع والإدارة المدرسية، التخطيط، والاختبارات.
- أن المشرفين التربويين لا يمارسون مهامهم الإشرافية بدرجة تتفق وأهميتها.

---

(١) الأيوب، سالم عبد اللـه، (١٩٩٠م)، "درجة أهمية المهام الإشرافية كما يراها المشرفون التربويون في الأردن ودرجة ممارستهم لها" رسالة ماجستير (غير منشورة)، الجامعة الأردنية، عمان.

دراسة الفواعرة (١٩٩٠)[١]، التي هدفت معرفة الدور الذي يمارسه مدير المدرسة الثانوية من حيث هو مشرف مقيم في لواء عجلون، مستخدماً المنهج الوصفي وبلغت عينة الدراسة (٢٠) مديرا ومديرة، وعدد المعلمين والمعلمات (٣٨٤) يمثلون جميع أفراد المجتمع الإحصائي للعام الدراسي (١٩٨٦/١٩٨٧).

أظهرت نتائج الدراسة أن المديرين والمديرات يهتمون بالأعمال الكتابية والروتينية على حساب الأعمال الإشرافية الفعالة، وأكثر أعمالهم اهتماما: توثيق الصلات بين المعلمين والمجتمع المحلي، اهتمامهم بالمناهج، ونسبة قليلة من المديرين تشجع تبادل الزيارات بين المعلمين، كما كشفت الدراسة عن عدم مقدرة مدير المدرسة القيام بدور المشرف المقيم، وأن هنالك تخوفا من عملية الإشراف من قبل المعلمين بسبب عدم التنسيق بين القائمين على هذه العملية.

دراسة الزعبي (١٩٩٠م)[٢]، التي هدفت إلى معرفة المعوقات وأبرز الحلول لها، مستخدمة المنهج الوصفي، جاءت عينة الدراسة من (١٦٢) معلماً و(١٣٧) معلمة و(٢٠) مشرفاً موزعين على مديريات التربية والتعليم التابعة لمحافظة أربد، وقد دلت النتائج على المقياس المستخدم وهو استبانتان الأولى للمعوقات، والثانية للحلول، أن النتائج على المقياس الأول لا تظهر فروقا ذات دلالة إحصائية تعزى للجنس والمرتبة الوظيفية وأوصت في ضوء ذلك بالتالية :

- إجراء مثل هذه الدراسة على عينة أخرى تختلف عن مجتمع محافظة إربد الذي سحبت منه العينة.

- زيادة عدد المشرفات التربويات في مديريات التربية لتسهيل المهمة الإشرافية.

---

(١) الفواعره، سامي قاسم، (١٩٩٠م)، "دور مدير المدرسة الثانوية كمشرف تربوي مقيم في مدارس لواء عجلون" رسالة ماجستير (غير منشورة)، جامعة اليرموك، اربد.

(٢) الزعبي، ميسون طلاع، (١٩٩٠م)، "معوقات الإشراف التربوي والتطلعات المستقبلية لتجاوزها كما يراها مشرفو اللغة العربية ومعلموها لمرحلة التعليم الأساسي في الأردن"، رسالة ماجستير (غير منشورة)، جامعة اليرموك، أربد.

إجراء دراسة أخرى يكون حجم العينة من المشرفين أكثر من العينة الموجودة في هذه الدراسة وهي (٢٠) مشرفا .

دراسة العمري (١٩٩١)[١]، التي هدفت تحديد مستوى الرضى الوظيفي للمشرفين التربويين في الأردن وعلاقته ببعض الخصائص الديموغرافية والوظيفية للمشرف، استخدم الباحث المنهج الوصفي واداته الإستبانة، تكونت العينة من (٨٢) مشرفاً تربوياً يعملون في ثمان مديريات تربية وتعليم في محافظة أربد والمفرق تابعة لوزارة التربية والتعليم عام (١٩٨٨/ ١٩٨٩م) وقد استخدم مقياس الدليل الوصفي الوظيفي (Job Descriptive Index) (JDI) لقياس جوانب الرضى الوظيفي في مجالات الراتب، طبيعة العمل، زملاء العمل، التقدم الوظيفي والإشراف، دلت النتائج على :-

١- أن مستوى الرضى الوظيفي لدى غالبية المشرفين التربويين كان عالياً في مجالات طبيعة العمل، الزملاء، المعلمين، المسؤولين.

٢- أن مستوى الرضى الوظيفي كان متدنياً لدى غالبية المشرفين في مجال الراتب والتقدم الوظيفي.

دراسة بطاح (١٩٩١)[٢]، والتي هدفت التعرف على مستوى العلاقة بين المشرف التربوي المختص وبين مدير المدرسة من حيث هو مشرف تربوي مقيم من وجهة نظر كليهما، استخدم الباحث المنهج الوصفي وأداته الاستبانة في جمع المعلومات، تكونت عينة الدراسة من (٢٦) مديراً و(١٩) مشرفاً تربوياً، جاءت نتائجها :-

---

(٣) العمري، خالد، (١٩٩١م)، "الرضى الوظيفي للمشرفين التربويين في الأردن وعلاقتهم ببعض الخصائص الديموغرافية والوظيفية للمشرف"، مجلة أبحاث اليرموك، سلسلة العلوم الإنسانية والاجتماعية، المجلد السابع، العد ٤، اربد،ص ص ١٤٥-١٧٠.

(١) بطاح، أحمد، (١٩٩١م)، "علاقة المشرف التربوي بمدير المدرسة كمشرف تربوي مقيم من وجهة نظر كليهما"، مؤتة للبحوث والدراسات، سلسلة العلوم الإنسانية والاجتماعية، المجلد السادس، العدد الثاني، كانون أول، جامعة مؤتة، ص ص ٢٨١-٢٩٥.

أ/ ما يتعلق بمدير المدرسة من حيث هو مشرف تربوي مقيم :

١. أن المديرين لهم علاقات أفضل من المديرات بالمشرفين التربويين.

٢. أن المديرين المؤهلين تأهيلاً تربوياً كانت لهم علاقات أفضل من المشرفين التربويين مع زملائهم الذين تقل خبراتهم عن خمس سنوات

ب/ فيما يتعلق بالمشرف التربوي :

١. أن المشرفين التربويين لهم علاقات أفضل مع مديري المدارس باعتبارهم مشرفين مقيمين من المديريات.

٢. أن المشرفين التربويين الذين تزيد خبرتهم عن خمس سنوات يقيمون علاقات أفضل مع مديري المدارس من زملائهم الذين تقل خبرتهم عن خمس سنوات.

دراسة القسوس (١٩٩٢)[1] ، التي هدفت إلى التعرف على توقعات المعلمين من الدور الإشرافي الفني للمشرف التربوي لمادة اللغة العربية، وقد استخدمت الباحثة المنهج الوصفي وتكونت عينة الدراسة من (١٩٩) معلما ومعلمة في محافظة العاصمة عمان، وكانت أداة الدراسة استبانة مكونة من (٦٨) فقرة.

حيث أظهرت النتائج أن فعاليات الدور الإشرافي ما زالت سطحية ولا تصل إلى عمق العملية التعليمية التعلمية، حيث أن توقعات المعلمين كانت مرتفعة في المجالات الإشرافية التالية: أساليب التدريس، التقويم لأداء المعلم، الإدارة الصفية، وجاءت توقعات المعلمين منخفضة في مجالات إشرافية أخرى، هي مساعدة المعلم في التخطيط، بناء الاختبارات، القيام ببحوث إجرائية.

---

(٢) القسوس، ابتسام فخري، (١٩٩٢م)، :" توقعات معلمي المرحلة الثانوية من الدور الفني للمشرف التربوي لمبحث اللغة العربية في محافظة العاصمة"، رسالة ماجستير (غير منشورة)، الجامعة الأردنية، عمان.

دراسة عباس (١٩٩٢)[1]، التي هدفت التعرف إلى فاعلية المشرف التربوي في تحسين الممارسات الإدارية لمديري المدارس الحكومية في الأردن، حيث استخدم الباحث المنهج الوصفي، وتألفت عينة الدراسة من (١٠٦) مديرا ثانويا و(١٣٤) مديرا أساسيا، وتوصلت الدراسة إلى أن درجة ممارسة المهمات الإدارية من قبل المشرفين التربويين كما يتصورها مديرو المدارس كانت متوسطة في معظمها وأن أهم مجالات الإشراف التي يولونها اهتمامهم هي مجال المتابعة، التقويم، التوجيه ثم القيادة ثم التنسيق والتعاون ثم التنظيم وآخرها التخطيط.

دراسة السعود (١٩٩٣) [2]، التي هدفت إلى تحديد معوقات العمل الإشرافي في الأردن من وجهة نظر المشرفين، وبيان أثر متغيرات السن، والمؤهل العلمي، والخبرة الإشرافية والتفاعل بينها في المعوقات الإشرافية التي يواجهها المشرفون، من خلال المنهج الوصفي وأداته الاستبانة المكونة من (٦٢) فقرة على صورة أسئلة مفتوحة وجهة لعينة الدراسة التي تكونت من (٧٤) مشرفاً، وأظهرت نتائج الدراسة معوقات العمل الإشرافي وصُنّفت في خمسة مجالات رئيسة مرتبة حسب أهميتها : معوقات اقتصادية مادية، إدارية مؤسسية، تربوية مهنية وفنية، معوقات اجتماعية بيئية، ومعوقات شخصية ذاتية.

ودلت النتائج على وجود فروق دالة إحصائيا تعزى إلى متغيرات الجنس والمؤهل العلمي والخبرة، حيث أن المعوقات التي تواجه المشرفات أو ذوي المؤهل العلمي الأدنى أو الخبرة القليلة أكثر حدة من تلك المعوقات التي تواجه زملاءهم.

---

(١) عباس، عمر سليم، (١٩٩٢م)، "فاعلية المشرف التربوي في تحسين الممارسات الإدارية لمديري المدارس الحكومية في الأردن" رسالة ماجستير (غير منشورة)، الجامعة الأردنية، عمان.

(٢) السعود، راتب، (١٩٩٣م)، "معوقات العمل الإشرافي في الأردن كما يراها المشرفون التربويون" رسالة ماجستير (غير منشورة)، الجامعة الأردنية، عمان.

دراسة إبراهيم (١٩٩٤) [1]، التي هدفت معرفة درجة الفاعلية للزيارات الصفية وأثر كل من الجنس والمرحلة التعليمية والمؤهل العلمي وعدد الزيارات الإشرافية الصفية على ذلك، اتبع الباحث المنهج الوصفي، واستخدم الاستبانة أداة لجمع المعلومات في دراسته التي كانت عينتها (٤٥٧) معلماً ومعلمة من مدارس عمان الكبرى، وأظهرت نتائج الدراسة أن أعلى المجالات التي يستفيد المعلمون منها في تحسين ممارستهم التعليمية خلال الزيارات الإشرافية الصفية هي مجال الدافعية ثم التخطيط للتدريس أما أدناها فكان مجال النمو الأكاديمي، كما دلت النتائج على وجود أثر لمتغيري المرحلة التعليمية والمؤهل العلمي على درجة فاعلية الزيارات الإشرافية الصفية ولصالح المرحلة الأساسية والمؤهل العلمي الأدنى، بينما لم يظهر وجود لأثر متغيري الجنس وعدد الزيارات الإشرافية الصفية على ذلك .

دراسة عيدة (١٩٩٥) [2]، التي هدفت معرفة واقع نظام الإشراف التربوي في المدارس الأردنية، حيث استخدم الباحث المنهج الوصفي، وتكونت عينة الدراسة من جميع المشرفين التربويين البالغ عددهم (١٢٧) مشرفاً ومشرفة و(٦٧٠) مديراً ومديرة، وقد أشارت النتائج إلى أن :

- مجالات الإشراف التربوي حصلت على النسب المئوية التالية مرتبة تبعا للأهمية : أهداف الإشراف التربوي (٧٠.٠٦%)، اختيار المشرفين (٦٩.٠٦%)، التقويم (٦٨.٨٩%)، وظائف الإشراف (٦٨.٣٧%) والأدوار للمشرف التربوي (٦٥.٦٨%)، وأساليب الإشراف

---

(١) إبراهيم، سليم مصطفى، (١٩٩٤م)، "درجة فاعلية الزيارات الإشرافية الصفية في تحسين الممارسات التعليمية لمعلمي المدارس الحكومية في مديرية عمان الكبرى الأولى" رسالة ماجستير (غير منشورة)، الجامعة الأردنية، عمان.

(٢) عيده، محمد سليمان عبد الله، (١٩٩٥م)، "تقويم نظام الإشراف التربوي في المرحلة الأساسية الدنيا في المدارس الأردنية" رسالة ماجستير (غير منشورة)، الجامعة الأردنية، عمان.

(٦٤.٧%)، وتنظيم الإشراف (٦٣.٣٨%)، أما واقع الإشراف فحصل على (٦٧.١٣%).

- عدم وجود فروق دالة إحصائيا بين المتوسطات لاستجابة المشرفين والمديرين في جميع مجالات تقويم نظام الإشراف تعزى لمتغير الجنس وطبيعة العمل باستثناء مجالات أهداف الإشراف، ووظائفه، وأساليبه، وذلك لصالح مشرفي المرحلة.

- وجود فروق دالة إحصائيا بين استجابة المشرفين والمديرين تبعا لمتغير المؤهل العلمي في مجال اختيار المشرفين التربويين لصالح حملة الشهادة الأولى، ووجود فروق بين استجابة المشرفين والمديرين تبعا للسلطة المشرفة في مجال أهداف الإشراف لصالح وزارة التربية.

- عدم وجود فروق دالة إحصائيا بين متوسطات استجابة المشرفين والمديرين في جميع مجالات نظام الإشراف التربوي تعزى لمتغير الخبرة.

دراسة حسن (١٩٩٥)[١]، التي هدفت التعرف على درجة ممارسة المشرف التربوي لدوره في تحسين النمو المهني للمعلمين من وجهة نظر المعلمين ومعرفة أثر متغيرات الجنس، والخبرة، والمؤهل العلمي، استخدم الباحث المنهج الوصفي، وكانت أداته استبانة مكونة من (٥٠) فقرة، أما عينة الدراسة فكانت (٤٠٤) معلماً ومعلمة اختيروا بالطريقة العشوائية الطبقية من معلمي ومعلمات مدارس وكالة الغوث في الأردن.

أظهرت النتائج أن مجالات دور المشرف التربوي في تحسين النمو المهني للمعلمين جاءت مرتبة تنازليا حسب رأي المعلمين كما يلي: الانتماء للمهنة في التخطيط للتدريس ثم الأساليب وطرائق التدريس ثم الكتاب المدرسي والمنهاج ثم التقويم والاختبارات ثم التقنيات الإشرافية وأخيرا الوسائل التعليمية في التدريس،

---

(١) حسن، ماهر محمد صالح، (١٩٩٥م)، "دور المشرف التربوي في تحسين النمو المهني للمعلمين في مدارس وكالة الغوث في الأردن"رسالة ماجستير (غير منشورة)، الجامعة الأردنية، عمان.

ولم تظهر نتائج الدراسة أثر لمتغيرات الدراسة على وجهات نظر المعلمين لدور المشرف التربوي.

أوصت الدراسة بضرورة تنوع الأساليب الإشرافية، وتدريب المعلمين على تنويع الوسائل التعليمية، وضرورة زيادة عدد المشرفين.

دراسة الموسى (١٩٩٥)[١]، التي هدفت معرفة الدور الذي يقوم به مدير المدرسة في تحسين الفعاليات التعليمية، حيث استخدم الباحث المنهج الوصفي، وتكونت عينة الدراسة من (٢٠٠) معلماً ومعلمة في لواء الكورة.

وقد أظهرت النتائج أن مدير المدرسة يهتم بالجانب الإداري أكثر من الجانب الفني بسبب كثرة الأعمال الإدارية المطلوبة منه، ولأنه يمكن ملاحظة أعماله الإدارية من قبل المسؤولين أكثر من أعماله الفنية، وأوصت الدراسة بضرورة عقد دورات تدريبية لمديري المدارس، وتعيين مشرفين مقيمين في المدارس.

دراسة الداوود (١٩٩٥)[٢]، التي معرفة أهمية الكفايات الإشرافية الواجب توفرها في المشرف التربوي في وزارة التربية والتعليم في الأردن، اتبع الباحث المنهج الوصفي وأداته الاستبانة المكونة من (٦٠) فقرة، تكونت عينة الدراسة من (٥٢٢) مسؤولاً إدارياً ومعلماً ومعلمة ومشرفاً تربوياً، تم اختيارهم بالطريقة العشوائية الطبقية بالنسبة للمعلمين والمقصودة بالنسبة للمشرفين والمسؤولين.

أظهرت النتائج أن تحديد أهمية قائمة الكفايات الإشرافية تراوحت بين (٣.٧٩ – ٤.٦٨) وتعتبر هذه متوسطات موجبة، كما اشارت إلى إعطاء متوسط حسابي لمجالات الإلمام بـ(طبيعة العمل، العلاقات الإنسانية، تقويم أداء المعلم)

---

(٢) الموسى، محمد شفيق، (١٩٩٥م)، "دور مدير المدرسة في تحسين الفعاليات التعليمية كما يراه المعلمون في مدارس لواء الكورة" رسالة ماجستير (غير منشورة)، جامعة اليرموك، أربد.

(٣) الداوود، فاعور فهد، (١٩٩٥م)، "كفايات المشرف التربوي كما يراها الإداريون والمعلمون والمشرفون أنفسهم"، رسالة ماجستير، (غير منشورة)، جامعة اليرموك، أربد.

أعلى من المجالين (الخصائص الشخصية، القيادة)، أما أقل المجالات أهمية فكان الأساليب الإشرافية.

وأورد الباحث عدة توصيات أهمها :-

١. اعتماد قائمة الكفايات الإشرافية الموجودة في الدراسة عند تقويم أداء المشرف.

٢. تعزيز مجال العلاقات الإنسانية بشتى صورها في الميدان.

٣. الاهتمام بمسألة تقويم المشرفين ضمن أسس علمية ومسلكية موضوعية لتأدية عملهم.

٤. عقد ندوات ومؤتمرات تتناول دور المشرف التربوي واساليبه وتقويمه.

دراسة العوض (١٩٩٦)[1]، التي هدفت وضع قائمة بالكفايات اللازمة للمشرف التربوي وتحديد درجة ممارسته لها، ومعرفة آراء المعلمين في تحديدهم لدرجة ممارسة المشرف التربوي لهذه الكفايات، وهل تختلف هذه الآراء تبعا لمتغيرات الجنس، المؤهل، والخبرة ؟ حيث استخدم المنهج الوصفي واداته الاستبانة، فيما كانت عينة الدراسة (٣٦٤) معلماً ومعلمة في مديريات التربية والتعليم في الكورة، بني كنانة، الأغوار الشمالية،

أظهرت النتائج أن المشرفين يمارسون (٥٣) كفاية بدرجة كبيرة في حين يمارسون (٢٦) بدرجة متوسطة وجاءت مجالات ممارسة المشرف التربوي لهذه الكفايات مرتبة تنازلياً حسب آراء المعلميـن كما يلي: مجال العلاقات الإنسانية، إدارة الصفوف، النمو الذاتي، القيادة، التخطيط، التقويم، الاختبارات، وأخيرا مجـال المناهج المدرسية.

---

(١) العوض، سلطي محمد القاسم، (١٩٩٦م)، "الكفايات اللازمة للمشرف التربوي ومدى ممارستها من وجهة نظر المعلمين" رسالة ماجستير (غير منشورة)، جامعة اليرموك، أربد.

ودلت النتائج على عدم وجود فروق دالة إحصائيا بين آراء المعلمين في تحديدهم درجة المشرف التربوي للكفايات تعزى لمتغيرات الدراسة : الجنس، الخبرة، أو المؤهل.

دراسة ديراني (١٩٩٧)[1]، التي هدفت معرفة الممارسات الفعلية للمشرفين في الأردن من وجهة نظر المعلمين والمشرفين، ومعرفة أثر متغيرات الجنس والتخصص، والمؤهل العلمي، والخبرة على وجهات النظر هذه، واتبع الباحث المنهج الوصفي في دراسته التي كانت عينتها مكونة من (٦٦٠) معلماً ومعلمة و(٣٤٦) مشرفاً اختيروا بالطريقة العشوائية.

بينت النتائج أن هناك فروقا واضحة بين اعتقادات المعلمين والمشرفين حول درجة تطبيق المشرفين مهامهم الإشرافية، فأكثر من ثلث المعلمين يرون أن المشرفين لا يؤدون أدوارهم الإشرافية المطلوبة والتي تتمثل في مجالات: (التخطيط، المنهاج، والنمو المهني، وبناء العلاقات مع الزملاء والمجتمع) بينما يرى المشرفون أن تطبيقهم مهامهم الإشرافية وأداءهم واجباتهم بدرجة عالية، كما أظهرت النتائج وجود أثر لبعض متغيرات الدراسة حيث هناك فروقا تعزى لمتغير الجنس في مجال العلاقات مع الزملاء والمجتمع لصالح الإناث، وهناك فروقا تعزى للخبرة في مجال التقويم لصالح ذوي الخبرة أقل من خمس سنوات، هذا بالنسبة لتصورات المشرفين فقد تأثرت بمتغير الجنس ولصالح الإناث في مجالي التخطيط والمنهاج. وأوصت الدراسة بما يلي :-

١. ضرورة إنشاء تفاهم متبادل قائم على التعاون والاتصال بين المعلمين والمشرفين لإنجاز الهدف وهو تعليم طلابي متطور.

٢. ضرورة القيام بندوات توضح حقيقة الإشراف ودور المشرف.

٣. عقد دورات وورش عمل لتجسير الفجوة.

---

(٢) ديراني، محمد عيد، (١٩٩٧م)، "واقع الممارسات الإشرافية في الأردن كما يتصورها المشرفون والمعلمون"، دراسة منشورة، مجلة كلية التربية بالمنصورة، العدد ٣٣، يناير ١٩٩٧م.

دراسة العقلة (١٩٩٨) [1] التي هدفت معرفة درجة اكتساب المشرفين التربويين لمهارات برنامج تطوير الإشراف التربوي في الأردن من خلال تحديد درجتي المعرفة والممارسة لهذه المهارات وبيان أثر الجنس، والمؤهل، والخبرة في الإشراف، ومجال الإشراف والتخصص في كل من درجة المعرفة والممارسة ودرجة اكتساب مهارات البرنامج وتحديد العلاقة بين درجة المعرفة والممارسة، اتبع الباحث المنهج الوصفي وأداته الاستبانة، وتكون مجتمع دراسته من جميع المشرفين التربويين الذين خضعوا للتدريب ضمن برنامج تطوير الإشراف التربوي في مديريات تربية الوسط والشمال في المملكة الأردنية الهاشمية، والبالغ عددهم (٣١٠)، وشملت عينة الدراسة جميع أفراد المجتمع معللاً ذلك لعدم تجانس العينة وبهدف تعميم نتائجها وقد أجاب عليها (٢٩٥)، ابعد منها أربع استبانات حيث كانت نسبة الإجابة ٩٥%.

وجاءت النتائج على النحو التالي:-

- دلت النتائج أن درجة معرفة المشرفين التربويين بمهارات البرنامج ودرجة ممارستهم واكتسابهم لها عالية.

- كانت أقل درجة ممارسة وأقل درجة اكتساب في استجابة المشرفين هي مهارة الاتفاق مع المعلم على أهداف وموعد الزيارة الصفية.

- وجود فروق دالة إحصائياً على كل من درجة المعرفة ودرجة الممارسة ودرجة الاكتساب تعزى للجنس والمؤهل والخبرة في الإشراف وعدم وجود فروق إحصائية على درجة المعرفة والممارسة والاكتساب لمهارات البرنامج تعزى لمجال الإشراف والتخصص.

- وجود علاقة قوية وإيجابية وعالية بين درجة المعرفة بالمهارات ودرجة الممارسة لها.

---

(١) العقلة، محمد أحمد الحمد، (١٩٩٨م)، "درجة اكتساب المشرفين التربويين لمهارات برنامج تطوير الإشراف التربوي في الأردن" رسالة دكتوراه (غير منشورة)، جامعة الخرطوم.

وأوصت الدراسة بالأتي :-

- الاستمرار في التدرب على مهارات البرنامج التي خلص لها الباحث.
- عقد دورات تدريبية للمسؤولين التربويين ولمديري المدارس بهدف إيجاد لغة مشتركة بينهم، وبين المعلمين والمشرفين ليكونوا عوناً لهم عند تنفيذهم هذه المهارات وليتحقق الدور المنشود من مدير المدرسة من حيث هو مشرف مقيم.

دراسة الشرمان (1999)[201]، التي هدفت التعرف على مشكلات التواصل بين المعلمين والمشرفين، وقد اتبعت المنهج الوصفي في دراستها، تكونت عينة الدراسة من (462) معلما ومعلمة من مديريات اربد.

وكانت أبرز نتائج الدراسة أن المشكلات التي تؤدي إلى خلل في عملية التواصل بين المعلمين والمشرفين هي: عدم التخطيط المسبق للقاءات التي تتم بين المشرف والمعلم، وعدم اطلاع المشرف المعلم على خطته الإشرافية.

دراسة الصمادي (2000)[202]، والتي هدفت معرفة تصورات المعلمين والقادة التربويين حول فاعلية الإشراف التكاملي والاختلاف تبعا لمتغيرات الجنس والخبرة والمؤهل، استخدم الباحث المنهج الوصفي في دراسته، وتكونت عينة الدراسة من (620) معلماً ومعلمة و(54) مديراً ومديرة و(26) مشرفاً ومشرفة.

وأظهرت النتائج أن فاعلية الإشراف التكاملي كانت من وجهة نظر المعلمين والقادة التربويين ضمن الوسط ووجود فروق بين المعلمين والقادة التربويين حول فاعلية الإشراف التكاملي تعزى للمؤهل العلمي عند القادة التربويين وللجنس عند المعلمين وخرج الباحث بتوصيتين هما : تدريب المشرفين ومديري المدارس على

(1) الشرمان، منيرة محمود، (1999م)، "مشكلات التواصل بين المعلمين والمشرفين من وجهة نظر المعلمين في محافظة إربد" رسالة ماجستير (غير منشورة)، جامعة اليرموك، أربد.

(2) الصمادي، حسين فهد محمود، (2000م)، " دراسة واقع الإشراف التكاملي من وجهة نظر المعلمين والقادة التربويين في محافظة عجلون" رسالة ماجستير (غير منشورة)، جامعة اليرموك، اربد.

الأساليب الإشرافية المقررة، والتركيز على العلاقات الإنسانية بين مديري المدارس والمعلمين والمشرفين.

ثانياً : الدراسات العربية:

دراسة المركز العربي للبحوث التربوية بدول الخليج (1985) [(203)]، والتي هدفت إلى التعرف على واقع الإشراف التربوي بدول الخليج من حيث المفهوم والأهداف والأساليب والصعوبات والمشكلات التي تواجه هذا الإشراف من وجهة نظر المشرفين التربويين والمعلمين، ووجهة نظرهم تجاه علاج هذه المشكلات وكيفية تطوير هذا الإشراف في ضوء بعض الاتجاهات العالمية المعاصرة، حيث استخدم المنهج الوصفي وأداته استمارة لجمع المعلومات عن الإشراف في الأقطار السبعة وهي:(الإمارات، البحرين، عمان، قطر، الكويت، السعودية، العراق)، واستبانة للمشرفين التربويين وأخرى للمعلمين، أما عينة الدراسة فتكونت من المسؤولين عن أجهزة الإشراف وعددهم (7) ومن المشرفين (180) مشرفاً يمثلون جميع الأقطار وجميع المراحل التعليمية ومن المعلمين (825) معلماً ومعلمة لجميع الأقطار.

وأظهرت النتائج ما يلي :

- وجود تعاون واضح بين أقطار الخليج العربي في الجوانب المتعلقة بالهيكل التنظيمي للإشراف التربوي والتشريعات الموضوعية له وتسميته.
- أن الإدارة التعليمية المسئولة في جميع أقطار الخليج العربي لديها معايير لتقويم الإشراف التربوي، إلا أن هذه المعايير عامة وغير واضحة.
- قامت بعض أقطار الخليج العربي بتطبيق بعض التجارب في مجال الإشراف التربوي كتجربة مدير المدرسة المشرف والمشرف المقيم

---

(1) مكتب التربية العربي لدول الخليج، (1985م)، "الإشراف التربوي بدول الخليج العربي واقعة وتطويره"، المركز العربي للبحوث التربوية لدول الخليج، الرياض.

والمشرف المسئول مسئولية كاملة عن مدرسة معينة بالإضافة إلى عمله الإشرافي إلا أنها تفتقر إلى التقويم العلمي الموضوعي.

فيما أوصت الدراسة إلى إعادة النظر في الأهداف المكتوبة للإشراف التربوي في أقطار الخليج العربي، والعمل على توحيدها قدر الإمكان.

دراسة الشتاوي والأحمر (١٩٨٥)[١]، التي هدفت إلى التعرف على تأثير حضور المشرفين التربويين نفسيا على المعلمين من حيث انفعالاتهم، وردود فعلهم، ورضاهم الوظيفي في تونس. وأظهرت نتائج الدراسة أن (٧١%) من المشرفين يرون أن لحضورهم في الصف تأثيراً إيجابياً على المعلم يبعث فيه الدوافع النفسانية الإيجابية، ويجعله واثقاً من نفسه ومحافظا على توازنه، كما ظهر أن ثلثي إجابات المعلمين تعتبر أن التأثير الناتج عن حضورهم للصف، هو ظهور الانعكاسات السلبية الى أن الصورة التي يحملها المشرف التربوي عن نفسه وهي صورة الرقيب والمحاسب، ويرون أن العلاقة التي تربط المشرفين بالمعلمين هي علاقة خوف وحرج وعدم الاطمئنان الأمر الذي يولد شعورا بعدم الرضى للمعلمين عن مثل هذه المفاهيم، لأنهم يعتبرون أن زيارة المشرف التربوي لهم هي مجرد امتحان يتلوه ثواب أو عقاب، ويعتقد بعض المعلمين أن إعلام المعلم بزيارة المشرف التربوي له، يبعث شيئا من الراحة والهدوء، ويؤثر بالتالي على عمله وإنتاجيته.

دراسة طالب (١٩٨٥)[٢]، التي هدفت التعرف إلى أوضاع التوجيه الفني وأساليبه في المرحلة الابتدائية، في الجمهورية العربية اليمنية، من خلال أسلوب

——————————

(٢) الشتاوي، عبد العزيز، والأحمر، محمد عادل، (١٩٨٥م)، "نظرة المتفقدين لعملية التفقد وتقويم المعلمين بالفصل" المجلة التونسية لعلوم التربية، المعهد القومي لعلوم التربية، السنة ١١ العدد ١٣، تونس، ص ص ٩٣ – ١٢٥

(١) طالب، محمد طارش، (١٩٨٥م)، "تطوير أساليب التوجيه الفني في المرحلة الابتدائية في الجمهورية العربية اليمنية" رسالة ماجستير (غير منشورة)، جامعة الأزهر، القاهرة، ص ص ١١٣-١١٧.

الاستقصاء، حيث تكونت عينة الدراسة من (٤٤) موجها و(٤٥) مديرا و(٦٠) معلما في المرحلة الابتدائية، من ثلاث محافظات هي: (صنعاء، وإب، وتعز).

أظهرت النتائج أن (٩٥.٤٥%) من أفراد العينة يرون أن الجوانب التي يتم التركيز عليها في التقويم هي تقويم المعلم من خلال سلوكه مع الطلبة واستخدامه للمصادر المعرفية والكتاب المدرسي، حيث أظهرت أن حوالي (٩١%) من أفراد العينة يرون أن جانبا من التقويم يتم على أساس العلاقة بإدارة المدرسة، بينما يرى (٨٨%) من أفراد العينة أن التقويم يتم على أساس استخدام المعلم للوسائل المعينة وإلقاء الدروس، في حين أن (٨٢%) يرون أن التقويم يتم في ضوء معرفة الطلبة، ويرى حوالي (٧٧%) من أفراد العينة أن جانبا من التقويم يتم على أساس علاقة المعلم بزملائه.

دراسة جاسم (١٩٨٦)[1]، التي هدفت إلى التقويم المهني لعمل الموجه الفني في الكويت من حيث أهدافه، وأهميته، وجوانبه، وأساليبه، والصعوبات التي تحول دون تحقيقه لأهدافه وما هي مقترحات العلاج من وجه نظر الموجهين أنفسهم، استخدم الباحث المنهج الوصفي وأداته الاستبانة، حيث تكونت عينة الدراسة من (٤٦) موجهاً ممن يعملون في وزارة التربية والتعليم.

خلصت الدراسة إلى النتائج التالية :-

- عدم وضوح مفهوم التقويم ودوره عند الموجهين.
- التقت الآراء والمقترحات على ضرورة توفير يوم مكتبي للموجه، ومكتبة متطورة، وضرورة عقد دورات تدريبية.
- أظهرت الدراسة ضرورة عملية التقويم.
- كشفت عن جوانب عدة من الصعوبات التي لو عولجت لوجدنا موجهين فعالين ومتطورين يعتمد عليهم في تطوير العملية التعليمية.

---

(٢) جاسم، صالح عبد الله، (١٩٨٦م)، "التقويم المهني لعمل الموجه الفني، أهدافه، أهميته، جوانبه وأساليبه" مجلة العلوم الاجتماعية العدد (٢)، مجلد (٤)، ١٩٨٦، ص ص ١٦٩-١٩٥

دراسة الغامدي (١٩٨٦)[١]، التي هدفت التعرف على العوامل المؤثرة على على سلامة وإنتاجية العملية التعليمية من خلال نظم التوجيه التربوي في السعودية واقتراح الحلول للمشكلات التي تواجه الدراسة في منطقة الباحة التعليمية لاعتبارات إدارية وجغرافية ومالية.

ومن أهم ما جاءت به الدراسة من نتائج :-

- أن الموجهين لا يقومون بأي نوع من الدراسات الميدانية لذلك لا يتفهمون احتياجات المعلمين.
- أن المديرين لا يعلمون بمواعيد زيارة الموجه التربوي للتحضير لها ومناقشتها.
- توزيع المعلمين على المدارس لا يتم بطريقة موضوعية.
- فرص تدريب الموجهين التربويين ومواصلة تعليمهم ضعيفة مع صعوبة في تنقلاتهم للمدارس.

ومن توصيات الدراسة إصدار لائحة تنظم عملية التوجيه التربوي وتحدد أهدافه وسياسته وطرق ممارسته، إقامة دورات تدريبية للموجهين التربويين أثناء الإجازات الصيفية، زيادة أعداد الموجهين التربويين ليتمكنوا من تأدية أعمالهم كما ينبغي .

دراسة بركات (١٩٨٧)[٢]، التي هدفت تحديد الأهداف العامة التي يطمح يطمح الإشراف التربوي لتحقيقها في إدارة التعليم، وتوضيح المهام، والصعوبات التي تحد من فاعلية الإشراف، وتقديم حلول للنهوض بعملية الإشراف التربوي، اتبع الباحث المنهج الوصفي وأداة البحث عبارة عن استبانة تكونت عينة الدراسة من

---

(١) الغامدي، هجاد عمر غرم الله، (١٩٨٦م)، "نظم التوجيه التربوي في المملكة العربية السعودية بين النظرية والتطبيق"، دراسة تحليلية، رسالة دكتوراه (غير منشورة)، جامعة طنطا كلية التربية.

(٢) بركات، لطفي أحمد، (١٩٨٧م)، "دراسة تقويمية لواقع الإشراف التربوي في مدارس المرحلة الثانوية في مدينتي أبها وخميس مشيط في جنوب السعودية" مجلة كلية التربية، جامعة المنصورة، العدد السابع الجزء الثالث، ابريل ١٩٨٧ ص ص ٥١-٨٤

(٢٠٠) معلم ومعلمة في المدارس الثانوية بمدينتي ابها وخميس مشيط ممثلين لمقررات الدراسة المتلفة.

توصلت الدراسة إلى النتائج التالية :

- تشجيع المعلمين على التجديد، والإبداع، ومشاركتهم في تقييم المناهج، وحفزهم على استخدام طرق تربوية جديدة.
- المشاركة في الندوات التدريبية المتقدمة، وتوجيه المعلمين نحو التنويع في طرق التدريس الحديثة.
- المساهمة في تخطيط الأنشطة اللاصفية، وتنظيمها.

كما أبرزت النتائج الصعوبات التي تواجه عملية الإشراف التربوي بأنها تتمثل في ضعف العلاقات القائمة بين المشرف والمعلم وضعف الكفاءة المهنية له.

وأوصت بالمقترحات التالية بإعادة النظر في :

- معايير اختيار المشرف التربوي ٨٩%
- تطوير الأساليب الحالية في الإشراف التربوي ٨٠%.
- تخفيف العب التدريسي عن المعلم ٧٦%.
- تطبيق فكرة المشرف المقيم ٣٧% .

دراسة الضويلع (١٩٨٨)[١]، التي هدفت إلى معرفة الأساليب التي تمارس بالمرحلتين المتوسطة والثانوية بمنطقة النماص التعليمية ومدى استفادة المعلمين مها ومدى قرب الأساليب الممارسة أو بعدها عن الأساليب الحديثة، ومعرفة الأساليب التي يفضل المعلمون تطبيقها من قبل المشرفين التربويين، ثم حصر

---

(١) الضويلع، سالم مبارك، (١٩٨٨م)، "دراسة تقويمية لأساليب الإشراف التربوي المطبقة بالمرحلتين المتوسطة والثانوية بمنطقة النماص التعليمية من وجهة نظر المعلمين والموجهين التربويين"، رسالة ماجستير (غير منشورة)، جامعة أم القرى، مكة المكرمة.

الصعوبات التي تحول دون تطبيق المشرفين لأساليب الإشراف التربوي، استخدام الباحث المنهج الوصفي.

وتوصلت الدراسة إلى مجموعة من النتائج من أهمها :

- أن المقابلة الفردية والتدريب التربوي والقراءات الموجهة والنشرات التربوية تأتي في مقدمة الأساليب التي يكثر استخدامها من قبل المشرفين في منطقة النماص.
- الاجتماعات العامة للمعلمين والدروس النموذجية والأبحاث التربوية والزيارات الصفية والندوات تأتي في المرتبة الثانية.
- المرتبة الأخيرة هي تبادل الزيارات بين المعلمين والورش التربوية.

وجود صعوبات تحول دون استخدام المشرف لبعض الأساليب الإشرافية أهمها: قلة عدد مشرفي تلك المنطقة، وعدم وجود مكتبة خاصة أو عامة بقسم الإشراف التربوي.

أوصت الدراسة بزيادة عـدد المشرفين التربويين، وإنشاء مكتبة عامة بالمنطقة، وعقد دورات تدريبية للمشرفين لتعريفهم أكثر بالإشراف التربوي.

دراسة أحمد (١٩٨٨)[1]، التي هدفت التعرف على واقع الإشراف المدرسي في مصر والتعرف إلى إيجابيات وسلبيات هذا الإشراف من جانب، ووضع تصور لرفع كفايته من جانب آخر وكذلك رفع مستوى أداء المشرف، استخدم الباحث المنهج الوصفي وأعد أربعة استبانات للموجهين المقيمين والمديرين والنظار والمعلمين والتلاميذ.

---

(١) احمد، احمد إبراهيم، (١٩٨٨م)، "تحديث الإدارة التعليمية والنظار والإشراف التربوي"، دراسة ميدانية، دار المطبوعات الجديدة، القاهرة، ص ص ١٧٩-٢٦٨.

كشفت الدراسة عن مجموعة توصيات لرفع كفاية الإشراف من وجهة نظر الموجهين والمديرين أهمها :

- عقد دورات تدريبية مستمرة لمناقشة ما يعترض الإشراف التربوي من عقبات.

- أن يكون للمشرف دور في تخطيط المنهج، ودور في تخطيط جدول المدرسة لوضع المعلم المناسب في المكان المناسب.

وجاءت التوصيات من وجهة المعلمين على النحو :

- أن لا يقتصر تقويم المعلم على رأي المشرف أو المدير بل الأخذ برأي الطلبة.

- مراعاة أن بعض المشرفين غير مؤهلين لذا لا بد من عقد دورات تدريبية لهم.

- أن لا تكون الترقية للإشراف بالأقدمية، ورفع المرتبات، والحوافز، والاهتمام بالأبحاث التربوية.

ومن توصيات التلاميذ التي أبرزتها الدراسة :

- أن يكون المشرف التربوي متفرغا تماما لعملية الإشراف.

- أن يكون هناك إشراف تربوي على المشرفين ليحتفظوا بمستواهم العلمي.

دراسة ريان (١٩٨٨)[1]، التي هدفت إلى تقويم الإشراف الفني في الكويت الثانوية من حيث مستويات التوجيه الفني ومجالاته، وأساليبه التي تتفق مع المفهوم الحديث للتوجيه، استخدم الباحث المنهج الوصفي واختار عينة الدراسة بحيث تمثل كل مناطق الكويت.

وأظهرت نتائج الدراسة أن التوجيه على المعلمين يتم وفق المفهوم التقليدي والمتمثل بأسلوب التفتيش، وأشار المعلمون أن مجالات العلاقات المهنية

---

(١) ريان، فكري حسن، (١٩٨٨م)، "تقويم التوجيه الفني في مدارس المرحلة الثانوية بدولة الكويت" المجلة التربوية، عدد (٥) مجلد (١٨)، الكويت، ص ص ١٤١ – ١٦٣.

والمشكلات الشخصية لهم والنشاطات المدرسية لا تلقى الاهتمام المناسب من الموجهين، ويقتصر الاهتمام على طرق التدريس وتوفير الوسائل التعليمية، وأن من أكثر الأساليب الإشرافية استخداما هو أسلوب الزيارة الصفية.

دراسة الزاغة (١٩٨٩)[١]، التي هدفت معرفة واقع الإشراف التربوي في الضفة الغربية، حيث استخدم الباحث المنهج الوصفي، وتوصل إلى ثمان مشكلات رئيسة تواجه الإشراف التربوي وهي : أن هناك نسبة كبيرة (٨٩.٩%) من المشرفين لا يتمتعون بشكل كافٍ من المؤهلات العلمية والمسلكية اللازمة للإشراف، وإن اختيار المشرف لا يتم وفق معايير موضوعية تبنى على أسس الكفاءة، وقلة عدد المشرفين نسبة لعدد المعلمين، ضعف برنامج النمو المهني للمشرف، عدم وجود مشرف متخصص مسئول لكل مرحلة من المرحلتين الإلزامية والثانوية، وعدم استخدام المشرف لأساليب إشرافية منوعة واقتصاره على الزيارات الصفية المفاجئة، عدم إتاحة المشرف المجال للمعلم لمشاركته في التخطيط والملاحظة والتحليل والتطبيق، وضعف كفاية المعلم.

دراسة المريش وشعلان (١٩٩٠)[٢]، التي هدفت إلى تقويم واقع التوجيه التربوي وآفاق تطوره من وجهة نظر المعلمين والمشرفين في اليمن، استخدم الباحثان المنهج الوصفي وأداته الاستبانة لعينة مكونة من (٢٥) معلماً و(٢٠) مشرفاً.

أبرزت النتائج أن المعلمين يرون في التوجيه عملية مراقبة فقط، تقتصر على الانتقاد، وأن المشرف لا يقوم بأنشطة كافية لتحقيق أهداف الإشراف، في حين يرى المشرفون وجوب تعديل نظام الإشراف، وأن مهام الإشراف تركز على المعلم فقط.

---

(١) الزاغة، عمر محمد، (١٩٨٩م)، "واقع الإشراف التربوي في الضفة الغربية كما يراه كل من المشرف ومعلم المرحلة الثانوية"، رسالة ماجستير (غير منشورة)، جامعة النجاح، نابلس.

(٢) المريش، عبد الفتاح وشعلان، على، (١٩٩٠م)، "الإشراف التربوي واقع وآفاق في الجمهورية اليمنية"، بحث لنيل دبلوم الإشراف التربوي، التعليم الثانوي، المركز الوطني لتكوين مفتشي التعليم، الرباط.

دراسة نصر (١٩٩٠)[1]، التي هدفت تقصي واقع الإشراف التعليمي (التوجيه الفني) في الأقاليم الشمالية للسودان، استخدم المنهج الوصفي واداته استبانة موجهة للمشرفين التعليميين والمشرفين المقيمين والمعلمين وكبار المشرفين وخبراء التدريب، حيث تكونت عينة الدراسة من (٥٢) مشرفاً تعليمياً و(٥٢) مشرفاً مقيماً و(٣٥٢) معلماً ومن (١٢) مشرفاً يمثلون كبار المشرفين و(١٢) خبيراً بالتدريس. أهم نتائجها :

- أن مفاهيم الإشراف قد اعتراها شيء من الغموض، وعدم الوضوح عند أفراد العينة.
- أن ممارسة أساليب الإشراف كانت دون المستوى المتوقع لها.
- أن النفور من هذه المهنة راجع إلى ضيق الإمكانات بالدرجة الأولى.
- أن مجالات الإشراف المختلفة في السودان قد أصابها بعض الضعف، ولم تجد طريقها إلى النجاح المرتجى.

دراسة الراشد (١٩٩١)[2]، التي هدفت إلى تقديم تصور مقترح لتطوير نظام الإشراف التربوي في السعودية بما يناسب الاتجاهات الحديثة في الإشراف التربوي ويلائم بيئة المجتمع السعودي. حيث استخدم الباحث المنهج الوصفي.

أظهرت النتائج أن (٤٣.٥%) فقط من المعلمين يرون أن تطوير الإشراف التربوي بمفهومه وأساليبه انعكس على أداء المشرف بينما (٧٤.٢٩%) من المشرفين دون ذلك، وأظهرت نتائج الدراسة أن (٢٥%) من عينة الدراسة رأت أن الهدف من تطوير الزيارات الإشرافية الميدانية للمشرفين التربويين قد تحقق، وحول العلاقة بين المشرف التربوي والمعلم فقد أجاب (٦٦.٧%) بأنها طيبة.

---

(١) نصر، نصر عثمان، (١٩٩٠م)، "الإشراف التعليمي في السودان"، رسالة دكتوراه (غير منشورة)، جامعة الخرطوم.

(٢) الراشد، أحمد عبد العزيز، (١٩٩١م)، "تطوير نظام الإشراف التربوي في المملكة العربية السعودية في ضوء اتجاهاته الحديثة" رسالة دكتوراه (غير منشورة) جامعة عين شمس، القاهرة.

دراسة فرج (١٩٩٢)[١]، التي هدفت إلى التعرف على العوامل المؤثرة على الممارسات الإشرافية، وأهم الممارسات الإشرافية التي ينبغي أن يقوم بها مديرو المدارس، وأثر متغيرات الجنس والمؤهل العلمي والخبرة على الممارسات الإشرافية لمديري المدارس، واستخدم الباحث المنهج الوصفي.

أظهرت النتائج أن درجة التمكن من إتقان الممارسات الإشرافية منخفضة وبنسبة مئوية مقدارها (٤٧%) وأن أنماط الممارسات الإشرافية السائدة بمدارس التعليم العام في سلطنة عمان تختلف من مدرسة لأخرى، ولم تظهر فروق دالة إحصائيا في درجة التمكن من ممارسة مختلف جوانب العملية الإشرافية تعزى لمتغيرات الدراسة الجنس، والمؤهل، والخبرة.

دراسة عبد العزيز عبد الوهاب البابطين (١٩٩٣)[٢]، التي هدفت الدراسة التعرف على مستوى المهارات في ضوء الاتجاهات العالمية المعاصرة في مجال الإشراف التربوي وذلك من وجهة نظر المشرفين التربويين والمدرسين العاملين في المدارس الثانوية في مدينة الرياض، اتبع الباحث المنهج الوصفي وكانت أداته إستبانة تكونت عينتها من (٣٧٨) معلماً و(٢٩) مشرفاً تربوياً، وتمثلت النتائج في الآتي:-

١- أجمع المشرفون التربويون والمدرسون على أن المقابلة الفردية بعد الزيارة الصفية بغرض المناقشة حول ما تمت ملاحظته أثناء الحصة، هي أكثر المهارات الإشرافية ممارسة وأهمية على الإطلاق.

---

(١) فرج، حافظ، (١٩٩٢م)، "بعض العوامل المؤثرة على الممارسات الإشرافية لمديري مدارس التعليم العام في سلطنة عمان" مجلة دراسات التربية، رابطة التربية الحديثة، المجلد ٧، الجزء ٣٩، القاهرة، ص ص ٧٩ - ١٢٤.

(٢) البابطين، عبد الوهاب عبد العزيز، (١٩٩٣م)، ملخص البحوث التربوية في الفترة ما بين (١٤١٠ - ١٤١٧هـ) جامعة الملك سعود، الرياض، ص ص ٥٩ - ٦٠.

٢- يرى المشرفون التربويون أنهم غالباً ما يمارسون المهارات الإشرافية الفنية من خلال تأديتهم لأعمالهم، إلا أن المدرسين يرون أن المشرفين التربويين نادراً ما يمارسون تلك المهارات الإشرافية الفنية.

٣- أجمع المشرفون التربويون والمدرسون على أن مستوى الأهمية للمهارات الإشرافية الفنية أعلى من مستوى الممارسة الحقيقية لتلك المهارات الإشرافية الفنية.

٤- وجود فروق ذات دلالة إحصائية بين المشرفين التربويين والمدرسين فيما يختص بدرجة تحقق مهارات الإشراف التي يمارسها المشرف التربوي ولصالح المشرفين التربويين.

٥- أجمع المشرفون التربويون والمدرسون على أن المهارات الإشرافية الفنية بشكل عام مهمة بدرجة عالية.

٦- وجود فروق ذات دلالة إحصائية بين المشرفين التربويين والمدرسين فيما يختص بدرجة أهمية المهارات الإشرافية الفنية التي ينبغي أن يمارسها المشرف التربوي ولصالح المشرفين التربويين.

دراسة حيدر (١٩٩٣)[١]، التي هدفت إلى معرفة درجة ممارسة المشرفين والمديرين لمهامهم الإشرافية في المدارس في ضوء معايير محددة لمجالات الإشراف التربوي وبيان أثر المؤهل العلمي والخبرة والجنس على هذه الممارسات، استخدم الباحث المنهج الوصفي في دراسته.

أظهرت النتائج وجود اختلاف بين ممارسات مجالات الإشراف التربوي لكل من المديرين والمشرفين، ولم تظهر النتائج وجود أثر للجنس أو خبرة المشرفين

---

(١) حيدر، عبد الصمد سلام (١٩٩٣م)، "درجة ممارسة المشرفين التربويين ومديري المدارس للمهام الإشرافية في أمانة العاصمة صنعاء بالجمهورية اليمنية" رسالة ماجستير (غير منشورة)، الجامعة الأردنية، عمان.

التربويين على درجة ممارستهم مهامهم الإشرافية، بينما أظهرت النتائج وجود أثر للمؤهل العلمي الأعلى على درجة هذه الممارسة.

دراسة ثابت (١٩٩٤)[1]، التي هدفت إلى معرفة مدى فعالية الإشراف التربوي في دائرة التربية والتعليم التابعة لوكالة الغوث في قطاع غزة، من وجهة نظر المشرفين التربويين ومديري المدارس، استخدم الباحث المنهج الوصفي وكانت أداته استبانة تكونت عينتها من (٣١) مشرفاً و(١١) مدير مدرسة.

أظهرت النتائج ما يشير إلى الاتجاهات السلبية التي يحملها المعلمون نحو الإشراف التربوي، وقد ظهر ضعف المشرفين التربويين في امتلاك مهارات التواصل مع المعلمين، وضعف الخبرة عند بعضهم في مجال التخطيط وتحليل المواقف التعليمية، وعدم الاقتناع بتوجيهات المشرف التربوي والشعور بعدم جدواها، واتخاذ المعلمين لمواقف سلبية نحو التوجيه وخاصة كبار السن، وشعور المعلمين بأن المشرف التربوي يستخدم أسلوب التفتيش، وشعور بعض المعلمين بالإحباط اعتقادا بأن كفاءاتهم لا تحظى بالتقدير، وعدم كفاية تقرير الزيارة الصفية.

دراسة عواد (١٩٩٥)[2]، التي هدفت إلى معرفة اتجاهات كل من المديرين والمعلمين نحو الإشراف التربوي في دولة الإمارات العربية المتحدة وتحديد أفضل الممارسات المرغوبة والتي يقصد المديرون والمعلمون إنها تزيد من فاعلية الإشراف التربوي، استخدم الباحث المنهج الوصفي، وكانت أداته استبانة تكونت عينتها من (٦٣٠) معلماً ومعلمة و(١٢٠) مديراً ومديرة، اختيرت بالطريقة العشوائية. وخلصت النتائج إلى :-

(١) ثابت، صباح، (١٩٩٤م)،"الإشراف التربوي الفعال" ورقة عمل مقدمة في المؤتمر السنوي لنواب مديري التربية والتعليم ورؤساء مراكز التطوير التربوي في وكالة الغوث الدولية(١٦-١٩ أيار)، عمان.

(٢) عواد، محمد سعيد، (١٩٩٥م)، "إتجاهات مديري ومعلمي المدارس في دولة الإمارات العربية المتحدة من الإشراف التربوي والممارسات التي يفتعلونها"، رسالة دكتوراة (غير منشورة)، جامعة ام درمان الإسلامية.

١- إن إتجاهات المديرين والمعلمين نحو الإشراف التربوي كانت إيجابية بدرجة واضحة وبدون اختلاف بينها.

٢- لا توجد اختلافات ذات دلالة إحصائية بين اتجاهات المديرين نحو الإشراف التربوي تعزى إلى الخبرة والمؤهل، بينما توجد فروق بين اتجاهات المديرين نحو الإشراف التربوي تعزى الى الجنس والى صالح الإناث، إذ كانت اتجاهات المديرات نحو الإشراف التربوي أكثر إيجابية من اتجاهات المديرين.

٣- توجد اختلافات بين اتجاهات المعلمين نحو الإشراف التربوي تعزى إلى خبرة المعلمين ومؤهلاتهم لصالح الخبرة القصيرة وممن يحملون مؤهلات دون الجامعة بينما لا توجد اختلافات بين اتجاهات المعلمين والمعلمات نحو الإشراف التربوي أي أن جميع اتجاهات المعلمين والمعلمات نحو الإشراف التربوي إيجابية ومتقاربة.

٤- كشفت الدراسة عن وجود (٣٠) ممارسة إشرافية أجمع المديرون والمعلمون على مناسبتها وأنها تزيد من فاعلية الإشراف التربوي و(١٠) ممارسات غير مناسبة وتمنى المعلمون والمديرون أن يبتعد عنها المشرفون التربويون لنتائجها السيئة.

دراسة العمادي وأحمد (١٩٩٥)[1]، التي هدفت إلى استطلاع آراء المشرفين التربويين ومديري المدارس والمعلمين حول نظام الإشراف الحديث في قطر اعتبارا من العام الدراسي (١٩٩٢/١٩٩٣) ومعرفة نقاط قوته ونقاط ضعفه لزيادة فاعليته، استخدم الباحث المنهج الوصفي في دراسته.

---

(١) العمادي، أمنية عباس، وشكري سيد احمد،(١٩٩٥م)، "دراسة استطلاعية لآراء الموجهين ومديري المدارس والمعلمين حول نظام التوجيه التربوي المطبق حديثا في قطر"،ط١، مركز البحوث التربوية،الدوحة.

أظهرت النتائج أن اتجاهات المشرفين نحو هذا النظام أكثر إيجابية من اتجاهات مديري المدارس واتجاهاتهم تتسم بإيجابية أكثر من اتجاهات المعلمين، وبينت النتائج وجود فروق دالة إحصائيا بين اتجاهات أفراد عينة الدراسة تعزى الى الجنس، والمؤهل العلمي والخبرة، فقد كانت اتجاهات أصحاب المؤهل العلمي أعلى من البكالوريوس واتجاهات ذوي الخبرة القصيرة إيجابية أكثر من زملائهم.

دراسة برقعان (١٩٩٦)[١]، التي دراسة هدفت إلى تقويم برنامج التوجيه التربوي من من وجهة نظر معلمي المرحلة الثانوية في الجمهورية اليمنية، من خلال استخدام المنهج الوصفي وأداته استبانة مكونة عينتها من (١٩٨) معلما ومعلمة من مدارس صنعاء.

وأظهرت النتائج أن درجة الممارسات التوجيهية الفعلية للموجهين كما يراها المعلمون مرتبة تنازليا كالتالي : (تقويم، تخطيط، محتوى، أساليب، توجيه) وأوصت الدراسة بإعادة النظر في برنامج التوجيه التربوي ووضع برنامج فعال للتوجيه وتدريب الموجهين على أساليب إشرافية متنوعة وعدم الاقتصار على الزيارات الصفية المفاجئة.

دراسة أبو سريس (١٩٩٨)[٢]، التي هدفت تقييم فاعلية برنامج تدريب المديرين الذي ينظمه معهد التربية في وكالة الغوث الدولية من وجهة نظر مديري المدارس الملتحقين بالبرنامج، واستخدم الباحث المنهج الوصفي في دراسته.

أظهرت النتائج أن المديرين يمارسون خمسة مجالات بدرجة عالية، أولها وأعلاها مجال العلاقات الإنسانية، ويمارسون مجالين اثنين بدرجة متوسطة ومجالا

---

(١) برقعان، أحمد، (١٩٩٦م)، "تقويم برنامج التوجيه التربوي من وجهة نظر المعلمين في الجمهورية اليمنية" رسالة ماجستير (غير منشورة)، جامعة اليرموك، اربد.

(٢) أبو سريس، خالد قاسم، (١٩٩٨م)، "فعالية برنامج تدريب المديرين أثناء الخدمة من وجهة نظر مديري ومديرات مدارس وكالة الغوث في الضفة الغربية في تطوير درجة ممارستهم الإشرافية" رسالة ماجستير (غير منشورة)، جامعة النجاح الوطنية، نابلس.

واحدا بدرجة متدنية هو مجال التقنيات الإشرافية، وقد خلص الباحث إلى أن نظرة المديرين إيجابية نحو فاعلية البرنامج.

دراسة الفكي (١٩٩٩)[1]، التي هدفت التعرف على الوضع الراهن للتوجيه الفني بالمرحلة الثانوية بولاية الخرطوم من وجهة نظر المعلمين، واستخدم الباحث المنهج الوصفي، وأداته استبانة تكونت عينتها من (٣٢٠) معلماً ومعلمة لكل المواد اعتماداً على المؤشرات التالية:-

١- نوع الممارسات التي يطبقها الموجه الفني اثناء الزيارة للمعلمين في الصف.

٢- مدى تطبيق أساليب التوجيه الفني الفردية والجماعية.

٣- مدى الاهتمام بالمناهج وطرق التدريس والتلاميذ والنمو المهني للمعلمين والبيئة المحلية

وخلصت الدراسة إلى النتائج التالية :-

- أن التوجيه الفني الممارس بالمرحلة الثانوية في ولاية الخرطوم دون المستوى المطلوب.
- إن أساليب التوجيه الفني تركز على الزيارة الصفية والمقابلة الفردية.
- إن الموجه الفني لا يتابع النشاطات المتصلة بالمادة الدراسية ولا يهتم بالوسائل التعليمية
- إن الموجه الفني لا يهتم بمعالجة المشاكل المهنية للمعلمين ولا العلاقات الإنسانية.
- إن الموجه لا يهتم برفع الكفاءة المهنية والعلمية، ولا يسهم بربط المدرسة بالبيئة المحيطة.

---

(١) الفكي، علي حسن أحمد، (١٩٩٩م)، "فاعلية التوجيه الفني بالمرحلة الثانوية بولاية الخرطوم من وجهة نظر المعلمين" رسالة دكتوراه (غير منشورة)، جامعة امدرمان الإسلامية.

دراسة زامل (٢٠٠٠)[1]، التي هدفت التعرف على واقع نظام الإشراف التربوي ودور متغيرات الجنس والمؤهل العلمي وطبيعة العمل وسنوات الخبرة الوظيفية، استخدم الباحث المنهج الوفي وأداته استابنة، وتكون مجتمع الدراسة من جميع المشرفين التربويين، ومديري ومديرات المدارس الأساسية لوكالة الغوث الدولية في محافظات الضفة الغربية للعام (١٩٩٩/٢٠٠٠) عام دراسي واحد والبالغ عددهم (١٩) مشرفاً ومشرفة و(٩٦) مديراً ومديرة موزعين على ثلاث مناطق تعليمية هي : القدس - الخليل - نابلس.

أظهرت النتائج أن هناك درجة عالية لواقع الإشراف التربوي من حيث مدخلاته ومخرجاته وعملياته وصلت إلى (٧١%)، مع وجود اختلاف في استجابة أفراد المجتمع على استبانة واقع النظام الإشرافي بين الذكور والإناث يعزى الى صالح الإناث ووجود اختلاف على استبانة واقع نظام الإشراف التربوي بين حملة الشهادة يعزى الى صالح حملة الشهادة أقل من بكالوريوس ووجود اختلاف بين المشرف التربوي ومدير المدرسة الى صالح المشرف التربوي، يوجد اختلاف لذوي الخبرة يعزى الى ذوي الخبرة (أقل من ٦ سنوات).

أوصى الباحث بضرورة وضع خطط لمعالجة المشكلات التي تواجه المعلمين، وزيادة عدد المشرفين في المناطق التعليمية الثلاث : القدس، الخليل، نابلس، مع ضرورة خضوع أسس اختيار المشرفين التربويين للمراجعة الدائمة، والتنوع في أساليب الإشراف وعدم اقتصارها على الزيارة الصفية، وجعل التقويم في العلمية الإشرافية جهدا جماعياً يشترك فيه كل من له صلة بالعملية التعليمية.

---

(١) زامل، مجدي على سعد، (٢٠٠٠م)، "تقويم نظام الإشراف التربوي للمرحلة الأساسية في مدارس الغوث الدولية في محافظات الضفة الغربية" وجهة نظر المديرين والمشرفين التربويين، رسالة ماجستير (غير منشورة)، جامعة النجاح، نابلس.

دراسة عمر (٢٠٠١)[١]، التي هدفت بيان الدور الذي يؤديه التوجيه الفني في تحسين العملية التعليمية والعمل على ترقيتها، واتبعت الباحثة المنهج الوصفي، وكانت أداتها استبانة تكونت عينتها من (٢٣٢) وهي تشكل ما نسبته ١١.٣% من مجمع الدراسة البالغ (٢٠٥٦) معلماً ومعلمة بمحافظة جبل أولياء. ومن الموجهين جميع مجتمع الدراسة والبالغ عددهم (٥٩) موجهاً وموجهة يمثلون أربع محليات (النيل الأبيض، الكلاكلات، النصر، الأزهري).

وخلصت الدراسة إلى النتائج التالية :-

- إن أهداف التوجيه الفني لم تتحقق على الوجه المطلوب.
- إن أسلوب الزيارة الصفية التي يقوم بها الموجه واجتماعاته مع المعلمين أساليب توجيهية ملائمة.
- يرى المعلمون والمعلمات أن الموجه الفني لا يؤدي مهنة التوجيه بدرجة كافية عموماً
- إن هناك صعوبات تقف عائقاً في أداء مهام الموجهين بفاعلية أبرزها:

١- الزيارة المستمرة في عدد المعلمين غير المدربين.
٢- اكتظاظ الفصول بالتلاميذ.
٣- قلة الوسائل التعليمية.
٤- قلة الدورات التدريبية التي تعقد للموجهين لتطوير أدائهم.
٥- قلة الاعتمادات المالية التي تخصص للتوجيه الفني لتلبية متطلباته الأساسية من إدارية وفنية .

---

(١) عمر، عفاف إبراهيم عثمان، (٢٠٠١م)، "تقويم التوجيه الفني بمرحلة الأساس بولاية الخرطوم"، رسالة ماجستير (غير منشورة) جامعة الخرطوم.

ثالثاً: الدراسات الأجنبية

دراسة (جونز) (Johns, ١٩٨٥) [(١)]، التي هدفت إلى تحليل مهام المشرف التربوي التي تُمارسها في المدارس الابتدائية، مستخدما المنهج الوصفي في دراسته. وقد أظهرت نتائج الدراسة أن مهام المشرف التربوي تنحصر في تنظيم التعليم، وتقويمه، وإعداد برامج التدريب أثناء الخدمة وإعداد المواد التعليمية وتطوير المناهج ونشر المعلومات.

كما أظهرت نتائج الدراسة أن المشرفين التربويين يعتقدون أن من واجباتهم أن يمضوا وقتا أكبر في تنظيم التعليم وتقييمه ونشر المعلومات.

دراسة كانيزارو (Canizaro, ١٩٨٥) [(٢)]، التي هدفت مطابقة جميع المهارات والمفاهيم والمواقف اللازمة للمشرف التربوي الناجح تكونت من (٢٦) عنصرا جرى تصنيفها إلى ستة مجالات كلها في آلية التقويم الذاتي التي توفر للمشرفين سبيلا لوصف وتحليل عملهم في الإشراف التربوي يستعين المشرف التربوي بلائحة التحليل للتعرف الى نقاط الضعف وبعد خطة ذات خطوات معينة بقصد تحسين تلك النقاط، واستخدم الباحث المنهج الوصفي.

وقد أشارت الدراسة إلى الخطوط العريضة لعناصر عملية الإشراف في نموذج التقويم الذاتي، ومقترحات استخدامها للحصول على تغذية راجعة لعملية الإشراف التربوي وكيفيتها، كما أنه يمكن استخدام آلية التقويم الذاتي باعتباره قاعدة لبرنامج تدريب المشرفين من جهة، ووسيلة للتقويم الذاتي خلال السنة الأولى من السنوات الإشرافية من جهة أخرى، كما يمكن استخدامها في تخطيط برامج تطوير الهيئة التدريسية من قبل مديري المدارس والمشرفين.

---

(١)Johns, V.E: An Analysis of Supervisory Tasks, Performed in Elementary School, Temple University, Dissertation Abstracts International. Vol. ٤٦ No. ٣, ١٩٨٥.

(٢)Canizaro, - Beth-C (١٩٨٥), Self – Evaluation Instrument for Instructional Supervisors.

دراسة (ديلورم)(Delormo, ٨٥) [1]، التي هدفت استقصاء آراء مديري المدارس الابتدائية بولاية داكوتا نحو الإشراف التربوي وأساليب التقويم وأثر العمر ونوع المدرسة في ذلك. اتبع الباحث المنهج الوصفي وأداته الاستبانة، تكونت عينة الدراسة من (١٠٠) معلم، وخلصت إلى النتائج التالية:-

- رغم اتفاق المعلمين على أن هدف عمليتي الإشراف والتقويم هو تحسين التعليم إلا أن الممارسة الحالية لا تحقق الهدف.
- وجود فروق ذات دلالة إحصائية نحو العمليتين مع زيادة العمر.
- أن آراء المعلمين الذين يعملون في المدارس الهندية أقل إيجاباً من زملائهم في المدارس الأخرى.

دراسة (أكسيون) Acheson (وسميث) Smith (١٩٨٦) [2]، والتي هدفت إلى تحليل دور الموجه التربوي (مدير المدرسة) والخاص بتوجيه المعلمين في حجرة الدراسة من خلال منظور القيادة في العملية التعليمية، حيث منظور القيادة التعليمية ترتبط مباشرة بأساليب التدريس والتفاعل بين المعلم والطالب والمنهج، والتي تمثل مكونات العملية التعليمية، ومدير المدرسة - غالبا - لا يستطيع القيام بدوره الإشرافي بفاعلية لضيق وقته وقصور برامج التدريب والخبرات المتخصصة في أساليب التوجيه التربوي، كما أكد الباحثان من خلال المنهج الوصفي أن قصور مدير المدرسة عن قيامه بدوره التوجيهي يرجع إلى شعوره بالتوتر الناتج عن قيامه بدوره باعتباره مقوماً ودور المشرف في نفس الوقت.

---

(١)Delorme, T. G: An Assessment of The Attitudes and Perceptions of Selected Elementary SchoolTeacher Who Serve American Children To Word Instructional Supervision and Evaluation. (ED. D. Dissertation, the Universirt of North Dakota, ١٩٨٩). D.A.I, Vol. ٤٥, No. ٨, ١٩٨٥, P. ٢٣٢٤-A

(٢)Acheson, K.A. & Smith, S.C., It is Time For Principals To Share The Responsibility Instructional Leadership With & Others, OSS Bulletin Viol. ٢٩, No. ٦ Feb. ١٩٨٦.

وكان من نتائج الدراسة أن مدير المدرسة يستطيع القيام بدوره الإشرافي بصورة أفضل إذا ما تم فصل الوظائف الإشرافية التي يقوم بـها عن وظائفه التقويمية، كما أنه من الأفضل إعداد مديري المدارس من خلال التدريب على الخبرات اللازمة لأداء وظيفتهم على الملاحظة النظامية وأساليب التغذية الراجعة.

وأوصت الدراسة بضرورة قيام مدير المدرسة بالتقويم البنائي وضرورة تدريب المعلمين على ملاحظة البعض أثناء التدريس بهدف تقديم تغذية راجعة نهائية باعتباره جزءاً من برنامج لتطوير الهيئة التدريسية بالمدرسة، كما أوصت بضرورة إسناد بعض الأدوار الإشرافية لرؤساء الأقسام وللمعلمين الأوائل ولمديري المشاريع التعليمية ولأخصائي الكمبيوتر وللقائمين على تطوير البرامج وللإداريين .

دراسة (كوليمان) (Colleman, ١٩٨٦) [1]، التي هدفت إلى البحث في تكرار المساعدة الإشرافية التي تمنح للمدرسين المبتدئين، وقيمتها،ومستوى تفضيلها في فلوريدا وجورجيا حيث استخدم الباحث المنهج الوصفي، وركزت الدراسة على الفرق بين المساعدة الإشرافية المقدمة من المدير والمشرف في خمسة مجالات هي: التخطيط للتدريس، والتدريس داخل الصف، استخدام الموارد وتقييم الطلبة، إدارة الفصل الدراسي.

وكان من نتائج هذه الدراسة أن المعلمين ينظرون إلى خدمات المديرين، والمشرفين بأنها متدنية، ويرون أن الإشراف من قبل زملائهم أفضل من الإشراف من قبل المديرين والمشرفين الذين لا يتلقون منهم مقدارا كبيرا من المساعدة الإشرافية، وبالتالي فلا بد من إيجاد أساليب فاعلة لإعداد المشرف التربوي.

---

(٢)Colleman. J.B. (١٩٨٦), Perceived Quantities and Qualities of Supervisory Assistance Provided to Beginning Teachers in Florida and Georgia. (Ed. D. Dissertation University of Georgia (١٩٨٦). Dissertation Abstract International, ٩٧ (٦), ١٩٩٩- A.

دراسة (جارلاند) (Garland, ١٩٨٧) [١]، التي هدفت إلى معرفة عملية تقويم المعلمين قدم خلالها ثلاثة نماذج للتقويم مصممة خصيصا لتحسين عملية تقويم المعلم تركزت على الطرق التي يستطيع المديريون بوساطتها من التفريق من حيث الجودة بين التعليم الجيد والتعليم الممتاز، وبين التعليم الضعيف، والتمكن من تحسين الأداء التعليمي ضمن نطاق عملية التقويم، وقد ركزت الدراسة على تقويم الأساليب التقنية التي يستخدمها المشرفون بصورة فردية.

تضمنت الدراسة استبانة لمواضيع عديدة تراوحت بين طبيعة اجتماعات المراقبة، وأنواع التعليقات التي قدمها المعلمون، واستبانة أخرى تضمنت التقويم للمناخ التنظيمي الاجتماعي للمدرسة، وقد تناولت الأسئلة طبيعة اجتماعات المعلمين، وفرض القوانين المدرسية وأنواع الأنشطة والعمل بروح الفريق، ومن خلال الأسئلة المفتوحة ذات الإجابات النهائية التي شجعت المشرفين إبداء آرائهم إزاء آلية التقويم المستخدمة في منطقتهم والأساليب المستخدمة في جمع البيانات أثناء المراقبة وأنواع المشاغل الميدانية التي يعتقدون أنها ستكون مجدية في تقويم المعلم.

دراسة (بيترسون) (Peterson, ١٩٨٨) [٢]، التي هدفت إلى تقييم تصورات التوجيه السلوكي لمشرفي التعليم التعاوني، تناولت هذه الدراسة ثلاثة أنواع من التوجيه وهي: عدم التوجيه، التعاون، والتوجيه.

اتبعت الدراسة المنهج الوصفي، واداتها الاستبانة، أما عينتها فكانت جميع مشرفي التعليم التعاوني وعددهم (٣٥) مشرفاً و(١٤٣) موظفاً اختيروا بالطريقة العشوائية من (١١) ولاية في المنطقة الغربية من الولايات المتحدة الأمريكية.

---

(١)Garland. Virginia – E. (١٩٨٧). Needs Assessment Models For Administrators and Supervisors Of The Teacher Evaluation Process.

(٢)Peterson, W.L.: The Role of the Supervisory Process as Perceived by Extension Supervisors and County Agents Employed by the Cooperative Extension Service, (Ed. D. dissertation, University of Montana, ١٩٨٧) D.A.I. Vol. ٤٨, No. ٨, ١٩٨٨, P. ١٩٥٢-A.

وخلصت إلى النتائج التالية:-

- تبين أن المشرفين يرون بأن السلوك الفعلي للإشراف يميل إلى السلوك التعاوني.
- وجد أن لمتغيري الجنس، والتقديرات تأثيراً في إجابات المشرفين بشأن السلوك التوجيهي الفعلي والمثالي.
- وجد أن هناك متغيرات أخرى لها أثر في اختلاف التصورات عند الموظفين حول السلوك الفعلي والمثالي للمشرفين.

دراسة (مونوز) (Munoz, ١٩٨٨)[1]، التي هدفت تحديد الأساليب الإشرافية التي يعتقد المعلمون أنها مفيدة من وجهة نظرهم في رفع مستوى أدائهم، وأجريت الدراسة لدى معلمي المدارس الحكومية في بنسلفانيا. استخدم الباحث المنهج الوصفي، واداه مكونة من (١٦) بنداً تصف الممارسات الإشرافية واختار عينته المكونة من (٣٠٥١) مدرساً يعملون في (٤٣) إدارة تعليمية بولاية بنسلفانيا بأميركا.

أظهرت النتائج أن التفاعل بين الجنس ومستوى التأهيل المسلكي له تأثير واضح على إدراكهم للإشراف الفعال، كما وأظهرت أن زيادة مستوى التأهيل التربوي للمعلمين له تأثير على زيادة إدراكهم وفهمهم أهمية الإشراف التربوي في تطويرهم مهنيا من أجل تحسين تعليمهم.

دراسة (وورد) (Ward, ١٩٨٨) [2]، التي هدفت إلى الكشف عن الاختلاف في تصورات المعلمين في المدارس الثانوية المتوسطة لسلوك مديريهم

---

(١)Munoz (١٩٨٨). Supervision as Perceived By Public Teacher In Pennsylvania and Its Relationship To Their Perceptions Of Effective Supervision, Dissertation Abstract International, ٤٨ (١٠), ٢٥٢٨-A

(٢)Word, Betsy Boone, "The Relationship Between Teachers Perceptions Principals Actual and Teachers' Preferred Supervisory Behavior Selected Southern Public Junior High Schools", Dissertation Abstract International Vol., ٥٠ No. ٢P ١٩٨٨ P. ٣٢٧A.

الإشرافي الحالي، وبين السلوك الإشرافي المفضل، وذلك في ست ولايات أمريكية من خلال استخدم المنهج الوصفي.

أظهرت النتائج أن غالبية المستجيبين في الولايات الست يفضلون الإشراف التعاوني التشاركي، ويعتقدون أن واقعهم الإشرافي أكثر مباشرة، ويرغبون في الإشراف غير المباشر، بينما فضل المعلمون الإشراف المباشر في ولاية واحدة فقط، كما وجد أن المعلمات هن أكثر فهما للعملية الإشرافية من المعلمين الذكور.

دراسة (كونستاجب) (Constance Gibbe, ١٩٨٩) [١]، التي هدفت إلى مقارنة توقعات معلمي المرحلة الابتدائية للمبادئ الإشرافية وادراكها، اتبعت الدراسة المنهج الوصفي وأداتها استبانة مكونة من عشر جمل تتعلق بالتقويم وثمان جمل تتعلق بالطرق والأساليب المتبعة في التقويم، وتكونت عينة الدراسة من (٧٧) مديراً و(١٢٥) معلماً. وخلصت إلى النتائج التالية:

- أظهرت أن هناك اختلافاً بين توقعات المعلمين والمشرفين في الوسائل التعليمية.

دراسة (راول) (Rawl, ١٩٨٩) [٢]، التي هدفت إلى تحديد مهام المشرف التربوي في كارولينا، حيث طور استبانة لقياس الرأي تكونت من (٧٩) مهمة إشرافية، أرسل استبانته لعشرة خبراء لإعطاء درجات تتراوح بين (١) غير مهمة، (٥) ضرورية، وقد صنف المهام في عشر فئات هي: (المناهج، التدريس، المرافق، التطوير المهني، الأفراد، الأنشطة التنسيقية، الأبحاث، القيادة، العلاقات العامة، والإدارة).

---

(٣)Gibb Constance Elaine : Perception of Class Room Teachers and Supervisory Principals Relating To Teacher Evaluation Policies and Processes. D.A.I. Vol. ٥٠. No. ٥, November ١٩٨٩.

(١)Rawl, P.T: A Consensus Based Determination of Relevant Tasks For District Wide Supervisors Of Construction. (PH.D. Dissertation University Of South Carolina, ١٩٨٨), D. A.I, Vol., ٥٠ No. ٢, ١٩٨٩, P. ٣٢٢-A

وأوضحت النتائج أن مجالات المناهج والأبحاث والقيادة والتطوير والعلاقات العامة حازت على درجة مرتفعة جدا، أما مجالات الأفراد والمرافق والإدارة والأنشطة التنسيقية فقد حصلت على درجات متدنية جدا.

دراسة (رادير) (Rader, ١٩٨٩)[1]، التي هدفت إلى التعرف على التطبيقات الإشرافية التي يقوم بها الموجهون التربويون الذين يعملون في كل وقت، في مدارس المدن والأحياء المحلية في ولاية اوهايو، حيث استخدم الباحث المنهج الوصفي.

دلت النتائج على عدم وجود فروق إحصائية بين الموجه التربوي في التعليم الابتدائي عن نظيره في المدارس الثانوية الدنيا، إلا أنه وجد بعض الفروق الإحصائية بمفاهيم الموجهين عن الممارسة الواقعية والمثالية، كما كانت هناك فروق إحصائية بين مشرف المراحل التعليمية الثلاث في (٧٣) عبارة من عبارات الاستبانة، مما يدل على وجود مستويات من عدم الرضى بين الموجهين مما يؤثر على أدائهم الوظيفي، كما استنتج الباحث وصفاً تفصيلياً للمتغيرات التي يمكن أن يتصف بها المجتمع الإشرافي المستقر، فبالرغم من أن المشرفين الفنيين يعتقدون أن نسبة كبيرة من المعلمين لا تعتقد أن أسلوب الملاحظة وسيلة فعالة لتحسين طرق تدريسهم، إلا أن هؤلاء الموجهين يميلون للعمل معهم في مجال التدريس، حيث لوحظ أن (٣٠%) من العمل المعتاد للموجه التربوي والذي يصل إلى (٤٣.٥) ساعة أسبوعيا يقضيها المشرف في الملاحظة والتشاور مع المعلمين و(٣٠%) للتخطيط وحضور الاجتماعات الخاصة بالمعلمين و(١٥%) لتطوير المناهج و(٢٥%) توزع على المهام المختلفة.

(٢)Rader, S.M., Supervisor Perception Of The Actual and Ideal Practice Of Supervision Of Instruction In City, Village, Local / County Unit School Districts In State Of Ohio. Ohio University: Ohio Unpublished Ph. D., ١٩٨٩.

دراسة (ويليامز) (Williams, ١٩٩٠) [1]، في الولايات المتحدة التي هدفت إلى التعرف بأدوار المشرفين المقيمين في المدارس ومهامهم، اتبعت الدراسة المنهج الوصفي، واداتها الاستبانة، وتكونت عينة الدراسة من (٦٧) معلماً من مدارس (جورجيا) يعمل فيها مشرفون مقيمون، توصلت الدراسة إلى وجود المشرف بشكل دائم في المدرسة يعتبر أفضل من الزيارات السريعة حيث تسير أمور المدرسة بالشكل الصحيح.

دراسة (كريدن) (Creeden, ١٩٩٠) [2]، في الولايات المتحدة التي هدفت معرفة واقع الإشراف وتوقعات مديري المدارس والمعلمين حول دور مدير المدرسة في العملية الإشرافية، واتبع الباحث المنهج الوصفي وأداتها الاستبانة التي شملت (٢٦٣) مدير مدرسة و(١٠٦٢) معلماً من عينة الدراسة، وبينت نتائج الدراسة هناك اختلافاً في آراء المعلمين والمديرين في أن مدير المدرسة يعتبر مشرفاً مقيماً في مدرسته، وأوضحت عدم رضى مديري المدارس والمعلمين عن أداء مدير المدرسة من حيث هو مشرف مقيم.

دراسة (باجاك) (Bajak, ١٩٩٠) [3]، التي هدفت إلى تحديد أبعاد الممارسة الإشرافية في مجال التعليم، حيث استخدم الباحث المنهج الوصفي، وتكونت عينته من (١٦٢٠) متخصصاً في الإشراف التربوي من خلال استبانة مكونة من (٣٠٠) فقرة موزعة على (١٢) مجالاً، ومن خلال مراجعة الدراسات،

---

(١)Williams, Lisa- G- (١٩٩٧) "Supervision Models With Respect To Physical Education Needs" Paper Presented at the Annual Meeting of the Southwest Educational Research Association (Tustin, TX January ٢٣-٢٥, ١٩٩٧).

(٢)Greeden, B.F. (١٩٩٠). "An Investing of the Current Perceptions and Expectations of Elementary School Principals and Teachers Regarding the Principals Role in Supervision of Instructions" (ED.D Dissertation, University of Boston College, ١٩٩٠) Dissertation Abstract International ٥٠- (٧) ١٨٦١-A

(٣)Pojak. E. Identification of Dimensions Of Supervisory Practice in Education Reviewing Literature, Paper Presented at The Annual Meeting Of The American Educational Research Association, Boston, MA, April, P. ١٦-٢٠, ١٢٢٠

والأبحاث في مجال الإشراف الفني في الخمسة عشر عاما الأخيرة، وتفرع من ذلك هدفان فرعيان هما:

١ - تحديد المعرفة، والاتجاهات، والمهارات الخاصة بالإشراف التعليمي الفعال.

٢ - التحقق من أهمية هذه المعرفة، والاتجاهات، والمهارات لدى مجموعة من الممارسين للإشراف.

وقام الباحث بتحليل الدراسات، والبحوث في مجال الإشراف الفني خاصة بتلك التي تختبر العلاقة بين القيادة في المدارس وفعالية التدريس، كما قام بتقسيم المعرفة،والاتجاهات،والمهارات التي تتعلق بمجال التوجيه التربوي إلى اثنتي عشرة مجموعة تمثل الممارسة الإشرافية.

ومن خلال هذا التحديد لأبعاد الممارسة الإشرافية تمكن الباحث من تحليل المكانة المهنية للموجه التربوي، وقد أوصى بضرورة وضع دليل للتوجيه التربوي لتفادي تدخل آخرين من خارج المجال الإشرافي الفني والجاهلين بعمل الإشراف في تحديد أدواره التي يجب أن يقوم بها.

دراسة (دوك) (Duke, ١٩٩١) [١]، التي هدفت إلى تحديد أبعاد المعارف والاتجاهات،والمهارات الإشرافية التي يعتبرها رؤساء الأقسام أنها الأكثر ارتباطا بمهام عملهم، باستخدام المنهج الوصفي من خلال استبانة.

أظهرت النتائج أن الأبعاد الاثني عشر التي ضمنها الباحث استبانة للممارسة الإشرافية مهمة لوظائف المشاركين كما هي عليه في الواقع، واتفق المشاركون على أهمية البعد المتعلق "بالاتصال"، والمعرفة،والاتجاهات، والمهارات اللازمة له.

---

(١)Duke, B.R. (١٩٩١). Importance Of Twelve Dimensions Supervisory Practice Derived from Educational Literature as Perceived By Selected Department Chairs. (Ed. D. University Of Georgia, ١٩٩٠) Dissertation Abstract International, ٥١ (٨), ٢٥٨٠-A

دراسة (أوبيلد) (Obielade, ١٩٩٢) [1]، التي هدفت إلى التعرف على التصورات عند المعلمين للسلوكيات الإشرافية للمشرفين التربويين الذين زاروا المدارس النيجيرية، حيث استخدمت الباحثة المنهج الوصفي وأداتها الاستبانة، واشتملت عينة الدراسة على (٣٠٠) معلماً اختيروا بالطريقة العشوائية.

أظهرت النتائج أن الممارسات الحديثة للإشراف التربوي غير متوفرة في نيجيريا، والعلاقة بين المشرفين والمعلمين غير ودية، ولا توجد ثقة بينهم.

دراسة (زامباريلي) (Zamparelli, ١٩٩٢) [2] في (نوفا)، التي هدفت إلى بيان دور المشرف التربوي في تسهيل النمو المهني والشخصي لمساعدة المعلمين الجدد من خلال تزويدهم بالأساليب الحديثة، والاتصال مع الزملاء، والإدارة، والمشاركة، باستخدام المنهج الوصفي.

أظهرت النتائج أن المعلمين أظهروا تحسنا ملحوظا في أدائهم التعليمي، وكذلك في نموهم المهني، وانتمائهم لمهنة التعليم.

دراسة (آرمسترونج) (Armstrong, ١٩٩٤) [3]، في (كانساس) التي هدفت إلى تحديد درجة تأثير تطبيق المشرفين الإشراف المتطور على التزام المعلمين، وقناعاتهم، ورضاهم وأخلاقهم، وفعاليتهم، باستخدام المنهج الوصفي في الدراسة.

(١)Obilade, Sandra (١٩٩٢) "Supervisory Behavior As Perceived By Secondary School Teachers In Nigeria, (IN, School Organization, (١٢), ٢٣٧ - ٤٣.

(٢)Zamparelli, Debra, (١٩٩٢), Teacher Assistance Program: A Developmental Induction Program For Beginning Teachers, Ed, D. Nova University, Dissertation Abstracts International, Vol. ٥٠, No. ٦. ١٠٢٤-A.

(٣) Armstrong, Mary, A., (١٩٩٩), A Study To Determine The Teachers Perception Of The Principal's Use Of Developmental Supervision and Its Affect On Teachers, Efficacy, Ed. D. University Of Kansas, Dissertation Abstracts International, Vol. ٥٤, No. ٩, P. ٣٢٧٢-A.

أظهرت النتائج أن هناك علاقة بين تطبيق المشرفين الإشراف المتطور ودرجة اقتناع المعلمين ورضاهم وأخلاقهم بغض النظر عن خبرتهم وبينت الدراسة أن درجة الالتزام بالوظيفة تتأثر بالخبرة، ولصالح ذوي الخبرة العالية .

من خلال استعراض الدراسات السابقة نجد أن معظمها تناول الممارسات، والسلوكات، والكفايات، والأساليب، والأدوار، والتصور لبناء نظري، والصعوبات التي تقلل من فاعلية الإشراف التربوي ويمكن الإفادة منها في استخلاص المؤشرات التالية:

- أن الأساليب الإشرافية الحالية لم تكن بمستوى الطموح والرغبة لدى القائمين على العملية التعليمية التعلمية ومطلبهم الرئيس في الإشراف التربوي تحسين التعليم، على الرغم من إشارة بعض الدراسات إلى بعض التطور كما أن الدراسات تشير إلى أن ممارسات المشرفين التربويين ما زالت تراوح مكانها وعلى بعد من الأساليب المفضلة لدى المعلمين.

- اتفاق معظم الفئات ذات العلاقة المباشرة في الإشراف التربوي على أن هناك الكثير من الأساليب والكفايات المفضلة التي أوصت الدراسات بتنفيذها في العملية الإشرافية أهمها التدريب، الندوات، تبادل الزيارات، قيادة المشاغل، ورش العمل، الزيارات المتفق عليها ثم التقويم والتغذية الراجعة، مما يشير إلى أن الإشراف التشاركي الديمقراطي الذي يراعي العلاقات الإنسانية هو الأسلوب المفضل لدى الغالبية في حين يرفضون الأساليب التقليدية.

- يلاحظ مدى الاختلاف في تصورات المعلمين والمديرين والمشرفين عند تقديراتهم للأساليب والمهارات الممارسة أثناء تنفيذ العملية الإشرافية فمن واصف لهذه الأساليب بالجيدة إلى من يصفها بالفشل، وفي أحيان اتفاق حول المفهوم والأهداف وافتراق حول الممارسات، مما يشير إلى أن الممارسات الحالية للإشراف لم ترق إلى حالة النجاح بل تحد من فاعلية الإشراف في

ظل عدم مراعاة الأساليب المتطورة في ذلك والعودة إلى الأساليب القديمة التي أصبحت سلوكاً مرافقاً للمشرفين التربويين بسبب فترة شيوع التفتيش والتوجيه لفترة زمنية أطول.

- تشير الدراسات الحديثة في الإشراف التربوي إلى تطور ملموس في أعقاب برامج التدريب والتطوير للإشراف التربوي مما انعكس على الممارسات بوصفها ذات أثر إيجابي وخاصة في الجوانب التطبيقية بعد خضوع المشرفين إلى برامج تطويرية أكسبتهم الكثير من المهارات التعليمية التي وظفت في الواقع التربوي.

- معظم الدراسات العربية التي جرى بحثها تناولت تقويم النظم الإشرافية في البلاد العربية المختلفة من حيث الأهداف، والأسس، والأساليب التي تمارس من قبل المشرفين التربويين، ومدى تمكن المشرفين من الكفايات الإشرافية، والصعوبات التي تحول دون تطبيق الإشراف التربوي الفعّال حتى يصل إلى تحقيق الأهداف المنشودة منه، من وجهات نظر المشرفين أنفسهم أو المعلمين أو الاثنين معاً.

- أكدت معظم الدراسات أن المشرفين التربويين على وعي كامل بالنظم الإشرافية وأهدافها ولكنهم في حاجة ماسة إلى تطوير كفاياتهم المعرفية والعلمية وهذا ما تشير إليه غالبية التوصيات الواردة في هذه الدراسات وما جاء في بعض نتائجها.

- تناولت غالبية الدراسات واقع الإشراف التربوي في البلاد العربية مؤكدة على ضرورة بناء نموذج إشرافي متطور من خلال بناء البرامج التدريبية التطويرية لإكساب المشرفين التربويين الكفايات والمهارات الإشرافية لتصبح سهلة الاستخدام بعد شيوع أسلوب التفتيش وممارساته لفترة طويلة جداً مما طبع الممارسات الإشرافية الحالية ببعض الضعف والقصور أمام ما نطمح إليه من إشراف مبني على العلاقات الإنسانية.

- أكدت غالبية الدراسات على الصعوبات التي تواجه الإشراف التربوي الفعّال من مثل:

— ضخامة عدد المعلمين المناط بالمشرف التربوي الإشراف عليهم.

— قلة المواصلات وعدم توافرها في كل الأوقات.

— قلة الأجهزة والوسائل التعليمية.

— عدم كفاية الحوافز المادية والمعنوية.

— التزايد الدائم لأعداد المعلمين غير المدربين.

— نقص الخبرة الفنية لدى المشرفين التربويين.

وتأتي هذه الدراسة للإفادة من كافة وجهات النظر التي خلصت إليها الدراسات السابقة، والفئات المستهدفة منها لمعرفة جوانب الاختلاف، والاتفاق فيها، ولبيان مواطن القوة والضعف في الإشراف التربوي مـن وجهة نظر المشرفين التربويين ركيزة الإشراف التربوي، والشريك المقيم (مدير المدرسة) وكيف يمكن تقديم آلية جديدة لفاعلية الإشراف التربوي القائم ؟ وذلك بهدف الإسهام في العملية التربوية، وتطويرها، والوقوف على أهم المشكلات التي تقلل من الفاعلية إن وجدت.

والواضح في الدراسات السالفة الذكر عربية، وأجنبية يلاحظ أنها تناولت في معظمها جانبا أو مجالا إشرافيا بعينه، بينما تركز هذه الدراسة على جميع مجالات الإشراف التربوي بوصفه عملية متكاملة، وترصد غالبية المشكلات التي يعاني منها لتحقيق رؤية واضحة حول إمكانية تفعيل دور الإشراف التربوي في تحقيق الأهـداف التربوية وفي مقدمتها تحسين التدريس.

ويمكن القول بأن الدراسات السابقة، وإن كان بعضها قد أجري في بيئات ثقافية تختلف عن بيئة الدراسة الحالية إلا أنها أفادت كثيرا منها، ويظهر ذلك في عدة أمور يمكن إيراد أهمها على النحو التالي :

- أن عملية الإشراف التربوي تسعى الى تقويم العملية التعليمية التعلمية وتطويرها والوصول إلى أداء تعليمي فاعل.

- تكوين خلفية نظرية عن واقع الإشراف التربوي وما يعانيه من مشكلات، وممارسات غير صائبة.

- التعرف الى المنهجية العلمية المستخدمة من حيث المنهج والأدوات المستخدمة لوضع تصور للمنهج المستخدم في الدراسة الحالية.

- أن هناك بعض القصور لدى المشرفين التربويين في الممارسات، والكفايات الإشرافية، وتأتي هذه الدراسة لتحقيق إشراف تربوي متطور.

- أن نوعية الخدمات الإشرافية المقدمة للمعلمين لا تفي بأغراض الإشراف التربوي، وأهدافه.

- أن العلاقات القائمة بين المشرفين التربويين والمعلمين يغلب عليها طابع الرسمية أكثر من الطابع التشاركي الإنساني.

الـفـصـل الثاني
الدراسة الميدانية

الباب الأول : الطريقة والإجراءات

الباب الثاني : عرض النتائج ومناقشة التوصيات
المبحث الأول: عرض النتائج
المبحث الثاني: مناقشة النتائج والتوصيات

الباب الأول : الطريقة والإجراءات

- مشكلة الدراسة
- أسئلة الدراسة
- محددات الدراسة
- مصطلحات الدارسة
- منهج الدراسة
- مجتمع الدراسة
- عينة الدراسة
- أداة الدراسة
- متغيرات الدراسة
- صدق أداة الدراسة
- ثبات أداة الدراسة
- تطبيق الأداة
- المعالجة الإحصائية

الباب الثاني : عرض النتائج ومناقشة التوصيات

المبحث الأول: **عرض النتائج**

المبحث الثاني: **مناقشة النتائج والتوصيات**

أولا : مناقشة النتائج وتفسيرها

ثانيا: التوصيات

الفصل الثاني
الـدراسـة المـيدانيـة

الباب الأول : الطريقة والإجراءات

يتناول هذا الفصل إيضاحاً لمشكلة الدراسة وأسئلتها ومحدداتها والمصطلحات –التعريفات الإجرائية- فيها. ووصفٍ لمجتمع الدراسة وعينتها، والأداة المستخدمة فيها، وإجراءات بنائها وتطويرها، والخطوات التي اتبعت للتأكد من صدقها، وثباتها، والإجراءات المتبعة في جمع المعلومات، وعرض المتغيرات (المستقلة، والتابعة) إضافة إلى الطرق الإحصائية المستخدمة في تحليل البيانات وتفسيرها في الإجابة عن أسئلة الدراسة، ومعالجة واستخراج النتائج.

مشكلة الدراسة:

- تأتي هذه الدراسة في ظل المباشرة بتنفيذ المرحلة الثالثة للتطوير التربوي، وانتهاء المرحلة الثانية منه حيث ما زال النظام التربوي يعاني وبشكل واضح من ضعف مخرجاته وتدنيها ، في عصر المنافسة، والجودة العالمية، والتغيير، بدلالة انعدام التوازن بين مخرجات النظام، وحاجة المجتمع، رغم ارتفاع النفقات المالية المخصصة للتعليم في الأردن.

- الشعور بوجود قصور وخلل في جهاز الإشراف التربوي الذي لم يتمكن من تحقيق أهدافه في تحسين وتطوير العملية التعليمية التعلمية لأسباب عديدة أهمها عدم وضوح العلاقة بين المشرف التربوي والمشرف المقيم (مدير المدرسة) وضرورة إعداد الطرفين وتزويدهم بالمهارات اللازمة لعملهم الإشرافي.

- أمام هذا الواقع ومن خلال خبرة الباحث، ومعايشته للواقع الإشرافي، تبلورت الفكرة في ضرورة إجراء دراسة تهدف إلى معرفة الواقع الإشرافي الحالي وتقويمه بعد صدور دليل الإشراف التربوي لعام (٢٠٠٢- ٢٠٠٣م) ، ولهذا تتمثل مشكلة الدراسة بتحديد مدى فاعلية الإشراف التربوي ومشكلاته من

- وجهة نظر المشرفين التربويين ومديري المدارس الحكومية، وذلك من خلال الإجابة عن السؤالين الرئيسين التاليين:

ما مستوى فاعلية الإشراف التربوي من وجهة نظر المشرفين التربويين ومديري المدارس الحكومية ؟

ما المشكلات التي تقلل من فاعلية الإشراف التربوي من وجهة نظر المشرفين التربويين ومديري المدارس الحكومية ؟

أسئلة الدراسة:

تحاول الدراسة الإجابة عن الأسئلة التالية:

١. ما مستوى فاعلية الإشراف التربوي من وجهة نظر المشرفين التربويين في إقليم جنوب الأردن ؟

٢. هل تختلف وجهات نظر المشرفين التربويين حول فاعلية الإشراف التربوي باختلاف الجنس، المؤهل العلمي، الخبرة في الإشراف ؟

٣. ما مستوى فاعلية الإشراف التربوي من وجهة نظر مديري المدارس الحكومية في إقليم جنوب الأردن ؟

٤. هل تختلف وجهات نظر مديري المدارس الحكومية حول فاعلية الإشراف التربوي باختلاف الجنس، المؤهل العلمي، الخبرة في الإدارة المدرسية ؟

٥. هل توجد فروق بين وجهتي نظر كل من المشرفين التربويين ومديري المدارس حول فاعلية الإشراف التربوي في إقليم جنوب الأردن ؟

٦. ما هي المشكلات التي تقلل من فاعلية الإشراف التربوي كما يراها المشرفون التربويون؟

٧. ما هي المشكلات التي تقلل من فاعلية الإشراف التربوي كما يراها مديرو المدارس الحكومية ؟

٨. هل توجد فروق بين وجهتي نظر كل من المشرفين التربويين ومديري المدارس حول مشكلات الإشراف التربوي ؟

محددات الدراسة:

لأن الميدان الإشرافي التربوي من الميادين الواسعة والتي لا يمكن الإحاطة بجميع جوانبها مهما بذل الباحث من جهود وتوافر له من الإمكانات ، فإن الدراسة اقتصرت على الجانب الميداني للدراسة من حيث:

- اقتصرت الدراسة على المشرفين التربويين ومديري المدارس الحكومية في إقليم جنوب الأردن، ويشمل المحافظات الأربع : الكرك، الطفيلة، معان، العقبة، للعام الدراسي (٢٠٠٣- ٢٠٠٤م).

- اعتمدت هذه الدراسة على أراء المشرفين التربويين والمشرفات التربويات والمديرين والمديرات دون غيرهم في الإشراف التربوي.

- الحدود الزمانية: فترة إجراء الدراسة (٢٠٠٣- ٢٠٠٤م).

وفي ضوء ذلك فإن نتائجها التي يتم التوصل إليها تصدق على المجتمع الذي سحبت منه العينة، وهو مجتمع المشرفين التربويين ومديري المدارس في إقليم جنوب الأردن (الكرك، الطفيلة، معان، العقبة).

مصطلحات الدراسة :

الفاعلية: إنها القدرة على عمل شئ بكفاءة واقتدار وبمستوى معين من الأداء (درجة تحقيق الأهداف الموضوعة).

الإشراف التربوي: عملية تقديم الخبرة والاستشارة التربوية للمعلمين والمدرسة فنياً وإدارياً من قبل المشرفين بهدف تحسين الأداء .

المشرف التربوي: الموظف الذي عيّنته وزارة التربية والتعليم ليقوم بمهام الإشراف والتوجيه والتقويم على مجموعات من المعلمين ضمن تخصصه كما هو معمول به حالياً في واقع التربية في الأردن.

المشرف المقيم: موظف عيّنته الإدارة التربوية ليشغل مركز مدير مدرسة ويقوم بالمهام الإدارية والفنية على المستوى التربوي الأول في الأردن وهو المدرسة.

المشرف الفعال: هو الذي تتوافر فيه الكفايات والمهارات القيادية ويمارسها بمجالاتها المختلفة.

تطوير الإشراف: وهو تحسين عملية الإشراف التربوي، والنهوض بها لتحقيق مبادئ الإبداع والتجديد من خلال برامج تدريبية متخصصة، يتخللها فترات زمنية كافية للممارسات التطبيقية التي تعزز اكتساب المهارات اللازمة للمشرف التربوي.

التقويم: عملية تشخيصية دقيقة لإصدار حكم لواقع نظام الإشراف التربوي ومدخلاته وعملياته ومخرجاته، لاتخاذ قرار رشيد يؤدي إلى تطوير وتحديث هذا النظام ويتم بتحقيق الأهداف التربوية .

النمو المهني: عملية رفع الكفايات المعرفية والأدائية والاتجاهات، وهي عملية مستمرة من خلال اكتساب المعارف والمهارات ذات القيم والعلاقة .

الممارسة: هي الاستعمال العلمي للأفكار التجريدية في مناسبات خاصة ودقيقة .

إقليم الجنوب: محافظات المملكة الأردنية الهاشمية الأربع: الكرك، الطفيلة، معان، العقبة.

منهج الدراسة :

اعتمدت الدراسة على المنهج الوصفي والذي يتخذ من الاستبانة أداة لجمع المعلومات.

مجتمع الدراسة :

يتكون مجتمع الدارسة من جميع المشرفين والمشرفات في وزارة التربية والتعليم العاملين في محافظات الجنوب الأربع وهي : الكرك، الطفيلة، معان، والعقبة والبالغ عددهم (١٥٧)، وجميع المديرين والمديرات في المدارس الحكومية والبالغ عددهم (٥٣٦) للعام الدراسي (٢٠٠٣- ٢٠٠٤م)، موزعين على تسع مديريات وهي: قصبة الكرك، القصر، المزار الجنوبي، الأغوار الجنوبية، الطفيلة، معان، البتراء، الشوبك، ومديرية تربية العقبة، وكما يشير الجدول رقم(١)

الجدول رقم (١)

يوضح توزيع المشرفين والمشرفات والمديرين والمديرات على مديريات أقليم الجنوب

مديرية التربية والتعليم	المشرفون			المديرون		
	ذكور	إناث	المجموع	ذكور	إناث	المجموع
قصبة الكرك	٢٦	٧	٣٣	٣٣	٥٩	٩٢
القصر	١٣	٣	١٦	١٣	٣٦	٤٩
المزار الجنوبي	١٧	٣	٢٠	١٨	٤٢	٦٠
الأغوار الجنوبية	١٢	٢	١٤	١٢	١٣	٢٥
الطفيلة	٢٠	٢	٢٢	٣١	٦٥	٩٦
معان	١٤	٢	١٦	٢٤	٥٨	٨٢
البتراء	٠٩	-	٠٩	١٢	٢٦	٣٨
الشوبك	١٣	-	١٣	١٢	٢٢	٣٤
العقبة	١٢	٢	١٤	٢١	٣٩	٦٠
المجموع	١٣٦	٢١	١٥٧	١٧٦	٣٦٠	٥٣٦

عينة الدراسة:

تم اختيار عينة الدراسة من المشرفين والمشرفات بالطريقة العشوائية الطبقية بنسبة (٤٠%) من مجتمع الدراسة، وتتكون من (٦٣) مشرفا، ومشرفة، وبنسبة (٣٠%) للمديرين والمديرات، وتتكون من (١٦٣) مديراً،ومديرة، كما يشير الجدول رقم(٢).

جدول رقم (٢)

يوضح توزيع عينة الدراسة من المشرفين والمشرفات والمديرين والمديرات في إقليم الجنوب

مديرية التربية والتعليم	المشرفون			المديرون		
	ذكور	إناث	المجموع	ذكور	إناث	المجموع
قصبة الكرك	١٠	٣	١٣	١٠	١٨	٢٨
القصر	٥	١	٠٦	٤	١١	١٥
المزار الجنوبي	٧	١	٠٨	٥	١٣	١٨
الأغوار الجنوبية	٥	١	٠٦	٤	٠٤	٠٨
الطفيلة	٨	١	٠٩	٩	٢٠	٢٩
معان	٦	١	٠٧	٧	١٧	٢٤

البتراء	٤	-	٠٤	٤	٨	١٢
الشوبك	٤	-	٠٤	٤	٧	١١
العقبة	٥	١	٠٦	٦	١٢	١٨
المجموع	٥٤	٩	٦٣	٥٣	١١٠	١٦٣

أداة الدراسة :

قام الباحث بإعداد أداة الدراسة، وبنائها في استبانة واحدة، باعتبارها أداة لجمع المعلومات من أفراد العينة، لمعرفة فاعلية الإشراف التربوية، ومشكلاته في إقليم جنوب الأردن، من وجهة نظر المشرفين والمشرفات التربويات، والمديرين والمديرات، لعام (٢٠٠٣-٢٠٠٤م)، وقد اعتمد في إعدادها على الأدب النظري، والدراسات السابقة في مجال الإشراف، والإدارة المدرسية، كما اعتمد على أراء المحكمين وأفكارهم واقتراحاتهم من أعضاء هيئة التدريس في جامعة مؤتة، والأردنية، واليرموك، وعمان العربية، والبلقاء التطبيقية في الأردن، وجامعة الخرطوم، والعلوم والتكنولوجيا، وجامعة أفريقيا في السودان وقد شملت الدراسة ثلاثة محاور هي:-

المحور الأول : احتوى على المعلومات الشخصية لعينة الدراسة من المشرفين، والمشرفات والمديرين، والمديريات من حيث:

- الجنس في فئتين : (ذكور، إناث)
- المؤهل العلمي في ثلاث فئات: بكالوريوس فأقل، بكالوريوس ودبلوم، ماجستير ودكتوراه.
- الخبرة الإشرافية والإدارية في ثلاث فئات :(أقل من خمس سنوات)، (٥-١٠ سنوات)، (أكثر من ١٠سنوات)
- طبيعة العمل في فئتين : مشرف /مدير.

المحور الثاني : يحتوي مجالات فاعلية الإشراف التربوية من حيث:

- أهداف الإشراف التربوي.
- تنظيم الإشراف التربوي.
- وظائف الإشراف التربوي.

- أساليب الإشراف المتبعة.
- أساليب التقويم المتبعة.

المحور الثالث : ويحتوي مشكلات الإشراف التربوي على النحو التالي:

- المشكلات الاقتصادية.
- المشكلات الإدارية.
- المشكلات الفنية.
- المشكلات الشخصية.

وقد تضمنت هذه المحاور مجموعة المعلومات، والأفكار، والمهارات، التي تدلل على الفاعلية من جانب، وعلى مشكلات الإشراف التربوي من جانب أخر، بعد إجراء عمليات التحكيم اللازمة لها.

متغيرات الدراسة:

المتغيرات المستقلة.

١- **الجنس في فئتين:** - ذكر - انثى

٢- **المؤهل العلمي في ثلاثة مستويات** : بكالوريوس فأقل - بكالوريوس+ دبلوم- ماجستير ودكتوراه

٣- **الخبرة إدارية وإشرافية في ثلاثة مستويات** : اقل من خمس سنوات، ٥-١٠ سنوات، أكثر من ١٠سنوات.

الجدول رقم(٣): يوضح توزيع متغير الجنس وعدد كل فئة ونسبتها المئوية

متغيرات الدراسة	المستويات	المشرفون	النسبة المئوية	المديرون	النسبة
الجنس	ذكور	٥٤	%٥٠.٥	٥٣	%٤٩.٥
	إناث	٩	%٧.٦	١١٠	%٩٢.٤

يتضح من الجدول السابق أنه بالنسبة للمشرفين التربويين أن الغالب ذكور حيث بلغت نسبتهم ٥٠.٥% في حين جاءت نسبة الإناث ٧.٦%، أما بالنسبة للمديريين فإن الغالب إناث بنسبة ٩٢.٤%، في حين جاءت نسبة الذكور ٤٩.٥%.

الجدول رقم(٤)

يوضح توزيع متغيري المؤهل العلمي والخبرة الإشرافية والإدارية للفئة المستهدفة

متغيرات الدراسة	المستويات		المشرفون	النسبة المئوية	المديرون	النسبة
المؤهل العلمي	بكالوريوس فأقل	ذكور	٤	٨٠%	١	٢٠%
		إناث	١	٤.٨%	٢٠	٩٥.٢%
	بكالوريوس+ دبلوم تربية	ذكور	٣١	٤٦.٣%	٣٦	٥٣.٧%
		إناث	٦	٨.٢%	٦٧	٩١.٨%
	ماجستير ودكتوراه	ذكور	١٩	٥٤.٣%	١٦	٤٥.٧%
		إناث	٢	٨%	٢٣	٩٢%
الخبرة/ إشرافية إدارية	أقل من ٥ سنوات	ذكور	٥	٣٥.٧%	٩	٦٤.٣%
		إناث	٢	٧.٤%	٢٥	٩٢.٦%
	٥-١٠ سنوات	ذكور	٢٩	٤٧.٥%	٣٢	٥٢.٥%
		إناث	٤	٩.١%	٤٠	٩٠.٩%
	١٠ سنوات فأكثر	ذكور	٢٠	٦٢.٥%	١٢	٣٧.٥%
		إناث	٣	٦.٣%	٤٥	٩٣.٧%

يتضح من الجدول السابق أنه بالنسبة للمشرفين التربويين الذين كانوا يحملون مؤهل علمي بكالوريوس+دبلوم من فئة الذكور بلغت نسبتهم ٤٦.٣%، أما بالنسبة للمديريين فأن الذين كانوا يحملون مؤهل علمي بكالوريوس+دبلوم من فئة الإناث بلغت نسبتهم ٩١.٨%.

ويتضح من الجدول السابق أنه بالنسبة للمشرفين التربويين الذين كان لديهم خبرة وظيفية من ٥-١٠ سنوات من فئة الذكور بلغت نسبتهم ٤٧.٥%، أما بالنسبة

للمديريين فأن الذين كانت لديهم خبرة وظيفية أكثر من ١٠ سنوات من فئة الإناث بلغت نسبتهم ٩٣.٧%.

المتغيرات التابعة:

١- فاعلية الإشراف التربوية ممثلة في مجالاته التي أدرجت في الأداة المستخدمة (الاستبانة) وتشمل المجالات التالية:

- أهداف الإشراف التربوي تمثله الفقرات (١-٨).
- تنظيم الإشراف التربوي تمثله الفقرات (٩-٢٠).
- وظائف الإشراف التربوي تمثله الفقرات (٢١-٣٤).
- أساليب الإشراف المتبعة تمثله الفقرات (٣٥-٤٧).
- أساليب القويم المتبعة تمثله الفقرات (٤٨-٦٠).

٢- مشكلات الإشراف التربوي وتمثله المجالات:

- المشكلات الاقتصادية تمثله الفقرات (٦١-٦٤).
- المشكلات الإدارية تمثله الفقرات (٦٥-٨٤).
- المشكلات الفنية تمثله الفقرات (٨٥-٩٤).
- المشكلات الشخصية تمثله الفقرات (٩٥-١٠٠).

وتتمثل الفاعلية والمشكلات التي تقلل من الفاعلية بتقديرات المشرفين والمشرفات التربويين ومديري المدارس الحكومية ومديراتها على فقرات أداة الدراسة(الاستبانة) بمحوريها الثاني والثالث.

واستخدم الباحث مقياس (ليكرت) Likert ذي التدريج الخماسي لتقدير ذلك، ومدى تأثير المشكلات، بهدف تقويم الواقع الإشرافي في إقليم جنوب الأردن، وأهم المشكلات التي تقلل من فاعليته، حيث أعطي لكل إجابة تحمل عبارة عالية جداً علامة(٥)، وعالية علامة(٤)، ومتوسطة(٣) ومنخفضة علامة(٢) وإجابة منخفضة جداّ علامة (١) وذلك على النحو التالي:

عالية جداً	عالية	متوسطة	منخفضة	منخفضة جداً
٥	٤	٣	٢	١

هـذا وقد اتبع الباحث الخطوات التالية في إعداد الاستبانة وبنائها وتطويرها، والتأكد من صدقها، وثباتها، وهي:

- دراسة كافة المفاهيم، والمهارات، والنظم، والأساليب التي تضمنها برنامج تطوير الإشراف التربوي في أعقاب مؤتمر التطوير التربوي المنعقد عام ١٩٨٧م.

- تحليل المراحل، والأهداف، والمرتكزات والوظائف، والتقويم، والهيكل التنظيمي للإشراف التربوي بعد صدور دليل الإشراف(٢٠٠٢ -٢٠٠٣م)، وجميع أنوع الإشراف التربوي للإفادة من كل ذلك في بناء فقرات الاستبانة.

- الاطلاع على الأدب التربوي ذي العلاقة بموضوع الدراسة، وعلى الدراسات السابقة للاستفادة منها في بناء فقرات الاستبانة.

- بناء الاستبانه في صورتها الاولية، حيث بلغ مجموع فقراتها (٧٠) فقرة للمحور الثاني، وهو الإشراف التربوي، وزعت على خمسة مجالات، و(٤٤) فقرة للمحور الثالث، وهو المشكلات التي تقلل من فاعلية الإشراف التربوي، وبعد إجراء عملية التحكيم للاستبانه حسب المنهج المتبع في الدراسات التربوية، تم اعتماد(٦٠) فقرة موزعة على مجالات الإشراف التربوي، و(٤٠)أربعون فقرة للمشكلات، وبهذا يكون مجموع فقرات الاستبانة بعد تحكيمها(١٠٠) فقرة موزعة على قسمين: الأول لمجالات الأشراف ممثلاً بـ(٦٠) فقرة، والثاني للمشكلات ممثلاً بـ(٤٠) فقرة، لتقويم الأشراف التربوي في أقليم جنوب الأردن واقعه ومشكلاته كما يشير الملحق رقم(٢).

صدق أداة الدراسة:

للتعرف إلى مدى صدق الأداة المصممة، أعتمد الباحث على الصدق الظاهري للتأكد من ارتباط فقرات الاستبانة بالمجالات التي صممت من أجلها للتحقق من صدق هذه الأداة وهو "أن أداة القياس تقيس فعلاً ما وضعت لقياسه"(١)، في معرفة فاعلية الإشراف التربوي والمشكلات التي تقلل من فاعليته، ولقد تم عرض الاستبانة بصيغتها الأولية على(١٣) ثلاثة عشر محكماً من أساتذه التربية، والمتخصصين الأكاديميين، وأعضاء هيئة التدريس في الجامعات الأردنية والجامعات السودانية، للتحقق من مدى صدق فقرات الاستبانة، ولقد تم

(١) عبدالحميد،جابر، وخيري،أحمد(١٩٨٧م)،مناهج البحث في التربية، القاهرة،دار النهضة العربية، ٢٧٨.

الأخذ بملاحظاتهم، وإعادة صياغة بعض الفقرات، وإجراء التعديلات المطلوبة، بشكل دقيق يحقق التوازن بين مضامين الاستبانة في فقراتها، وفضلاً عن ذلك، فقد جرى عرض الاستبانة على عينة اختيارية قوامها(٤٠) مبحوثاً من مجتمع الدراسة، بغرض التعرف على درجة فهم المبحوثين للاستبانة، وعبروا عن رغبتهم في التفاعل مع فقراتها، مما أكد على صدق الأداة.

ثبات أداة الدراسة:

تم استخراج معامل الثبات من خلال معامل كرونباخ ألفا- Cronbachs, Coefficient Alpha - للاتساق الداخلي-Internal Consistency للقياس، على مستوى المتغيرات المدروسة من جهة والصيغة النهائية الكلية، من جهة أخرى، وكانت النتائج كما هي موضحة في الجدول رقم (٥) التالي:

جدول رقم (٥)

قيمة معامل الثبات **(الاتساق الداخلي لكل متغير وبعد من متغيرات وأبعاد الدراسة والأداة)**

رقم الفقرة في الاستبانة	اسم المتغير والبعد	معامل الثبات (كرونباخ ألفا)
١-١٠٠	الثبات الكلي للأستبانة	٠.٩٥٩٦
١-٦٠	فاعلية الإشراف التربوي	٠.٩٤٧٨
١-٨	أهداف الإشراف التربوي	٠.٨٥٣٥
٩-٢٠	تنظيم الإشراف التربوي	٠.٧٩١٤
٢١-٣٤	وظائف الإشراف التربوي	٠.٨٦٢٤
٣٥-٤٧	أساليب الإشراف المتبعة	٠.٨١٥٧
٤٨-٦٠	أساليب القويم المتبعة	٠.٨٧٠١

٦١-١٠٠	مشكلات الإشراف التربوي	٠.٩١٥٧
٦٠-٦٤	المشكلات الاقتصادية	٠.٨٧٥٧
٦٥-٨٤	المشكلات الإدارية	٠.٨٠٢٧
٨٥-٩٤	المشكلات الفنية	٠.٨٥٢٦
٩٥-١٠٠	المشكلات الشخصية	٠.٨٣٤٦

يتبين من خلال الجدول رقم (٥) أن معاملات الثبات لجميع متغيرات وأبعاد الدراسة، مرتفعة ومناسبة لأغراض إجراء الدراسة، مما يدلل على درجة كبيرة من التجانس بين المبحوثين.

تطبيق الأداة :

بعد التاكد من صدق اداة الدراسة وثباتها قام الباحث بتوزيع الاستبانه على عينة الدراسة والبالغ عددهم (٦٣) مشرفا ومشرفة و(١٦٣) مديراً ومديرة، وذلك من خلال زيارة مديرياتهم وتوزيع الاستبانه عليهم في مراكز عملهم، حيث وزعت على المشرفين التربويين مباشرة في مديرياتهم من قبل الباحث الذي طلب اعادة الاستبانه بعد تطبيقها الى رؤوساء أقسام الاشراف التربوي في المديريات المشمولة بالدراسة حيث أتفق معهم على ضرورة استعادة الاستبانه خلال اسبوع من توزيعها، واستبدال المتعذر اعادتها او صلاحيتها او عدم دقتها.

أما بالنسبة للمديرين والمديرات فقد اعتمد الباحث في توزيعها البريد الرسمي للمدارس وسيلة في ايصالها الى العينة التي تم اختيارها في كل مديرية مع مراعاة احتساب بدل التالف او غير الصالح للدراسة بعد التعبئة حيث وضع نسبة زيادة تجاوزت١٠% من مجموع الاستبانات ليتلافى أي نقص قد يحصل، وطلب الى الزملاء من مديرين ومديرات ضرورة اعادتها خلال اسبوع من توزيعها الى رؤوساء أقسام الاشراف في المديريات للتيسير على عينة الدراسة في اعادتها.

وطلب الباحث من افراد العينة قراءة المعلومات والاجابة عنها بدقة، وقراءة الجزئين الثاني والثالث بغرض تحديد مستوى الفاعلية والمشكلات التي تقلل من

فاعلية الاشراف التربوي، والاجابة عليها بوضع اشارة (X) في المكان المناسب حسب التدريج الخماسي لكل فقرة، كما قام الباحث بجمع استبانات الدراسة من المديريات بنفسه، حيث اعيد اليه منها(٦٣) استبانه تمثل المشرفين المشرفات و(١٦٣) للمديرين والمديرات أي ما نسبته ١٠٠% من العينة المراد دراستها، لمراعاة الباحث الزيادة المبدئية في الاستبانات الموزعة تلافيا للنقص وعدم الملاءمة.

المعالجة الإحصائية:

لغرض الاجابة على أسئلة الدراسة، فقد اعتمدت الدراسة على الرزمة الإحصائية (SPSS) في التحليل، من خلال استخدام الأساليب الإحصائية التالية:

١- مقاييس الإحصاء الوصفي (Descriptive Statistic Measures) وذلك لوصف خصائص عينة الدراسة، اعتماداً على النسب المئوية، والإجابة عن أسئلة الدراسة وترتيب أبعاد الدراسة حسب أهميتها النسبية بالاعتماد على متوسطاتها الحسابية.

٢- تحليل التباين الأحادي (ANOVA) لاختبار فروقات المتغيرات الديمغرافية على تصورات المبحوثين إزاء المتغيرات التابعة.

الباب الثاني:

عرض النتائج ومناقشة التوصيات

المبحث الأول: عرض النتائج

فيما يلي عرض لنتائج التحليل الإحصائي الوصفي للبيانات، وهي قيمة المتوسطات الحسابية والانحرافات المعيارية والأهمية النسبية لجميع أبعاد الدراسة، والفقرات المكونة لكل بعد، مع الأخذ بعين الاعتبار أن تدريج المقياس المستخدم في الدراسة كما يلي :

عالية جداً	عالية	متوسطة	منخفضة	منخفضة جداً
(٥)	(٤)	(٣)	(٢)	(١)

واستناداً إلى ذلك فإن قيم المتوسطات الحسابية التي وصلت إليها الدراسة، سيتم التعامل معها لتفسير البيانات على النحو التالي :

مرتفع	متوسط	منخفض
٣.٥ فما فوق	٢.٥-٣.٤٩	١-٢.٤٩

وبناءً على ذلك فإذا كانت قيمة المتوسط الحسابي للفقرات أكبر من (٣.٥) فيكون مستوى التصورات مرتفعاً، وهذا يعني موافقة أفراد العينة على الفقرة، أما إذا كانت قيمة المتوسط الحسابي(٢.٥-٣.٤٩) فإن مستوى التصورات متوسطاً،وإذا كان المتوسط الحسابي أقل من(٢.٤٩) فيكون مستوى التصورات منخفضاً.

السؤال الأول: ما مستوى فاعلية الإشراف التربوي من وجهة نظر المشرفين التربويين في إقليم الجنوب؟

جدول رقم (٦)

المتوسطات الحسابية والانحرافات المعيارية والأهمية النسبية لإجابات أفراد العينة عن أبعاد فاعلية الإشراف التربوي.

تسلسل الفقرات	اسم المتغير	المتوسط الحسابي	الانحراف المعياري	الأهمية النسبية	الترتيب حسب الأهمية النسبية
١-٨	أهداف الإشراف التربوي	٣.٨٦٩٠	٠.٤١٧٩	%٧٧.٣٨	١
٩-٢٠	تنظيم الإشراف التربوي	٣.٦٩٧١	٠.٤٠٣٤	% ٧٣.٩٤	٤
٢١-٣٤	وظائف الإشراف التربوي	٣.٧٤٧٢	٠.٣٦٥٨	% ٧٤.٩٤	٢
٣٥-٤٧	أساليب الإشراف المتبعة	٣.٧٤٦٠	٠.٤٦٥٦	% ٧٤.٩٢	٣
٤٨-٦٠	أساليب التقويم المتبعة	٣.٦٨٢٥	٠.٤٦٩٨	% ٧٣.٦٥	٥
١-٦٠	المتوسط العام	٣.٧٤٨٤	٠.٣٦١٨	% ٧٤.٩٧	-

يتبين من الجدول رقم(٦) أن المتوسط العام لأبعاد متغيرات الدراسة (فاعلية الإشراف التربوي) كان مرتفعاً حيث بلغ(٣.٧٤٨٤) وبأهمية نسبية بلغت(٧٤.٩٧%)، مما يؤشر بوجود رضى بدرجة مرتفعة لدى أفراد مجتمع الدراسة على فاعلية الإشراف التربوي، واحتل متغير أهداف الإشراف التربوي المرتبة الأولى بمتوسط حسابي بلغ (٣.٨٦٩٠) وأهمية نسبية بلغت

(٧٧.٣٨%)، تلاها في ذلك وظائف الإشراف التربوي بمتوسط حسابي بلغ(٣.٧٤٧٢)، وأهمية نسبية بلغت (٧٤.٩٤%). وجاءت أساليب الإشراف المتبعة في المرتبة الثالثة بمتوسط حسابي بلغ (٣.٧٤٦٠)، وأهمية نسبية بلغت(٧٤.٩٢%). في حين جاء تنظيم الإشراف التربوي في المرتبة الرابعة بمتوسط حسابي(٣.٦٩٧١), وأهمية نسبية(٧٣.٩٤%). ثم جاءت أساليب التقويم المتبعة في المرتبة الأخيرة بمتوسط حسابي(٣.٦٨٢٥), وأهمية نسبية(٧٣.٦٥%).

أولاً: بعد أهداف الإشراف التربوي

جدول رقم (٧)

المتوسطات الحسابية والانحرافات المعيارية والأهمية النسبية لإجابات أفراد العينة

عن فاعلية الإشراف التربوي في إقليم الجنوب فيما يتعلق ببعد أهداف الإشراف التربوي.

التأثير حسب المتوسط الحسابي	الترتيب حسب الأهمية	الأهمية النسبية	الانحراف المعياري	المتوسط الحسابي	أهداف الإشراف التربوي:	رقم الفقرة
مرتفعة	٥	٧٨.٤١%	٠.٦٥٥٠	٣.٩٢٠٦	محددة بدقة	١
مرتفعة	٣	٧٨.٧٣%	٠.٥٣٥٠	٣.٩٣٦٥	مرنة قابلة للتعديل	٢
مرتفعة	٤	٧٤.٦٠%	٠.٦٥٢٧	٣.٧٣٠٢	تخضع للمتابعة والتقويم المستمرين	٣
مرتفعة	١	٨٦.٠٣%	٠.٥٥٧٥	٤.٣٠١٦	مستمدة من فسلفة التعليم في الأردن	٤
مرتفعة	٧	٧٤.٢٩%	٠.٦٨٢٢	٣.٧١٤٣	تراعي مستويات أداء المعلمين في الميدان	٥
مرتفعة	٨	٧٠.٤٨%	٠.٨٣٩٧	٣.٥٢٣٨	يرتكز عليها العمل الإداري المدرسي	٦
مرتفعة	٢	٨٢.٢٢%	٠.٥٩٨٧	٤.١١١١	تستلزم التعاون بين أطراف الإشراف	٧
مرتفعة	٦	٧٤.٢٩%	٠.٧٠٥٥	٣.٧١٥٣	توضع في ضوء المخرجات المراد تحقيقها من التعليم	٨
مرتفعة		٧٨.٤١%	٠.٤١٧٩	٣.٨٦٩٠	المتوسط العام	

يتبين من الجدول رقم (٧) أن المتوسط العام لفقرات متغير الدراسة (أهداف الإشراف التربوي) كان عالياً حيث بلغ (٣.٨٦٩٠) وبأهمية نسبية بلغت (٧٨.٤١%)، مما يؤشر على أن أهداف الإشراف التربوي ذات أهمية لأفراد العينة بدرجة عالية، واحتلت الفقرة أن أهداف الإشراف التربوي مستمدة من فلسفة التعليم في الأردن المرتبة الأولى بمتوسط حسابي بلغ (٤.٣٠١٦) وأهمية نسبية بلغت(٨٦.٠٣%)، تلاها أن أهداف الإشراف التربوي تستلزم التعاون بين أطراف الإشراف بمتوسط حسابي بلغ (٤.١١١١)، وأهمية نسبية بلغت (٨٢.٢٢%). وجاءت الفقرة أن أهداف الإشراف التربوي مرنة قابلة للتعديل في المرتبة الثالثة بمتوسط حسابي بلغ (٣.٩٣٦٥)، وأهمية نسبية بلغت (٧٨.٧٣%). في حين جاءت الفقرة أن أهداف الإشراف التربوي يرتكز عليها العمل الإداري المدرسي في المرتبة الأخيرة بمتوسط حسابي بلغ (٣.٥٢٣٨)، وأهمية نسبية بلغت (٧٠.٤٨%).

وهذه التصورات الإيجابية حول أهداف الإشراف التربوي تبرز في فلسفة التعليم والتي تراعي مستويات أداء التعليم في الأردن وتخضع هذه العملية للمتابعة والتقويم المستمرين من أجل أن توضع في ضوء المخرجات المراد تحقيقها من التعليم.

ثانياً: بعد تنظيم الإشراف التربوي

جدول رقم (٨)

المتوسطات الحسابية والانحرافات المعيارية والأهمية النسبية لإجابات أفراد العينة

عن فاعلية الإشراف التربوي في إقليم الجنوب فيما يتعلق ببعد تنظيم الإشراف التربوي.

رقم الفقرة	تنظيم الإشراف التربوي:	المتوسط الحسابي	الانحراف المعياري	الأهمية النسبية(%)	الترتيب حسب الأهمية	التأثير حسب المتوسط الحسابي
٩	تهيئ فرصاً للتواصل بين الوزارة والمديرية والمدرسة	٣.٧١٤٣	٠.٦٨٢٢	%٧٤.٢٩	٧	مرتفعة
١٠	يحقق التفاعل بين دور المشرف في المدرية ودوره الخاص لمبحثه	٣.٨٢٥٤	٠.٥٨٣١	%٧٦.٥١	٤	مرتفعة
١١	يتيح المجال لمتابعة وتقويم البرامج الإشرافية	٣.٧٦١٩	٠.٧١٢٠	%٧٥.٢٤	٥	مرتفعة
١٢	يوفر نماذج توثيقية للفعاليات الإشرافية المختلفة	٤.٢٦٩٨	٠.٦٧٧٠	%٨٥.٤٠	١	مرتفعة
١٣	يخصص عدداً مناسباً من المعلمين لكل مشرف	٢.٩٨٤١	٠.٨٨٨٩	%٥٩.٦٨	١٢	متوسطة

١٤	يتيح للمشرفين التربويين متابعة كافة فعاليات المدرسة.	٣.٥٥٥٦	٠.٨٣٨٢	%٧١.١١	١٠	مرتفعة
١٥	يساعد الوزارة وأقسام الإشراف على رسم الخطط التطويرية	٣.٥٨٧٣	٠.٦٦٣٢	%٧١.٧٥	٩	مرتفعة
١٦	يدعم روح التعاون بين أطراف الإشراف	٣.٦١٩٠	٠.٦٥٨٢	%٧٢.٣٨	٨	مرتفعة
١٧	يستخدم الوسائل والأساليب المناسبة في الأشراف	٣.٧٤٦٠	٠.٦٢١٣	%٧٤.٩٢	٦	مرتفعة
١٨	يراعي امتلاك الكفايات الأساسية للعمل الإشرافي	٣.٨٥٧١	٠.٤٧٠٣	%٧٧.١٤	٣	مرتفعة
١٩	يراعي ضرورة المعرفة بإمكانات البيئة وكيفية استغلالها	٣.٥٢٣٨	٠.٥٣٤٥	%٧٠.٤٨	١١	مرتفعة
٢٠	يحدد معايير خاصة في اختيار المشرفين التربويين	٣.٩٢٠٦	٠.٧٤٧١	%٧٨.٤١	٢	مرتفعة
	المتوسط العام	٣.٦٩٧١	٠.٤٠٣٤	%٧٣.٩٤	-	مرتفعة

يتبين من الجدول رقم (٨) أن المتوسط العام لفقرات متغير الدراسة (تنظيم الإشراف التربوي) كان عالياً حيث بلغ (٣.٦٩٧١) وبأهمية نسبية بلغت (٧٣.٩٤%)، مما يؤشر على أن تنظيم الإشراف التربوي ذو أهمية لأفراد العينة بدرجة عالية، واحتلت الفقرة أن تنظيم الإشراف التربوي يوفر نماذج توثيقية للفعاليات الإشرافية المختلفة في المرتبة الأولى بمتوسط حسابي بلغ (٤.٢٦٩٨) وأهمية نسبية بلغت(٨٥.٤٠%)، تلاها أن تنظيم الإشراف التربوي يحدد معايير خاصة في اختيار المشرفين التربويين بمتوسط حسابي بلغ (٣.٩٢٠٦)، وأهمية نسبية بلغت (٧٨.٤١%). وجاءت الفقرة أن تنظيم الإشراف التربوي يراعي ضرورة المعرفة بإمكانات البيئة وكيفية استغلالها في المرتبة الثالثة بمتوسط حسابي بلغ(٣.٨٥٧١)،وأهمية نسبية بلغت(٧٧.١٤%) في حين جاءت الفقرة أن تنظيم الإشراف التربوي يخصص عدداً مناسباً من المعلمين لكل مشرف في المرتبة الأخيرة بمتوسط حسابي بلغ(٢.٩٨٤١)، وأهمية نسبية بلغت (٥٩.٦٨%).

ثالثاً: بعد وظائف الإشراف التربوي

جدول رقم (٩)

المتوسطات الحسابية والانحرافات المعيارية والأهمية النسبية لإجابات أفراد العينة

عن فاعلية الإشراف التربوي في أقليم الجنوب فيما يتعلق ببعد وظائف الإشراف التربوي.

رقم الفقرة	وظائف الإشراف التربوي:	المتوسط الحسابي	الانحراف المعياري	الأهمية النسبية(%)	الترتيب حسب الأهمية	التأثير حسب المتوسط الحسابي
٢١	تساعد على تحقيق الرضى الوظيفي للمعلمين	٣.٤٩٢١	٠.٦٦٩٠	%٦٩.٨٤	١٤	متوسطة
٢٢	تزيد من التنسيق بين لمدرسة ومديرية التربية	٣.٨٥٧١	٠.٥٦٣٩	%٧٧.١٤	٥	مرتفعة
٢٣	تطور من اداء المعلمين داخل الصفوف	٣.٩٥٢٤	٠.٣٧٨٠	%٧٩.٠٥	٢	مرتفعة
٢٤	تعمل على توطيد العلاقة بين المشرف التربوي والمعلم	٣.٩٣٦٥	٠.٥٦٣٤	%٧٨.٧٣	٣	مرتفعة
٢٥	تحقق النمو المهني لجميع أطراف الإشراف	٣.٧٣٠٢	٠.٦٧٧٠	%٧٤.٦٠	٨	مرتفعة
٢٦	تسهم في الدراسة التحليلية للمناهج	٣.٧٤٦٠	٠.٦٧١٣	%٧٤.٩٢	٧	مرتفعة

٢٧	تضع ضوابط للمواقف التعليمية وتسيرها في الاتجاه المنشود	٣.٥٧١٤	٠.٦١٤٧	٧١.٤٣%	١٢	مرتفعة
٢٨	تنمي مهارات التخطيط التعاوني بين المعلم والمشرف والمدير	٣.٦٦٦٧	٠.٦٢٢٢	٧٣.٣٣%	٩	مرتفعة
٢٩	تحقق التكامل بين المشرف التربوي والمشرف المقيم	٣.٦١٩٠	٠.٨١١٨	٧٢.٣٨%	١١	مرتفعة
٣٠	تنظم تبادل الزيارات بين المعلمين بالتنسيق مع إداراتهم	٣.٨٠٩٥	٠.٦٦٨٦	٧٦.١٩%	٦	مرتفعة
٣١	توثق للمعلومات داخل الصفوف أثناء الزيارة الصفية	٤.٠٠٠	٠.٥٣٨٨	٨٠.٠٠%	١	مرتفعة
٣٢	تسهم في تطوير المدرسة من كافة جوانبها	٣.٦٣٤٩	٠.٦٠٣٨	٧٢.٧٠%	١٠	مرتفعة
٣٣	تقدم خدمات فنية في مجال التخصص	٣.٩٢٠٦	٠.٦٠٣٨	٧٨.٤١%	٤	مرتفعة
٣٤	توظف تكنولوجيا المعلومات في المواد الدراسية	٣.٥٢٣٨	٠.٧١٥٢	٧٠.٤٨%	١٣	مرتفعة
	المتوسط العام	٣.٧٤٧٢	٠.٣٦٥٨	٧٤.٩٤%	-	مرتفعة

يتبين من الجدول رقم (٩) أن المتوسط العام لفقرات متغير الدراسة (وظائف الإشراف التربوي) كان عالياً حيث بلغ(٣.٧٤٧٢) وبأهمية نسبية بلغت(٧٤.٩٤%)، مما يؤشر على أن وظائف الإشراف التربوي ذات أهمية لأفراد العينة بدرجة عالية، واحتلت الفقرة أنها توثق للمعلومات داخل الصفوف أثناء الزيارة الصفية المرتبة الأولى بمتوسط حسابي بلغ(٤.٠٠٠) وأهمية نسبية بلغت(٨٠%)، تلاها أن وظائف الإشراف التربوي تطور من أداء المعلمين داخل الصفوف بمتوسط حسابي بلغ(٣.٩٥٢٤)، وأهمية نسبية بلغت (٧٩.٠٥%). وجاءت الفقرة أن تنظيم وظائف الأشراف التربوي يعمل على توطيد العلاقة بين المشرف التربوي والمعلم في المرتبة الثالثة بمتوسط حسابي بلغ(٣.٩٣٦٥)، وأهمية نسبية بلغت(٧٨.٧٣%). في حين جاءت الفقرة أن وظائف الإشراف التربوي تساعد على تحقيق الرضى الوظيفي للمعلمين في المرتبة الأخيرة بمتوسط حسابي بلغ(٣.٤٩٢١)، وأهمية نسبية بلغت (٦٩.٨٤%).

رابعاً: بعد أساليب الإشراف المتبعة

جدول رقم (١٠)

المتوسطات الحسابية والانحرافات المعيارية والأهمية النسبية لإجابات أفراد العينة عن فاعلية الإشراف التربوي في إقليم الجنوب فيما يتعلق ببعد أساليب الإشراف المتبعة.

رقم الفقرة	أساليب الإشراف المتبعة	المتوسط الحسابي	الانحراف المعياري	الأهمية النسبية	الترتيب حسب الأهمية	التأثير حسب المتوسط الحسابي
٣٥	تقدم دروساً تطبيقية نموذجية يتمثلها المعلمون	٣.٥٢٣٨	٠.٧١٥٢	%٧٠.٤٨	١١	مرتفعة
٣٦	توفر مناخاً للتفاعل بين المشرف والمعلم والمشرف المقيم	٣.٦٠٣٢	٠.٦٣٦٠	%٧٢.٠٦	٨	مرتفعة
٣٧	تدرب المعلم على تحديد وصياغة الأهداف التعليمية	٤.١٢٧٠	٠.٦٠٨٩	%٨٢.٥٤	١	مرتفعة
٣٨	تؤكد على ضرورة الزيارات المكثفة للمعلمين في الميدان	٣.٩٢٠٦	٠.٧٨٩١	%٧٨.٤١	٣	مرتفعة
٣٩	توفر فرصاً لحل المشكلات المتعلقة بإدارة الصف	٣.٨٤١٣	٠.٦٥٢٧	%٦٧.٨٣	٦	مرتفعة
٤٠	تحقق قدراً كافياً للقاء بالمعلمين إشرافياً	٤.٠٣١٧	٠.٨٠٢٦	%٨٠.٦٣	٢	مرتفعة
٤١	تحسن جوانب العمل الإشرافي وتطوره مستقبلاً	٣.٨٨٨٩	٠.٦٥٠٣	%٧٧.٧٨	٥	مرتفعة
٤٢	تشرك المعلم وتقبل أفكاره الهادفة إلى تطوير الإشراف التربوي	٣.٤٧٦٢	٠.٧٥٩٠	%٦٩.٥٢	١٣	متوسطة

٤٣	توثق الصلة بين المشرف المقيم والمشرف التربوي	٣.٥٨٧٣	٠.٧١٠٢	%٧١.٧٥	١٠	مرتفعة
٤٤	تحدد الظواهر السلبية أثناء الزيارات وتحلها	٣.٦٩٨٤	٠.٦٨٧١	%٧٣.٩٧	٧	مرتفعة
٤٥	تحلل التفاعل الصفي ومجرياته المتعددة	٣.٩٠٤٨	٠.٦١٤٧	%٧٨.١٠	٤	مرتفعة
٤٦	تعمل على التنويع في الواجبات البيتئة	٣.٥٠٧٩	٠.٦٩٢٧	%٧٠.١٦	١٢	مرتفعة
٤٧	توظف الاتجاهات الحديثة ووسائلها المختلفة	٣.٥٨٧٣	٠.٧٥٤٢	%٧١.٧٥	٩	مرتفعة
	المتوسط العام	٣.٧٤٦٠	٠.٤٦٥٦	%٧٤.٩٢	-	مرتفعة

يتبين من الجدول رقم (١٠) أن المتوسط العام لفقرات متغير الدراسة (أساليب الإشراف المتبعة) كان عالياً حيث بلغ(٣.٧٤٦٠) وبأهمية نسبية بلغت(٧٤.٩٢%)، مما يؤشر على أن أساليب الإشراف المتبعة ذات أهمية لأفراد العينة بدرجة عالية، واحتلت الفقرة أنها تدرب المعلم على تحديد وصياغة الأهداف التعليمية المرتبة الأولى بمتوسط حسابـي بلغ(٤.١٢٧٠) وأهمية نسبية بلغت(٨٢.٥٤%)، تلاها أن أساليب الإشراف المتبعة تحقق قدراً كافياً للقاء بالمعلمين إشرافياً بمتوسط حسابي بلغ(٤.٠٣١٧)، وأهمية نسبية بلغت (٨٠.٦٣%). وجاءت الفقرة أن أساليب الأشراف التربوي تؤكد على ضرورة الزيارات المكثفة للمعلمين في الميدان في المرتبة الثالثة بمتوسط حسابي بلغ(٣.٩٢٠٦)، وأهمية نسبية بلغت(٧٨.٤١%). في حين جاءت الفقرة أن أساليب الإشراف التربوي تشرك المعلم وتقبل أفكاره الهادفة إلى تطوير الإشراف التربوي في المرتبة الأخيرة بمتوسط حسابي بلغ(٣.٤٧٦٢)، وأهمية نسبية بلغت (٦٩.٥٢%).

خامساً: بعد أساليب التقويم المتبعة

جدول رقم (١١)

المتوسطات الحسابية والانحرافات المعيارية والأهمية النسبية لإجابات أفراد العينة عن فاعلية الإشراف التربوي في إقليم الجنوب فيما يتعلق ببعد أساليب التقويم المتبعة.

رقم الفقرة	أساليب التقويم المتبعة	المتوسط الحسابي	الانحراف المعياري	الأهمية النسبية	الترتيب حسب الأهمية	التأثير حسب المتوسط الحسابي
٤٨	تركز على نواتج التعليم باعتباره مؤشرا على فاعلية المعلم	٣.٦٦٦٤	٠.٥٩٥٧	%٧٣.٣٣	٨	مرتفعة
٤٩	يقوم أداء المعلمين بعدالة	٣.٧٩٢٧	٠.٦٧٥٨	%٧٥.٨٦	٤	مرتفعة
٥٠	عملية دائمة مستمرة في كافة المراحل	٣.٧٩٣٧	٠.٧٨٦١	%٧٥.٨٧	٣	مرتفعة
٥١	يتم بالتعاون بين من لهم صلة بالإشراف	٣.٦١٨٩	٠.٧٣٨٥	%٧٢.٣٨	١٠	مرتفعة
٥٢	يدرس النتائج ويقارنها بأهداف التعليم	٣.٦١٩٠	٠.٧٢٨٠	%٧٢.٣٨	٩	مرتفعة
٥٣	يستخدم بدائل تقويمية متعددة لمعرفة أداء المعلمين	٣.٧٧٧٨	٠.٦٨٢٦	%٧٥.٥٦	٥	مرتفعة
٥٤	يجمع بين الجوانب النظرية والتطبيقية	٣.٧٦١٩	٠.٥٥٩٨	%٧٥.٢٤	٦	مرتفعة
٥٥	يكتشف مواطن الخلل والضعف عند المعلم ويحللها	٣.٩٥٢٤	٠.٥٢١٤	%٧٩.٠٥	١	مرتفعة

مرتفعة	٢	٧٦.١٩%	٠.٥٦٣٩	٣.٨٠٩٥	يصدر أحكاماً قيمية على أعمال المعلم داخل الصف	٥٦
متوسطة	١٢	٦٩.٨٤%	٠.٦٦٩٠	٣.٤٩٢١	يحلل صعوبات التعلم عند الطلبة	٥٧
مرتفعة	١١	٧٠.١٦%	٠.٦٤٤٤	٣.٥٠٧٩	يضع استراتيجيات لمعالجة صعوبات التعليم	٥٨
متوسطة	١٣	٦٨.٢٥%	٠.٦٨٧٠	٣.٤١٢٧	يقوم نتائج تحصيل الطلبة ويعمل على تحسينها	٥٩
مرتفعة	٧	٧٣.٣٣%	٠.٧١٨٤	٣.٦٦٦٧	يوجه المعلمين باستخدام نتائج التقويم لتطوير مستوى تحصيل الطلبة	٦٠
مرتفعة	-	٧٣.٦٥%	٠.٤٦٩٨	٣.٦٨٢٥	المتوسط العام	

يتبين من الجدول رقم (١١) أن المتوسط العام لفقرات متغير الدراسة (أساليب التقويم المتبعة) كان عالياً حيث بلغ(٣.٦٨٢٥) وبأهمية نسبية بلغت(٧٣.٦٥%)، مما يؤشر على أن أساليب التقويم المتبعة ذات أهمية لأفراد العينة بدرجة عالية، واحتلت الفقرة أنه يكتشف مواطن الخلل والضعف عند المعلم ويحللها المرتبة الأولى بمتوسط حسابي بلغ(٣.٩٥٢٤) وأهمية نسبية بلغت(٧٩.٠٥%)، تلاها أن أساليب التقويم التربوي يصدر أحكاماً قيمية على أعمال المعلم داخل الصف بمتوسط حسابي بلغ(٣.٨٠٩٥)، وأهمية نسبية بلغت (٧٦.١٩%). وجاءت الفقرة أن أساليب التقويم المتبعة عملية دائمة مستمرة في كافة المراحل في المرتبة الثالثة بمتوسط حسابي بلغ (٣.٧٩٣٧)، وأهمية نسبية بلغت(٧٥.٨٧%). في حين جاءت الفقرة أن أساليب التقويم المتبعة تقوم على تحليل

نتائج الطلبة وتعمل على تحسينها في المرتبة الأخيرة بمتوسط حسابي بلغ (٣.٤١٢٧)، وأهمية نسبية بلغت (٦٨.٢٥%).

السؤال الثاني: هل تختلف وجهات نظر المشرفين التربويين حول فاعلية الإشراف التربوي باختلاف الجنس، المؤهل العلمي، الخبرة في الإشراف؟
أولاً: اختلاف وجهات نظر المشرفين التربويين حول فاعلية الإشراف التربوي باختلاف الجنس.

جدول رقم (١٢)
نتائج تحليل التباين الأحادي (ANOVA) لتصورات المبحوثين حول فاعلية الإشراف التربوي باختلاف الجنس.

مستوى دلالة (F)	قيمة (F) المحسوبة	المتوسط الحسابي	درجات الحرية	فئة المتغير	اسم المتغير
٠.٦٣٧	٠.٢٢٥	٣.٨٥٨٨	(١، ٦١)	ذكر	أهداف الإشراف التربوي
		٣.٩٣٠٦		أنثى	
٠.٥٧٠	٠.٣٢٦	٣.٦٨٥٢	(١، ٦١)	ذكر	تنظيم الإشراف التربوي
		٣.٧٦٨٥		أنثى	
٠.٧٧٣	٠.٠٨٤	٣.٧٥٢٦	(١، ٦١)	ذكر	وظائف الإشراف التربوي
		٣.٧١٤٣		أنثى	
٠.٢٥٥	١.٣٢٣	٣.٧٧٣٥	(١، ٦١)	ذكر	أساليب الإشراف المتبعة
		٣.٥٨١٢		أنثى	
٠.٦٨٩	٠.١٦١	٣.٦٩٢٣	(١، ٦١)	ذكر	أساليب التقويم المتبعة
		٣.٦٢٣٩		أنثى	
٠.٨٢٧	٠.٠٤٨	٣.٧٥٢٥	(١، ٦١)	ذكر	فاعلية الإشراف التربوي
		٣.٧٢٣٧		أنثى	

* جميع قيم (F) المحسوبة غير معنوية على مستوى دلالة (α= ٠.٠١)

يتبين من المعطيات الإحصائية في الجدول رقم (١٢)، بأنه لا توجد فروقات ذات دلالة إحصائية بين تصورات المبحوثين حول (فاعلية الإشراف التربوي، أهداف الإشراف التربوي، تنظيم الإشراف التربوي، وظائف الإشراف التربوي، أساليب الإشراف المتبعة، أساليب التقويم المتبعة)، تعزى لمتغير الجنس استناداً إلى انخفاض قيم (F) المحسوبة، عن قيمة (F) الجدولية على مستوى دلالة(α= ٠.٠٥).

ثانياً: اختلاف وجهات نظر المشرفين التربويين حول فاعلية الإشراف التربوي باختلاف المؤهل العلمي.

جدول رقم (١٣)

نتائج تحليل التباين الأحادي (ANOVA) لتصورات المبحوثين حول فاعلية الإشراف التربوي باختلاف المؤهل العلمي.

اسم المتغير	فئة المتغير	درجات الحرية	المتوسط الحسابي	قيمة (F) المحسوبة*	مستوى دلالة (F)
أهداف الإشراف التربوي	بكالوريوس فأقل بكالوريوس+دبلوم ماجستير ودكتوراه	(٢، ٦٠)	٣,٨٧٥٠ ٣,٨٤٤٦ ٣,٩١٠٧	٠,١٦٤	٠,٨٤٩
تنظيم الإشراف التربوي	بكالوريوس فأقل بكالوريوس+دبلوم ماجستير ودكتوراه	(٢، ٦٠)	٣,٦٠٠٠ ٣,٦٨٤٧ ٣,٧٤٢١	٠,٢٨٦	٠,٧٥٢
وظائف الإشراف التربوي	بكالوريوس فأقل بكالوريوس+دبلوم ماجستير ودكتوراه	(٢، ٦٠)	٣,٦١٤٣ ٣,٧٨١٩ ٣,٧١٧٧	٠,٥٥٦	٠,٥٧٦
أساليب الإشراف المتبعة	بكالوريوس فأقل بكالوريوس+دبلوم ماجستير ودكتوراه	(٢، ٦٠)	٣,٦٧٦٩ ٣,٧٥٤٧ ٣,٧٤٧٣	٠,٠٦٠	٠,٩٤٢
أساليب التقويم المتبعة	بكالوريوس فأقل بكالوريوس+دبلوم ماجستير ودكتوراه	(٢، ٦٠)	٣,٤٧٦٩ ٣,٧٣٣٩ ٣,٦٤١٠	٠,٧٧٦	٠,٤٦٥
فاعلية الإشراف التربوي	بكالوريوس فأقل بكالوريوس+دبلوم ماجستير ودكتوراه	(٢، ٦٠)	٣,٦٤٨٦ ٣,٧٥٩٩ ٣,٧٥١٧	٠,٢٠٤	٠,٨١٦

* جميع قيم (F) المحسوبة غير معنوية على مستوى دلالة (α= ٠,٠١)

يتبين من المعطيات الإحصائية في الجدول رقم (١٣)، بأنه لا توجد فروقات ذات دلالة إحصائية بين تصورات المبحوثين حول (فاعلية الإشراف التربوي، أهداف الإشراف التربوي، تنظيم الإشراف التربوي، وظائف الإشراف التربوي، أساليب الإشراف المتبعة، أساليب التقويم المتبعة)، تعزى لمتغير المؤهل العلمي استناداً إلى انخفاض قيم (F) المحسوبة، عن قيمة (F) الجدولية على مستوى دلالة (α= ٠.٠٥).

ثالثاً: اختلاف وجهات نظر المشرفين التربويين حول فاعلية الإشراف التربوي باختلاف الخبرة الإشرافية.

جدول رقم (١٤)

نتائج تحليل التباين الأحادي (ANOVA) لتصورات المبحوثين حول فاعلية الإشراف التربوي باختلاف الخبرة الإشرافية.

مستوى دلالة (F)	قيمة (F) المحسوبة*	المتوسط الحسابي	درجات الحرية	فئة المتغير	اسم المتغير
٠,٣١٢	١,١٨٩	٣,٦٤٢٩ ٣,٨٨٦٤ ٣,٩١٣٠	(٢، ٦٠)	أقل من ٥ سنوات ٥-١٠ سنوات أكثر من ١٠ سنوات	أهداف الإشراف التربوي
٠,٦٧٣	٠,٣٩٨	٣,٥٨٣٣ ٣,٦٩١٩ ٣,٧٣٩١	(٢، ٦٠)	أقل من ٥ سنوات ٥-١٠ سنوات أكثر من ١٠ سنوات	تنظيم الإشراف التربوي
٠,٩٨٤	٠,٠١٦	٣,٧٣٤٧ ٣,٧٤٢٤ ٣,٧٥٧٨	(٢، ٦٠)	أقل من ٥ سنوات ٥-١٠ سنوات أكثر من ١٠ سنوات	وظائف الإشراف التربوي
٠,٧٢٦	٠,٣٢٢	٣,٧٦٩٢ ٣,٧٠١٦ ٣,٨٠٢٧	(٢، ٦٠)	أقل من ٥ سنوات ٥-١٠ سنوات أكثر من ١٠ سنوات	أساليب الإشراف المتبعة
٠,٥٩٩	٠,٥١٧	٣,٦٣٧٤ ٣,٦٣٦٤ ٣,٧٦٢٥	(٢، ٦٠)	أقل من ٥ سنوات ٥-١٠ سنوات أكثر من ١٠ سنوات	أساليب التقويم المتبعة
٠,٦٩٣	٠,٣٦٨	٣,٦٧٣٥ ٣,٧٣١٧ ٣,٧٩٥٠	(٢، ٦٠)	أقل من ٥ سنوات ٥-١٠ سنوات أكثر من ١٠ سنوات	فاعلية الإشراف التربوي

* جميع قيم (F) المحسوبة غير معنوية على مستوى دلالة (٠,٠١ = α)

يتبين من المعطيات الإحصائية في الجدول رقم (١٤)، بأنه لا توجد فروقات ذات دلالة إحصائية بين تصورات المبحوثين حول (فاعلية الإشراف التربوي، أهداف الإشراف التربوي، تنظيم الإشراف التربوي، وظائف الإشراف التربوي، أساليب الإشراف المتبعة، أساليب التقويم المتبعة)، تعزى لمتغير الخبرة الإشرافية استناداً إلى انخفاض قيم (F) المحسوبة، عن قيمة (F) الجدولية على مستوى دلالة (α= ٠.٠٥).

السؤال الثالث: ما مستوى فاعلية الإشراف التربوي من وجهة نظر مديري المدارس الحكومية في إقليم الجنوب؟

جدول رقم (١٥)

المتوسطات الحسابية والانحرافات المعيارية والأهمية النسبية لإجابات أفراد العينة عن أبعاد فاعلية الإشراف التربوي من وجهة نظر المديرين.

الترتيب حسب الأهمية النسبية	الأهمية النسبية(%)	الانحراف المعياري	المتوسط الحسابي	اسم المتغير	تسلسل الفقرات
١	٧٣.٩٠%	٠.٣٨٤٧	٣.٦٩٤٨	أهداف الإشراف التربوي	٨-١
٢	٧٢.٠٣%	٠.٤٢٦٥	٣.٦٠١٧	تنظيم الإشراف التربوي	٢٠-٩
٣	٧٠.٠٤%	٠.٤٠٧٦	٣.٥٠٢٢	وظائف الإشراف التربوي	٣٤-٢١
٤	٦٧.٩٢%	٠.٤٤٤٣	٣.٣٩٥٩	أساليب الإشراف المتبعة	٤٧-٣٥
٥	٦٧.٧١%	٠.٤٣٠٣	٣.٣٨٥٦	أساليب التقويم المتبعة	٦٠-٤٨
-	٧٠.٣٢%	٠.٣٦١٧	٣.٥١٦٠	المتوسط العام	٦٠-١

يتبين من الجدول رقم(١٥) أن المتوسط العام لأبعاد متغيرات الدراسة (فاعلية الإشراف التربوي من وجهة نظر المديرين) كان مرتفعاً حيث بلغ(٣.٥١٦٠) وبأهمية نسبية بلغت(٧٠.٣٢%)، مما يؤشر بوجود رضى بدرجة مرتفعة لدى أفراد مجتمع الدراسة على فاعلية الإشراف التربوي من وجهة نظر المديرين، واحتل متغير أهداف الإشراف التربوي المرتبة الأولى بمتوسط حسابي

بلغ(٣.٦٩٤٨) وأهمية نسبية بلغت(٧٣.٩٠%)، تلاها تنظيم الإشراف التربوي بمتوسط حسابي بلغ(٣.٦٠١٧)، وأهمية نسبية بلغت(٧٢.٠٣%). وجاء بُعد وظائف الإشراف التربوي في المرتبة الثالثة بمتوسط حسابي بلغ(٣.٥٠٢٢)، وأهمية نسبية بلغت(٧٠.٠٤%). في حين جاءت أساليب الإشراف المتبعة في المرتبة الرابعة بمتوسط حسابي(٣.٣٩٥٩), وأهمية نسبية(٦٧.٩٢%).ثم جاءت أساليب التقويم المتبعة في المرتبة الأخيرة بمتوسط حسابي(٣.٣٨٥٦) وأهمية نسبية(٦٧.٧١%).

جدول رقم (١٦)

المتوسطات الحسابية والانحرافات المعيارية والأهمية النسبية لإجابات أفراد العينة عن فاعلية الإشراف التربوي في إقليم الجنوب فيما يتعلق ببعد أهداف الإشراف التربوي.

رقم الفقرة	أهداف الإشراف التربوي:	المتوسط الحسابي	الانحراف المعياري	الأهمية النسبية(%)	الترتيب حسب الأهمية	**التأثير حسب المتوسط الحسابي**
١	محددة بدقة	٣,٧٤٨٦	٠,٥٣٦٨	%٧٤,٩٨	٣	مرتفعة
٢	مرنة قابلة للتعديل	٣,٧٤٨٥	٠,٥٤٨٢	%٧٤,٩٧	٤	مرتفعة
٣	تخضع للمتابعة والتقويم المستمرين	٣,٥٩٥١	٠,٦٥٣٩	%٧١,٩٠	٦	مرتفعة
٤	مستمدة من فلسفة التعليم في الأردن	٣,٩٨٧٧	٠,٦٠٨٥	%٧٩,٧٥	١	مرتفعة
٥	تراعي مستويات أداء المعلمين في الميدان	٣,٦٢٥٨	٠,٧٢٩٣	%٧٢,٥٢	٥	مرتفعة
٦	يرتكز عليها العمل الإداري المدرسي	٣,٣٤٣٦	٠,٧٤٨٥	%٦٦,٨٧	٨	متوسطة
٧	تستلزم التعاون بين أطراف الإشراف	٣,٩٥٧١	٠,٥٢٥٣	%٧٩,١٤	٢	مرتفعة
٨	توضع في ضوء المخرجات المراد تحقيقها من التعليم	٣,٥٥٢١	٠,٥٦٨٢	%٧١,٠٤	٧	مرتفعة
	المتوسط العام	٣,٦٩٤٨	٠,٣٨٤٧	%٧٣,٩٠	-	مرتفعة

يتبين من الجدول رقم (١٦) أن المتوسط العام لفقرات متغير الدراسة (أهداف الإشراف التربوي) كان عالياً حيث بلغ(٣.٦٩٤٨) وبأهمية نسبية بلغت(٧٣.٠%)، مما يؤشر على أن أهداف الإشراف التربوي ذات أهمية لأفراد العينة بدرجة عالية، واحتلت الفقرة أن أهداف الإشراف التربوي مستمدة من فلسفة التعليم في الأردن المرتبة الأولى بمتوسط حسابي بلغ (٣.٩٨٧٧) وأهمية نسبية بلغت (٧٩.٧٥%)، تلاها أن أهداف الإشراف التربوي تستلزم التعاون بين أطراف الإشراف بمتوسط حسابي بلغ (٣.٩٥٧١)، وأهمية نسبية بلغت (٧٩.١٤%). وجاءت الفقرة أن أهداف الإشراف التربوي محددة بدقة في المرتبة الثالثة بمتوسط حسابي بلغ(٣.٧٤٨٦)، وأهمية نسبية بلغت(٧٤.٩٨%). في حين جاءت الفقرة أن أهداف الإشراف التربوي يرتكز عليها العمل الإداري المدرسي في المرتبة الأخيرة بمتوسط حسابي بلغ (٣.٣٤٣٦)، وأهمية نسبية بلغت (٦٦.٨٧%).

ثانياً: بعد تنظيم الإشراف التربوي

جدول رقم (١٧)

المتوسطات الحسابية والانحرافات المعيارية والأهمية النسبية لإجابات أفراد العينة عن فاعلية الإشراف التربوي في إقليم الجنوب فيما يتعلق ببعد تنظيم الإشراف التربوي.

التأثير حسب المتوسط الحسابي	الترتيب حسب الأهمية	الأهمية النسبية(%)	الانحراف المعياري	المتوسط الحسابي	تنظيم الإشراف التربوي:	رقم الفقرة
مرتفعة	٥	٧٤.١١%	٠.٦٢٧٩	٣.٧٠٥٥	تهيئ فرصاً للتواصل بين الوزارة،والمديرية، والمدرسة	٩
مرتفعة	٢	٧٥.٩٦%	٠.٦٢٠٢	٣.٧٩٧٦	يحقق التفاعل بين دور المشرف في المدرسة ودوره الخاص لمبحثه	١٠
مرتفعة	٣	٧٥.٩٥%	٠.٥٤٦١	٣.٧٩٧٥	يتيح المجال لمتابعة وتقويم البرامج الإشرافية	١١
مرتفعة	١	٨١.٩٦%	٠.٦٢٠٨	٤.٠٩٨٢	يوفر نماذج توثيقية للفعاليات الإشرافية المختلفة	١٢
متوسطة	١٢	٦٢.٩٤%	٠.٨٧٦٥	٣.١٤٧٢	يخصص عدداً مناسباً من المعلمين لكل مشرف	١٣

متوسطة	١٠	%٦٧.٧٣	٠.٧١٤٣	٣.٣٨٦٥	يتيح للمشرفين التربويين متابعة كافة فعاليات المدرسة.	١٤
مرتفعة	٩	%٧٠.٠٦	٠.٧١٤٧	٣.٥٠٣١	يساعد الوزارة وأقسام الإشراف على رسم الخطط التطويرية	١٥
مرتفعة	٦	%٧٣.١٣	٠.٥٧٠٧	٣.٦٥٦٤	يدعم روح التعاون بين أطراف الإشراف	١٦
مرتفعة	٨	%٧٠.١٨	٠.٦٩٧٢	٣.٥٠٩٢	يستخدم الوسائل والأساليب المناسبة في الإشراف	١٧
مرتفعة	٧	%٧١.٢٩	٠.٦٨٥٣	٣.٥٦٤٤	يراعي امتلاك الكفايات الأساسية للعمل الإشرافي	١٨
متوسطة	١١	%٦٥.٢٨	٠.٦١٦٩	٣.٢٦٣٨	يراعي ضرورة المعرفة بإمكانات البيئة وكيفية استغلالها	١٩
مرتفعة	٤	%٧٥.٨٣	٠.٧٢٤٠	٣.٧٩١٤	يحدد معايير خاصة في اختيار المشرفين التربويين	٢٠
مرتفعة	-	%٧٢.٠٣	٠.٤٢٦٥	٣.٦٠١٧	المتوسط العام	

يتبين من الجدول رقم (١٧) أن المتوسط العام لفقرات متغير الدراسة (تنظيم الإشراف التربوي من وجهة نظر مديري المدارس) كان عالياً حيث بلغ(٣.٦٠١٧) وبأهمية نسبية بلغت (٧٢.٠٣%)، مما يؤشر على أن تنظيم الإشراف التربوي ذو أهمية لأفراد العينة بدرجة عالية، واحتلت الفقرة أن تنظيم الإشراف التربوي يوفر نماذج توثيقية للفعاليات الإشرافية المختلفة المرتبة الأولى بمتوسط حسابي بلغ(٤.٠٩٨٢) وأهمية نسبية بلغت(٨١.٩٦%)، تلاها أن تنظيم الإشراف التربوي يحقق التفاعل بين دور المشرف في المديرية ودوره الخاص لمبحثه بمتوسط حسابي بلغ(٣.٧٩٧٦)، وأهمية نسبية بلغت (٧٥.٩٦%). وجاءت الفقرة أن تنظيم الإشراف التربوي يتيح المجال لمتابعة وتقويم البرامج الإشرافية في المرتبة الثالثة بمتوسط حسابي بلغ(٣.٧٩٧٥)، وأهمية نسبية بلغت(٧٥.٩٥%). في حين جاءت الفقرة أن تنظيم الإشراف التربوي يخصص عدداً مناسباً من المعلمين لكل مشرف في المرتبة الأخيرة بمتوسط حسابي بلغ(٣.١٤٧٢)، وأهمية نسبية بلغت (٦٢.٩٤%).

ثالثاً: بعد وظائف الإشراف التربوي

جدول رقم (١٨)

المتوسطات الحسابية والانحرافات المعيارية والأهمية النسبية لإجابات أفراد العينة عن فاعلية الإشراف التربوي في إقليم الجنوب فيما يتعلق ببعد وظائف الإشراف التربوي.

رقم الفقرة	وظائف الإشراف التربوي:	المتوسط الحسابي	الانحراف المعياري	الأهمية النسبية(%)	الترتيب حسب الأهمية	التأثير حسب المتوسط الحسابي
٢١	تساعد على تحقيق الرضى الوظيفي للمعلمين	٣,٠٧٩٨	٠,٧٩٣٣	%٦١,٦٠	١٤	متوسطة
٢٢	تزيد من التنسيق بين لمدرسة ومديرية التربية	٣,٦٣٨٠	٠,٥٣٠٨	%٧٢,٧٦	٥	مرتفعة
٢٣	تطور من أداء المعلمين داخل الصفوف	٣,٨٤٦٧	٠,٥٦٢٠	%٧٦,٩٣	٢	مرتفعة
٢٤	تعمل على توطيد العلاقة بين المشرف التربوي والمعلم	٣,٨٧٧٣	٠,٥٨٦٥	%٧٧,٥٥	١	مرتفعة
٢٥	تحقق النمو المهني لجميع أطراف الإشراف	٣,٤٢٩٤	٠,٦٨٤٧	%٦٨,٥٩	٩	متوسطة
٢٦	تسهم في الدراسة التحليلية للمناهج	٣,٤٩٦٩	٠,٧١٤٧	%٦٩,٩٤	٦	متوسطة
٢٧	تضع ضوابط للمواقف التعليمية وتسيرها في الاتجاه المنشود	٣,٣١٢٩	٠,٧٢٤٥	%٦٦,٢٦	١١	متوسطة

متوسطة	١٠	٦٦,٩٩%	٠,٦١٤٠	٣,٣٤٩٧	تنمي مهارات التخطيط التعاوني بين المعلم والمشرف والمدير	٢٨
متوسطة	٨	٦٩,٤٥%	٠,٦٤١٣	٣,٤٧٢٤	تحقق التكامل بين المشرف التربوي والمشرف المقيم	٢٩
متوسطة	٧	٦٩,٦٩%	٠,٦٧٩١	٣,٤٨٤٧	تنظم تبادل الزيارات بين المعلمين بالتنسيق مع إداراتهم	٣٠
مرتفعة	٣	٧٦,٩٣%	٠,٥٧٦٢	٣,٨٤٦٦	توثق للمعلومات داخل الصفوف أثناء الزيارة الصفية	٣١
متوسطة	١٢	٦٦,١٣%	٠,٦٥١٠	٣,٣٠٦٧	تسهم في تطوير المدرسة من كافة جوانبها	٣٢
مرتفعة	٤	٧٥,٢١%	٠,٥٣٠٩	٣,٧٦٠٧	تقدم خدمات فنية في مجال التخصص	٣٣
متوسطة	١٣	٦٢,٥٨%	٠,٧٠٤٠	٣,١٢٨٨	توظف تكنولوجيا المعلومات في المواد الدراسية	٣٤
مرتفعة	-	٧٠,٠٤%	٠,٤٠٧٦	٣,٥٠٢٢	المتوسط العام	

يتبين من الجدول رقم(١٨) أن المتوسط العام لفقرات متغير الدراسة (وظائف الإشراف التربوي) كان عالياً حيث بلغ(٣,٥٠٢٢) وبأهمية نسبية بلغت(٧٠,٠٤%)، مما يؤشر على أن وظائف الإشراف التربوي ذات أهمية لأفراد العينة بدرجة عالية، واحتلت الفقرة تعمل على توطيد العلاقة بين المشرف التربوي والمعلم المرتبة الأولى بمتوسط حسابي بلغ (٣,٨٧٧٣) وأهمية نسبية بلغت(٧٧,٥٥%)، تلاها أن وظائف الإشراف التربوي تؤدي إلى تطور اداء المعلمين داخل الصفوف بمتوسط حسابي بلغ(٣,٨٤٦٧)، وأهمية نسبية

بلغت (٧٦,٩٣%). وجاءت الفقرة أن تنظيم وظائف الأشراف التربوي تعمل على توثيق للمعلومات داخل الصفوف أثناء الزيارة الصفية في المرتبة الثالثة بمتوسط حسابي بلغ(٣,٨٤٦٦)، وأهمية نسبية بلغت(٧٦,٩٣%). في حين جاءت الفقرة أن وظائف الإشراف التربوي تساعد على تحقيق الرضى الوظيفي للمعلمين في المرتبة الأخيرة بمتوسط حسابي بلغ(٣,٠٧٩٨)، وأهمية نسبية بلغت(٦١,٦٠%).

رابعاً: بعد أساليب الإشراف المتبعة

جدول رقم (١٩)

المتوسطات الحسابية والانحرافات المعيارية والأهمية النسبية لإجابات أفراد العينة عن فاعلية الإشراف التربوي في إقليم الجنوب فيما يتعلق ببعد أساليب الإشراف المتبعة.

رقم الفقرة	أساليب الإشراف المتبعة	المتوسط الحسابي	الانحراف المعياري	الأهمية النسبية(%)	الترتيب حسب الأهمية	التأثير حسب المتوسط الحسابي
٣٥	تقدم دروساً تطبيقية نموذجية يتمثلها المعلمون	٣,٠٤٢٩	٠,٧٧٢٦	٦٠,٨٦%	١٢	متوسطة
٣٦	توفر مناخاً للتفاعل بين المشرف والمعلم والمشرف المقيم	٣,٢٨٨٣	٠,٥٧٤٤	٦٥,٧٧%	٩	متوسطة
٣٧	تدرب المعلم على تحديد الأهداف التعليمية وصياغتها	٣,٨٤٦٦	٠,٥٨٥٣	٧٦,٩٣%	١	مرتفعة
٣٨	تؤكد على ضرورة الزيارات المكثفة للمعلمين في الميدان	٣,٥٧٦٧	٠,٧٤٤٥	٧١,٥٣%	٤	مرتفعة
٣٩	توفر فرصاً لحل المشكلات المتعلقة بإدارة الصف	٣,٥٠٣١	٠,٦١٢٤	٧٠,٠٦%	٥	مرتفعة
٤٠	تحقق قدراً كافياً للقاء بالمعلمين إشرافياً	٣,٦٥٦٤	٠,٧٨٠٨	٧٣,١٣%	٣	مرتفعة
٤١	تحسن جوانب العمل الإشرافي وتطوره مستقبلاً	٣,٤٧٨٥	٠,٦٥١١	٦٩,٥٧%	٦	متوسطة

٤٢	تشرك المعلم وتقبل أفكاره الهادفة إلى تطوير الإشراف التربوي	٣,١٤١١	٠,٦٢٦٢	٦٢,٨٢%	١١	متوسطة
٤٣	توثق الصلة بين المشرف المقيم والمشرف التربوي	٣,٢٩٤٥	٠,٥٩٧٧	٦٥,٨٩%	٨	متوسطة
٤٤	تحدد الظواهر السلبية أثناء الزيارات وتحلها	٣,٤٢٣٣	٠,٥٩٧٣	٦٨,٤٧%	٧	متوسطة
٤٥	تحلل التفاعل الصفي ومجرياته المتعددة	٣,٧١٧٨	٠,٦٥٢٧	٧٤,٣٦%	٢	مرتفعة
٤٦	تعمل على التنويع في الواجبات البيتئة	٣,١٦٥٦	٠,٦٧٨٣	٦٣,٣١%	١٠	متوسطة
٤٧	توظف الاتجاهات الحديثة ووسائلها المختلفة	٣,٠١٢٣	٠,٧٦٩٧	٦٠,٢٥%	١٣	متوسطة
	المتوسط العام	٣,٣٩٥٩	٠,٤٤٤٣	٦٧,٩٢%	-	متوسطة

يتبين من الجدول رقم (١٩) أن المتوسط العام لفقرات متغير الدراسة (أساليب الإشراف المتبعة) كان متوسطاً حيث بلغ(٣,٣٩٥٩) وبأهمية نسبية بلغت(٦٧,٩٢%)، مما يؤشر على أن أساليب الإشراف المتبعة ذات أهمية لأفراد العينة بدرجة متوسطة، واحتلت الفقرة أنها تدرب المعلم على تحديد وصياغة الأهداف التعليمية المرتبة الأولى بمتوسط حسابي بلغ(٣,٨٤٦٦) وأهمية نسبية بلغت(٧٦,٩٣%)، تلاها أن أساليب الإشراف المتبعة تحلل التفاعل الصفي ومجرياته المتعددة بمتوسط حسابي بلغ(٣,٧١٨٧)، وأهمية نسبية بلغت (٧٤,٣٦%). وجاءت الفقرة أن أساليب الأشراف التربوي تحقق قدراً كافياً للقاء بالمعلمين إشرافياً في المرتبة الثالثة بمتوسط حسابي بلغ(٣,٦٥٦٤)، وأهمية نسبية بلغت(٧٣,١٣%). في حين جاءت الفقرة أن أساليب الإشراف التربوي توظف الاتجاهات ووسائلها المختلفة في المرتبة الأخيرة بمتوسط حسابي بلغ (٣,٠١٢٣)، وأهمية نسبية بلغت (٦٠,٢٥%).

خامساً: بعد أساليب التقويم المتبعة

جدول رقم (٢٠)

المتوسطات الحسابية والانحرافات المعيارية والأهمية النسبية لإجابات أفراد العينة عن فاعلية الإشراف التربوي في إقليم الجنوب فيما يتعلق ببعد أساليب التقويم المتبعة.

رقم الفقرة	أساليب التقويم المتبعة	المتوسط الحسابي	الانحراف المعياري	الأهمية النسبية	الترتيب حسب الأهمية	التأثير حسب المتوسط الحسابي
٤٨	تركز على نواتج التعليم باعتباره مؤشرا على فاعلية المعلم	٣,٣٨٠٤	٠,٦٤٩٩	%٦٧,٦١	٨	مرتفعة
٤٩	يقوم أداء المعلمين بعدالة	٣,٤٠٤٩	٠,٦٣٤٨	%٦٨,١٠	٧	مرتفعة
٥٠	عملية دائمة مستمرة في كافة المراحل	٣,٥٢١٥	٠,٦٢٢٠	%٧٠,٤٣	٥	مرتفعة
٥١	يتم بالتعاون بين من لهم صلة بالإشراف	٣,٥٠٣١	٠,٦١٢٤	%٧٠,٠٦	٦	مرتفعة
٥٢	يدرس النتائج ويقارنها بأهداف التعليم	٣,٣٤٩٧	٠,٧١٦١	%٦٦,٩٩	٩	مرتفعة
٥٣	يستخدم بدائل تقويمية متعددة لمعرفة أداء المعلمين	٣,٥٢٧٦	٠,٦٨٧٧	%٧٠,٥٥	٤	مرتفعة
٥٤	يجمع بين الجوانب النظرية والتطبيقية	٣,٦٠٧٤	٠,٦٠٢٨	%٧٢,١٥	٣	مرتفعة
٥٥	يكتشف مواطن الخلل والضعف عند المعلم ويحللها	٣,٦٣١٩	٠,٦٨٤٥	%٧٢,٦٤	٢	مرتفعة

٥٦	يصدر أحكاماً قيمية على أعمال المعلم داخل الصف	٣.٧٤٢٣	٠.٦٣٤٣	%٧٤.٨٥	١	مرتفعة
٥٧	يحلل صعوبات التعلم عند الطلبة	٣.١٠٤٣	.٧١٦٨	%٦٢.٠٩	١١	متوسطة
٥٨	يضع استراتيجيات لمعالجة صعوبات التعليم	٣.٠٠٦١	.٧٧٣٨	%٦٠.١٢	١٣	متوسطة
٥٩	يقوم نتائج تحليل الطلبة ويعمل على تحسينها	٣.٠٤٢٩	٠.٦٦٠٦	%٦٠.٨٦	١٢	متوسطة
٦٠	يوجه المعلمين باستخدام نتائج التقويم لتطوير مستوى تحصيل الطلبة	٣.١٩٠٢	٠.٦٦٢٥	%٦٣.٨٠	١٠	متوسطة
	المتوسط العام	٣.٣٨٥٦	٠.٤٣٠٣	%٦٧.٧١	-	متوسطة

يتبين من الجدول رقم (٢٠) أن المتوسط العام لفقرات متغير الدراسة (أساليب التقويم المتبعة) كان متوسطاً حيث بلغ(٣.٣٨٥٦) وبأهمية نسبية بلغت(٦٧.٧١%)، مما يؤشر على أن أساليب التقويم المتبعة ذات أهمية لأفراد العينة بدرجة متوسطة، واحتلت الفقرة يصدر أحكاماً قيمية على أعمال المعلم داخل الصف المرتبة الأولى بمتوسط حسابي بلغ)٣.٧٤٢٣) وأهمية نسبية بلغت (٧٤.٨٥%)، تلاها أن أساليب التقويم التربوي يكتشف مواطن الخلل والضعف عند المعلم ويحللها بمتوسط حسابي بلغ(٣.٦٣١٩)، وأهمية نسبية بلغت(٧٢.٦٤%). وجاءت الفقرة أن أساليب التقويم المتبعة تجمع بين الجوانب النظرية والتطبيقية في المرتبة الثالثة بمتوسط حسابي بلغ(٣.٦٠٧٤)، وأهمية نسبية بلغت(٧٢.١٥%). في حين جاءت الفقرة أن أساليب التقويم المتبعة تضع استراتيجيات لمعالجة صعوبات التعليم في المرتبة الأخيرة بمتوسط حسابي بلغ(٣.٠٠٦)، وأهمية نسبية بلغت (٦٠.١٢%).

السؤال الرابع: هل تختلف وجهات نظر مديري المدارس الحكومية حول فاعلية الإشراف التربوي باختلاف الجنس، المؤهل العلمي، الخبرة في الإدارة المدرسية؟

أولاً: اختلاف وجهات نظر مديري المدارس حول فاعلية الإشراف التربوي باختلاف الجنس

جدول رقم (٢١)

نتائج تحليل التباين الأحادي (ANOVA) لتصورات المبحوثين حول فاعلية الإشراف التربوي باختلاف الجنس.

اسم المتغير	فئة المتغير	درجات الحرية	المتوسط الحسابي	قيمة (F) المحسوبة	مستوى دلالة (F)
أهداف الإشراف التربوي	ذكر أنثى	(١، ١٦١)	٣.٥١١٨ ٣.٧٨٣٠	*١٩.٨٤٠	٠.٠٠٠
تنظيم الإشراف التربوي	ذكر أنثى	(١، ١٦١)	٣.٤٩٠٦ ٣.٦٥٥٣	**٥.٤٨٣	٠.٠٢٠
وظائف الإشراف التربوي	ذكر أنثى	(١، ١٦١)	٣.٤٣٩٤ ٣.٥٣٢٥	١.٨٧٧	٠.١٧٣
أساليب الإشراف المتبعة	ذكر أنثى	(١، ١٦١)	٣.٣٧٥٩ ٣.٤٠٥٦	٠.١٥٩	٠.٦٩١
أساليب التقويم المتبعة	ذكر أنثى	(١، ١٦١)	٣.٣٠٠٤ ٣.٤٢٦٦	٣.١١٣	٠.٠٨٠
فاعلية الإشراف التربوي	ذكر أنثى	(١، ١٦١)	٣.٤٢٣٦ ٣.٥٦٠٦	**٥.٢٦٣	٠.٠٢٠

* ذات دلالة إحصائية على مستوى دلالة (α= ٠.٠١)

** ذات دلالة إحصائية على مستوى دلالة (α= ٠.٠٥)

يبين الجدول رقم (٢١) أن هناك فروقات ذات دلالة إحصائية بين تصورات المبحوثين حول فاعلية الإشراف التربوي تعزى لمتغير الجنس استناداً إلى ارتفاع قيمة (F) المحسوبة(٥.٢٦٣)، عن قيمة (F) الجدولية على مستوى دلالة (α= ٠.٠٥). ولقد كانت الفروق لصالح الإناث حيث بلغ متوسط إجابة الإناث(٣.٥٦٠٦) ومتوسط إجابة الذكور(٣.٤٢٣٦).

كما ويبين الجدول رقم (٢١) أن هناك فروقات ذات دلالة إحصائية بين تصورات المبحوثين حول أهداف الإشراف التربوي تعزى لمتغير الجنس استناداً إلى ارتفـاع قيمـة (F) المحسوبـة

(١٩.٨٤٠)، عن قيمتها (F) الجدولية على مستوى دلالة (α= ٠.٠١). ولقد كانت الفروق لصالح الإناث حيث بلغ متوسط إجابة الإناث(٣.٧٨٣٠) ومتوسط إجابة الذكور(٣.٥١١٨).

ويبين الجدول رقم (٢١) أن هناك فروقات ذات دلالة إحصائية بين تصورات المبحوثين حول تنظيم الإشراف التربوي تعزى لمتغير الجنس استناداً إلى ارتفاع قيمة (F) المحسوبة (٥.٤٨٣)، عن قيمتها (F) الجدولية على مستوى دلالة (α= ٠.٠٥). ولقد كانت الفروق لصالح الإناث حيث بلغ متوسط إجابة الإناث(٣.٦٥٥٣) ومتوسط إجابة الذكور(٣.٤٩٠٦).

يتبين من المعطيات الإحصائية في الجدول رقم (٢١)، بأنه لا توجد فروقات ذات دلالة إحصائية بين تصورات المبحوثين حول (وظائف الإشراف التربوي، أساليب الإشراف المتبعة، أساليب التقويم المتبعة)، تعزى لمتغير الجنس استناداً إلى انخفاض قيم (F) المحسوبة، عن قيمتها (F) الجدولية على مسـتـوى دلالة (α= ٠.٠٥).

ثانياً: اختلاف وجهات نظر مديري المدارس الحكومية حول فاعلية الإشراف التربوي باختلاف المؤهل العلمي.

جدول رقم (٢٢)

نتائج تحليل التباين الأحادي (ANOVA) لتصورات المبحوثين حول فاعلية الإشراف التربوي باختلاف المؤهل العلمي.

اسم المتغير	فئة المتغير	درجات الحرية	المتوسط الحسابي	قيمة (F) المحسوبة*	مستوى دلالة (F)
أهداف الإشراف التربوي	بكالوريوس فأقل بكالوريوس+دبلوم ماجستير ودكتوراه	(٢، ١٦٠)	٣.٦٩٠٥ ٣.٦٦٧٥ ٣.٧٦٩٢	٠.٩٩١	٠.٣٧٣
تنظيم الإشراف التربوي	بكالوريوس فأقل بكالوريوس+دبلوم ماجستير ودكتوراه	(٢، ١٦٠)	٣.٥٥٥٦ ٣.٥٨٦٦ ٣.٦٦٦٧	٠.٦٣٧	٠.٥٣٠
وظائف الإشراف التربوي	بكالوريوس فأقل بكالوريوس+دبلوم ماجستير ودكتوراه	(٢، ١٦٠)	٣.٣٨٧٨ ٣.٤٨٢٠ ٣.٦١٧٢	٢.٥٥٦	٠.٠٨١
أساليب الإشراف المتبعة	بكالوريوس فأقل بكالوريوس+دبلوم ماجستير ودكتوراه	(٢، ١٦٠)	٣.٢٩٦٧ ٣.٣٨٢٤ ٣.٤٨٥٢	١.٣٦٥	٠.٢٥٨
أساليب التقويم المتبعة	بكالوريوس فأقل بكالوريوس+دبلوم ماجستير ودكتوراه	(٢، ١٦٠)	٣.٣٢٦٠ ٣.٣٩٣٦ ٣.٣٩٦٤	٠.٢٢٩	٠.٧٩٥
فاعلية الإشراف التربوي	بكالوريوس فأقل بكالوريوس+دبلوم ماجستير ودكتوراه	(٢، ١٦٠)	٣.٤٥١٣ ٣.٥٠٢٤ ٣.٥٨٧٠	١.١٦١	٠.٣١٦

* جميع قيم (F) المحسوبة غير معنوية على مستوى دلالة (α= ٠.٠١)

يتبين من المعطيات الإحصائية في الجدول رقم (٢٢)، بأنه لا توجد فروقات ذات دلالة إحصائية بين تصورات المبحوثين حول (فاعلية الإشراف التربوي، أهداف الإشراف التربوي، تنظيم الإشراف التربوي، وظائف الإشراف التربوي، أساليب الإشراف المتبعة، أساليب التقويم المتبعة)، تعزى لمتغير المؤهل العلمي استناداً إلى انخفاض قيم(F) المحسوبة، عن قيمتها (F) الجدولية على مستوى دلالة (α= ٠.٠٥).

ثالثاً: اختلاف وجهات نظر مديري المدارس الحكومية حول فاعلية الإشراف التربوي باختلاف الخبرة الإدارية.

جدول رقم (٢٣)

نتائج تحليل التباين الأحادي (ANOVA) لتصورات المبحوثين حول فاعلية الإشراف التربوي باختلاف الخبرة الإدارية.

اسم المتغير	فئة المتغير	درجات الحرية	المتوسط الحسابي	قيمة (F) المحسوبة*	مستوى دلالة (F)
أهداف الإشراف التربوي	أقل من ٥ سنوات ٥-١٠ سنوات أكثر من ١٠ سنوات	(٢، ١٦٠)	٣.٦٩٨٥ ٣.٧١٥٣ ٣.٦٦٦٧	٠.٢٥٤	٠.٧٧٦
تنظيم الإشراف التربوي	أقل من ٥ سنوات ٥-١٠ سنوات أكثر من ١٠ سنوات	(٢، ١٦٠)	٣.٥٧١١ ٣.٦٦٤٤ ٣.٥٤٠٩	١.٤٥١	٠.٢٣٧
وظائف الإشراف التربوي	أقل من ٥ سنوات ٥-١٠ سنوات أكثر من ١٠ سنوات	(٢، ١٦٠)	٣.٥٧٣٥ ٣.٤٩٩٠ ٣.٤٦٣٧	٠.٧٧٦	٠.٤٦٢
أساليب الإشراف المتبعة	أقل من ٥ سنوات ٥-١٠ سنوات أكثر من ١٠ سنوات	(٢، ١٦٠)	٣.٤١٤٠ ٣.٤١٧٧ ٣.٣٥٧٦	٠.٣٢٤	٠.٧٢٤
أساليب التقويم المتبعة	أقل من ٥ سنوات ٥-١٠ سنوات أكثر من ١٠ سنوات	(٢، ١٦٠)	٣.٤٠٥٠ ٣.٤١١٣ ٣.٣٤١٤	٠.٤٦٠	٠.٦٣٢
فاعلية الإشراف التربوي	أقل من ٥ سنوات ٥-١٠ سنوات أكثر من ١٠ سنوات	(٢، ١٦٠)	٣.٥٣٢٤ ٣.٥٤١٥ ٣.٤٧٤١	٠.٥٩٥	٠.٥٣٣

* جميع قيم (F) المحسوبة غير معنوية على مستوى دلالة (α= ٠.٠١)

يتبين من المعطيات الإحصائية في الجدول رقم (٢٤)، بأنه لا توجد فروقات ذات دلالة إحصائية بين تصورات المبحوثين حول (فاعلية الإشراف التربوي، أهداف الإشراف التربوي، تنظيم الإشراف التربوي، وظائف الإشراف التربوي، أساليب الإشراف المتبعة، أساليب التقويم المتبعة)، تعزى لمتغير الخبرة الإدارية استناداً إلى انخفاض قيم(F) المحسوبة، عن قيمتها (F) الجدولية على مستوى دلالة (α= ٠.٠٥).

السؤال الخامس: هل توجد فروق بين وجهتي نظر كل من المشرفين التربويين ومديري المدارس حول فاعلية الإشراف التربوي في إقليم الجنوب؟ جدول رقم(٢٤) نتائج تحليل التباين الأحادي (ANOVA) لتصورات المبحوثين حول فاعلية الإشراف التربوي باختلاف طبيعة العمل.

اسم المتغير	فئة المتغير	العدد	المتوسط الحسابي	الانحراف المعياري	قيمة (F) المحسوبة	مستوى دلالة (F)
أهداف الإشراف التربوي	مشرف تربوي	٦٣	٣.٨٦٩٠	٠.٤١٧٩	٢.٨٧٣*	٠.٠٠٥
	مدير	١٦٣	٣.٦٩٤٨	٠.٣٨٤٧		
تنظيم الإشراف التربوي	مشرف تربوي	٦٣	٣.٦٩٧١	٠.٤٠٣٤	١.٥٦٨	٠.١٢٠
	مدير	١٦٣	٣.٦٠١٧	٠.٤٢٦٥		
وظائف الإشراف التربوي	مشرف تربوي	٦٣	٣.٧٤٧٢	٠.٣٦٥٨	٤.٣٧٠*	٠.٠٠٠
	مدير	١٦٣	٣.٥٠٢٢	٠.٤٠٧٦		
أساليب الإشراف المتبعة	مشرف تربوي	٦٣	٣.٧٤٦٠	٠٤٦٥٦	٥.١٣٣*	٠.٠٠٠
	مدير	١٦٣	٣.٣٩٥٩	٠.٤٤٤٣		
أساليب التقويم المتبعة	مشرف تربوي	٦٣	٣.٦٨٢٥	٠.٤٦٩٨	٤.٣٦٠*	٠.٠٠٠
	مدير	١٦٣	٣.٣٨٥٦	٠.٤٣٠٢		
فاعلية الإشراف التربوي	مشرف تربوي	٦٣	٣.٧٤٨٤	٠.٣٦١٨	٤.٣٢٩*	٠.٠٠٠
	مدير	١٦٣	٣.٥١٦٠	٠.٣٦١٧		

* ذات دلالة إحصائية على مستوى دلالة (α= ٠.٠١).

يبين الجدول رقم (٢٤) أن هناك فروقات ذات دلالة إحصائية بين تصورات المبحوثين حول فاعلية الإشراف التربوي تعزى لمتغير طبيعة العمل استناداً إلى ارتفاع قيمة (F) المحسوبة (٤.٣٢٩)، عن قيمتها (F) الجدولية على مستوى دلالة (α= ٠.٠١). ولقد كانت الفروق لصالح المشرفين التربويين حيث بلغ متوسط إجابة المشرفين التربويين(٣.٧٤٨٤) ومتوسط إجابة مديري المدارس(٣.٥١٦٠).

كما يبين الجدول رقم (٢٤) أن هناك فروقات ذات دلالة إحصائية بين تصورات المبحوثين حول أهداف الإشراف التربوي تعزى لمتغير طبيعة العمل

استناداً إلى ارتفاع قيمة (F) المحسوبة (٢.٨٧٣)، عن قيمتها (F) الجدولية على مستوى دلالة (α= ٠.٠١). ولقد كانت الفروق لصالح المشرفين التربويين حيث بلغ متوسط إجابة المشرفين التربويين (٣.٨٦٩٠) ومتوسط إجابة مديري المدارس(٣.٦٩٤٨).

ويبين الجدول رقم (٢٤) أن هناك فروقات ذات دلالة إحصائية بين تصورات المبحوثين حول وظائف الإشراف التربوي تعزى لمتغير طبيعة العمل استناداً إلى ارتفاع قيمة (F) المحسوبة(٤.٣٧٠)، عن قيمتها (F) الجدولية على مستوى دلالة (α= ٠.٠١). ولقد كانت الفروق لصالح المشرفين التربويين حيث بلغ متوسط إجابة المشرفين التربويين (٣.٧٤٧٢) ومتوسط إجابة مديري المدارس(٣.٥٠٢٢).

كما يبين الجدول رقم (٢٤) أن هناك فروقات ذات دلالة إحصائية بين تصورات المبحوثين حول أساليب الإشراف المتبعة تعزى لمتغير طبيعة العمل استناداً إلى ارتفاع قيمة (F) المحسوبة (٥.١٣٣)، عن قيمتها (F) الجدولية على مستوى دلالة (α= ٠.٠١). ولقد كانت الفروق لصالح المشرفين التربويين حيث بلغ متوسط إجابة المشرفين التربويين (٣.٧٤٦٠) ومتوسط إجابة مديري المدارس(٣.٣٩٥٩).

كما ويبين الجدول رقم (٢٤) أن هناك فروقات ذات دلالة إحصائية بين تصورات المبحوثين حول أساليب التقويم المتبعة تعزى لمتغير طبيعة العمل استناداً إلى ارتفاع قيمة (F) المحسوبة (٤.٣٦٠)، عن قيمتها (F) الجدولية على مستوى دلالة (α= ٠.٠١). ولقد كانت الفروق لصالح المشرفين التربويين حيث بلغ متوسط إجابة المشرفين التربويين (٤.٣٦٠) ومتوسط إجابة مديري المدارس(٣.٣٨٥٦).

ويتبين من المعطيات الإحصائية في الجدول رقم (٢٤)، بأنه لا توجد فروقات ذات دلالة إحصائية بين تصورات المبحوثين حول تنظيم الإشراف التربوي، تعزى لمتغير طبيعة العمل استناداً إلى انخفاض قيم (F) المحسوبة(١.٥٦٨)، عن قيمتها (F) الجدولية على مستوى دلالة (α= ٠.٠٥).

السؤال السادس: ما هي المشكلات التي تقلل من فاعلية الإشراف التربوي كما يراها المشرفون التربويين؟

جدول رقم (٢٥)

المتوسطات الحسابية والانحرافات المعيارية والأهمية النسبية لإجابات أفراد عينة الدراسة عن المشكلات التي تقلل من فاعلية الإشراف التربوي كما يراها المشرفون التربويون

تسلسل الفقرات في الاستبانة	محتوى الفقرة	المتوسط الحسابي	الانحراف المعياري	الأهمية النسبية	الترتيب حسب النسبية	المستوى بالنسبة للمتوسط
٦١-٦٤	المشكلات الاقتصادية	٣.٤٧٦٢	٠.٦٤٨٧	%٦٩.٥٢	٢	متوسط
٦٥-٨٤	المشكلات الإدارية	٣.٤٩٨٤	٠.٣٤٢٧	%٦٩.٩٧	١	متوسط
٨٥-٩٤	المشكلات الفنية	٣.٣١١١	٠.٤٣٧٤	%٦٦.٢٢	٤	متوسط
٩٥-١٠٠	المشكلات الشخصية	٣.٤١٥٣	٠.٥٦٦٣	%٦٨.٣١	٣	متوسط
٦١-١٠٠	المتوسط الكلي	٣.٤٢٥٣	٠.٣٣٤٦	%٦٨.٥١		متوسط

تشير المعطيات الإحصائية في الجدول رقم (٢٥) إلى أن المتوسط الكلي للمشكلات التي تقلل من فاعلية الإشراف التربوي كما يراها المشرفون التربويين كان متوسطاً، حيث بلغ (٣.٤٢٥٣) وبأهمية نسبية (٦٨.٥١%)، مما يدل على أن مستوى إدراك المبحوثين للمشكلات التي تقلل من فاعلية الإشراف التربوي كما يراها المشرفون التربويين كان متوسطاً، وقد احتل بُعد المشكلات الإدارية المرتبة الأولى من حيث مستوى إدراك المبحوثين لهذا البعد وبمتوسط حسابي(٣.٤٩٨٤) وبأهمية نسبية (٦٩.٩٧%)، وتلاه في ذلك وفي المرتبة الثانية بعد المشكلات الاقتصادية بمتوسط حسابي (٣.٤٧٦٢) وبأهمية نسبية (٦٩.٥٢%)، وتلا ذلك وعلى التوالي بُعد المشكلات الشخصية وبمتوسط حسابي (٣.٤١٥٣) وأهمية نسبية (٦٨.٣١%).

كما ويتضح من الجدول رقم (٢٥) أيضاً أن بُعد المشكلات الإدارية التي جاءت في المرتبة الأولى للدرجة المتوسطة، من حيث أهميتها عند المبحوثين، تُعبر عن الانعكاس السلوكي الذي يمكن استشعاره بصورة مباشرة من جراء العلاقات الإدارية والتباين في تقييم اداء المعلم بين المشرف والمدير، وهذا ما سيتحسسه المشرفون وقلة الدورات التدريبية للمشرفين، والتزايد الدائم لأعداد المعلمين غير المدربين، بشكل يتماشى مع الحالة الوسطية لمتغير المشكلات التي تقلل من فاعلية الإشراف التربوي كما يراها المشرفون التربويين ككل، الذي يُعبر عن الشعور الاعتيادي غير المبالغ فيه من قبل المبحوثين.

أولاً : بعد المشكلات الاقتصادية

جدول رقم (٢٦)

المتوسطات الحسابية والانحرافات المعيارية والأهمية النسبية لإجابات أفراد عينة الدراسة عن فقرات بعد المشكلات الاقتصادية.

رقم الفقرة في الاستبانة	محتوى الفقرة	المتوسط الحسابي	الانحراف المعياري	الأهمية النسبية	الترتيب حسب النسبية	المستوى بالنسبة للمتوسط
٦١	قلة المواصلات وعدم توافرها في كل الأوقات	٣,٢٠٦٣	١,٠٣٤٢	%٦٤,١٣	٤	متوسطة
٦٢	عدم كفاية الحوافز المادية والمعنوية	٣,٨٥٧١	٠,٧٥٩٠	%٧٧,١٤	١	مرتفعة
٦٣	قلة الأجهزة والوسائل التعليمية المتصلة بالمواد الدراسية	٣,٤٦٠٣	٠,٧٣٦٧	%٦٩,٢١	٢	متوسطة
٦٤	عدم توفر مكتبات لخدمة الإشراف التربوي في المديريات	٣,٣٨١٠	٠,٨٣١٤	%٦٧,٦٢	٣	متوسطة
-	المتوسط الكلي	٣,٤٧٦٢	٠,٦٤٨٧	%٦٩,٥٢	-	متوسطة

يشير الجدول رقم (٢٦) أن الفقرة رقم (٦٢) والمتعلقة عدم كفاية الحوافز المادية والمعنوية، قد جاءت بالمرتبة الأولى بمتوسط حسابي (٣,٨٥٧١) وأهمية نسبية (٧٧,١٤%)، تلاها في ذلك وفي المرتبة الثانية الفقرة رقم (٦٣) والخاصة قلة الأجهزة والوسائل التعليمية المتصلة بالمواد الدراسية، وبمتوسط حسابي

(٣.٤٦٠٣) وأهمية نسبية (٦٩.٢١%)، مما يدل على أثر المشكلات الاقتصادية في تصورات المبحوثين للمشكلات التي تقلل من فاعلية الإشراف التربوي، تلا ذلك الفقرة (٦٤) والمتعلقة بعدم توفر مكتبات لخدمة الإشراف التربوي في المديريات، وبمتوسط حسابي(٣.٣٨١٠) وأهمية نسبية(٦٧.٦٢%)، وأخيراً جاءت الفقرة(٦١) والمتعلقة بقلة المواصلات وعدم توافرها في كل الأوقات، وبمتوسط حسابي (٣.٢٠٦٣) وأهمية نسبية (٦٦.٧٥%). وتتركز تصورات المشرفين على الحوافز المادية والمعنوية، من حيث عدم تناسب المكافآت مع أدائهم، ومثل هذهِ النتيجة ملموسة ومستشعرة، لدى العاملين والموظفين بصفة عامة، وقد يشتركون غالبيتهم في عدم الرضى الوظيفي حيال المكافآت والرواتب والأجور، نظراً لعدم تناسبها مع الجهود المبذولة في العمل من جهة، وعدم تناسبها أيضاً في تغطية متطلبات الحياة الاجتماعية والمستلزمات المعيشية للأسرة من جهة أخرى.

ثانياً : بعد المشكلات الإدارية

جدول رقم (٢٧)

المتوسطات الحسابية والانحرافات المعيارية والأهمية النسبية لإجابات أفراد عينة الدراسة عن فقرات بعد المشكلات الإدارية.

رقم الفقرة في الاستبانة	محتوى الفقرة	المتوسط الحسابي	الانحراف المعياري	الأهمية النسبية	الترتيب حسب النسبية	المستوى بالنسبة للمتوسط
٦٥	كثرة عدد المعلمين التابعين للمشرف الواحد	٤.٢٠٦٣	٠.٦٧٥٨	%٨٤.١٣	١	مرتفع
٦٦	عدم اهتمام المسؤولين بعمل المشرف والأخذ بتقاريره عن المعلمين	٣.٦٦٦٧	٠.٨٦١٤	%٧٣.٣٣	٦	مرتفع
٦٧	دمج الإشراف الإداري والإشراف الفني في مهمة واحدة	٣.٣٩٦٨	٠.٧٩٣٩	%٦٧.٩٤	١٥	متوسط
٦٨	عدم استشارة المشرف عند تحديد مراكز المعلمين وتنقلاتهم	٣.٦١٩٠	٠.٩٩٠٧	%٧٢.٣٨	٩	مرتفع
٦٩	عدم تخويل المشرف حق اتخاذ القرارات المتعلقة بعمله	٣.٥٨٧٣	٠.٨٣٥٤	%٧١.٧٥	١٠	مرتفع
٧٠	عدم انتظام دوام المعلمين في مدارسهم بداية العام	٣.٥٣٩٧	٠.٨٧٦٧	%٧٠.٧٩	١٢	مرتفع
٧١	عدم توفر معلومات كافية عن المعلمين لتحديد حاجاتهم	٣.٥٧١٤	٠.٨١٧٤	%٧١.٤٣	١١	مرتفع

٧٢	التزايد الدائم الإعداد المعلمين غير المدربين	٣.٧٦١٩	٠.٧٧٧٠	%٧٥.٢٤	٣	مرتفع
٧٣	كثرة الأعباء الملقاة على المعلمين مما يحول دون الإفادة من الإشراف	٣.٥٠٧٩	٠.٧١٥٦	%٧٠.١٦	١٣	مرتفع
٧٤	عدم توفر العدد الكافي من المشرفات لمدارس الإناث	٣.٨٠٩٥	٠.٧٥٩٠	%٧٦.١٩	٢	مرتفع
٧٥	قلة الدورات التدريبية للمشرفين التربويين	٣.١١١١	٠.٨٠٥٤	%٦٢.٢٢	١٧	متوسط
٧٦	اكتظاظ الصفوف المدرسية بالتلاميذ مما يحول دون الفاعلية	٣.٦٥٠٨	٠.٨٠٦٤	%٧٣.٠٢	٧	مرتفع
٧٧	قلة زيارات المشرفين للمعلمين	٣.٢٠٦٣	٠.٦٥١٥	%٦٤.١٣	١٦	متوسط
٧٨	عدم ملاءمة البيئة المدرسية للتدريس	٣.٠٩٥٢	٠.٧١٢٠	%٦١.٩٠	١٨	متوسط
٧٩	عدم قدرة المشرفين على تقديم برامج تدريبية فاعلة	٢.٨٢٥٤	٠.٦٨٤٩	%٥٦.٥١	٢٠	متوسط
٨٠	التباين في تقييم اداء المعلم بين المشرف والمدير	٣.٣٩٦٨	٠.٧٧٣٠	%٦٧.٩٤	١٤	متوسط
٨١	تذمر المديرين من إشراك معلميهم في دورات أثناء الدوام الرسمي	٣.٧١٤٣	٠.٨٣١٤	%٧٤.٢٩	٥	مرتفع

٨٢	عدم توافر الوقت الكافي للمشرف لأداء دوره	٣.٦١٩٠	٠.٧٩١٧	%٧٢.٣٨	٨	مرتفع
٨٣	غياب المعايير المحددة في اختيار المشرفين التربويين	٢.٩٨٤١	١.٠٢٣٨	%٥٩.٦٨	١٩	متوسط
٨٤	غياب معايير محددة لاختيار المعلمين	٣.٦٩٨٤	١.٠١٠٢	%٧٣.٩٧	٤	مرتفع
	المتوسط الكلي	٣.٤٩٨٤	٠.٣٤٢٧	%٦٩.٩٧	-	متوسط

يشير الجدول رقم (٢٧) أن الفقرة رقم (٦٥) والمتعلقة بكثرة عدد المعلمين التابعين للمشرف الواحد، قد جاءت بالمرتبة الأولى بمتوسط حسابي (٤.٢٠٦٣) وأهمية نسبية (٨٤.١٣%)، تلاها في ذلك وفي المرتبة الثانية الفقرة رقم (٧٤) والخاصة عدم توفر العدد الكافي من المشرفات لمدارس الإناث، وبمتوسط حسابي (٣.٨٠٩٥) وأهمية نسبية (٧٦.١٩%)، تلا ذلك الفقرات (٨٤، ٧٢، ٨١) والمتعلقة بغياب معايير محددة لاختيار المعلمين، والتزايد الدائم لأعداد المعلمين غير المدربين، وتذمر المديرين من إشراك معلميهم في دورات أثناء الدوام الرسمي، وبمتوسطات حسابية (٣.٦٩٨٤، ٣.٧٦١٩، ٣.٧١٤٣) وأهمية نسبية (٧٣.٩٧%، ٧٥.٢٤%، ٧٤.٢٩%) على التوالي، ثم تلا ذلك الفقرتين (٦٦، ٧٦) والخاصتين بعدم اهتمام المسؤولين بعمل المشرف والأخذ بتقاريره عن المعلمين، واكتظاظ الصفوف المدرسية بالتلاميذ مما يحول دون الفاعلية، حيث كانت المتوسطات الحسابية لهاتين الفقرتين (٣.٦٦٦٧، ٣.٦٥٠٨) وبأهمية نسبية وعلى التوالي (٧٣.٣٣%، ٧٣.٠٢%)، وجاء في المرتبة الأخيرة الفقرات (٧٩، ٨٣) والمتعلقتين بعدم قدرة المشرفين على تقديم برامج تدريبية فاعلة، وغياب المعايير المحددة في اختيار المشرفين التربويين، وبمتوسطين حسابيين (٢.٨٢٥٤، ٢.٩٨٤١) وبأهمية نسبية (٥٦.٥١%، ٥٩.٦٨%) وعلى التوالي.

ثالثاً : بعد المشكلات الفنية

جدول رقم (٢٨)

المتوسطات الحسابية والانحرافات المعيارية والأهمية النسبية لإجابات أفراد عينة الدراسة عن فقرات بعد المشكلات الفنية.

رقم الفقرة	محتوى الفقرة	المتوسط الحسابي	الانحراف المعياري	الأهمية النسبية	الترتيب حسب النسبية	المستوى بالنسبة للمتوسط
٨٥	نقص الخبرة الفنية لدى المشرف التربوي	٣,٠٧٩٤	٠,٨٦٧٠	%٦١,٥٩	٨	متوسط
٨٦	عدم اهتمام المعلمين بتوجيهات المشرفين التربويين	٣,٢٨٥٧	٠,٦٨٢٢	%٦٥,٧١	٦	متوسط
٨٧	ضعف التنسيق بين المشرف التربوي والمشرف المقيم في المتابعة الفنية	٣,٣٠١٦	٠,٧٣٢٥	%٦٦,٠٣	٥	متوسط
٨٨	عدم قدرة بعض الإدارات المدرسية القيام بالمهام الفنية	٣,٧٦١٩	٠,٧٥٥٩	%٧٥,٢٤	١	مرتفع
٨٩	اهتمام المشرف التربوي بالشكليات	٣,٠٤٧٦	٠,٨٥٠٦	%٦٠,٩٥	٩	متوسط
٩٠	عدم توظيف الاتجاهات الحديثة في الإشراف التربوي	٣,٠٩٥٢	٠,٦٨٠٩	%٦١,٩٠	٧	متوسط
٩١	عدم تحديد مهارات التدريس الفعالة	٣,٣٣٣٣	٠,٨٢٣١	%٦٦,٦٧	٤	متوسط

٩٢	ضعف الانتماء عند المعلمين للمهنة	٣,٥٨٧٣	٠,٨٣٥٤	%٧١,٧٥	٣	مرتفع
٩٣	سيطرة أسلوب التفتيش على الممارسات الإشرافية في المدارس	٢,٩٥٢٤	٠,٩٥٧٦	%٥٩,٠٥	١٠	متوسط
٩٤	عدم متابعة مدير المدرسة لتوجيهات المشرفين مع المعلمين	٣,٦٦٦٧	٠,٨٠٣٢	%٧٣,٣٣	٢	مرتفع
-	المتوسط الكلي	٣,٣١١١	٠,٧٣٧٤	%٦٦,٢٢	-	متوسط

يشير الجدول رقم (٢٨) أن الفقرة رقم (٨٨) والمتعلقة عدم قدرة بعض الإدارات المدرسية القيام بالمهام الفنية، قد جاءت بالمرتبة الأولى بمتوسط حسابي (٣,٧٦١٩) وأهمية نسبية (٧٥,٢٤%)، تلاها في ذلك وفي المرتبة الثانية الفقرة رقم (٩٤) والخاصة بعدم متابعة مدير المدرسة لتوجيهات المشرفين مع المعلمين وبمتوسط حسابي (٣,٦٦٦٧)وأهمية نسبية(٧٣,٣٣%)، تلا ذلك الفقرات (٩٢، ٩١) والمتعلقة بضعف الانتماء عند المعلمين للمهنة، وعدم تحديد مهارات التدريس الفعالة، وبمتوسطين حسابيين(٣,٥٨٧٣، ٣,٣٣٣) وأهمية نسبية (٧١,٧٥%، ٦٦,٦٧%) على التوالي، ثم تلا ذلك الفقرتين(٨٧، ٨٦) والخاصتين بضعف التنسيق بين المشرف التربوي والمشرف المقيم في المتابعة الفنية، وعدم اهتمام المعلمين بتوجيهات المشرفين التربويين، حيث كانت المتوسطات الحسابية لهاتين الفقرتين(٣,٣٠١٦، ٣,٢٨٥٧) وبأهمية نسبية وعلى التوالي

(٦٦,٠٣%، ٦٥,٧١%)، وجاء في المرتبة الأخيرة الفقرات (٨٩، ٩٣) والمتعلقتين باهتمام المشرف التربوي بالشكليات، وسيطرة أسلوب التفتيش على الممارسات الإشرافية في المدارس، وبمتوسطين حسابيين (٣,٠٤٧٦، ٢,٩٥٢٤) وبأهمية نسبية (٦٠,٩٥%، ٥٩,٠٥%) وعلى التوالي.

رابعاً : بعد المشكلات الشخصية

جدول رقم (٢٩)

المتوسطات الحسابية والانحرافات المعيارية والأهمية النسبية لإجابات أفراد عينة الدراسة عن فقرات بعد المشكلات الشخصية.

رقم الفقرة في الاستباذة	محتوى الفقرة	المتوسط الحسابي	الانحراف المعياري	الأهمية النسبية	الترتيب حسب النسبية	المستوى بالنسبة للمتوسط
٩٥	عدم القدرة على إثارة دافعية المعلم	٣.٥٣٩٧	.٨١٩٦	%٧٠.٧٩	٢	مرتفع
٩٦	عدم كشف المعلمين عن حاجاتهم الحقيقية للإشراف	٣.٥٥٥٦	.٦٤٢٠	%٧١.١١	١	مرتفع
٩٧	شعور كثير من المعلمين القدامى أنهم أكفأ من المشرفين	٣.٤٧٦٢	.٨٠٠٣	%٦٩.٥٢	٤	متوسط
٩٨	عدم القناعة بجدوى الإشراف التربوي الحديث	٣.٠٧٩٤	.٧٦٨٤	%٦١.٥٩	٦	متوسط
٩٩	الضغوط النفسية بسبب الواقع الاجتماعي للمعلمين	٣.٥٠٧٩	.٩١٣٦	%٧٠.١٦	٣	مرتفع
١٠٠	ضعف الثقة بين المشرف التربوي والمعلم	٣.٣٣٣٣	.٨٤٢٤	%٦٦.٦٧	٥	متوسط
-	المتوسط الكلي	٣.٤١٥٣	.٥٦٦٣	%٦٨.٣١	-	متوسط

يشير الجدول رقم(٢٩) أن الفقرة رقم(٩٦) والمتعلقة بعدم كشف المعلمين عن حاجاتهم الحقيقية للإشراف، قد جاءت بالمرتبة الأولى بمتوسط حسابي(٣.٥٥٥٦)

وأهمية نسبية (٧١.١١%)، تلاها في ذلك وفي المرتبة الثانية الفقرة رقم(٩٥) والخاصة بعدم القدرة على إثارة دافعية المعلم وبمتوسط حسابي(٣.٥٣٩٧) وأهمية نسبية(٧٠.٧٩%)، تلا ذلك الفقرات (٩٩، ٩٧) والمتعلقة بالضغوط النفسية بسبب الواقع الاجتماعي للمعلمين، وشعور كثير من المعلمين القدامى أنهم أكفأ من المشرفين، وبمتوسطين حسابيين (٣.٥٠٧٩، ٣.٤٧٦٢) وأهمية نسبية (٧٠.١٦%، ٦٩.٥٢%) على التوالي، وجاء في المرتبة الأخيرة الفقرات (١٠٠، ٩٨) والمتعلقتين بضعف الثقة بين المشرف التربوي والمعلم، وعدم القناعة بجدوى الإشراف التربوي الحديث، وبمتوسطين حسابيين (٣.٣٣٣، ٣.٠٧٩٤) وبأهمية نسبية (٦٦.٦٧%، ٦١.٥٩%) وعلى التوالي.

السؤال السابع: ما هي المشكلات التي تقلل من فاعلية الإشراف التربوي كما يراها مديرو المدارس؟

جدول رقم (٣٠)

المتوسطات الحسابية والانحرافات المعيارية والأهمية النسبية لإجابات أفراد عينة الدراسة عن المشكلات التي تقلل من فاعلية الإشراف التربوي كما يراها مديرو المدارس

تسلسل الفقرات في الاستبانة	محتوى الفقرة	المتوسط الحسابي	الانحراف المعياري	الأهمية النسبية	الترتيب حسب النسبية	المستوى بالنسبة للمتوسط
٦١-٦٤	المشكلات الاقتصادية	٣.٥٣٢٢	٠.٥٩٢٠	%٧٠.٦٤	١	مرتفع
٦٥-٨٤	المشكلات الإدارية	٣.٥٢٨٢	٠٤٢٥٩	%٧٠.٥٦	٢	مرتفع
٨٥-٩٤	المشكلات الفنية	٣.٥٢٢١	٠.٤٨٧٥	%٧٠.٤٤	٤	مرتفع
٩٥-١٠٠	المشكلات الشخصية	٣.٥٢٥٦	٠.٥٢٢٠	%٧٠.٥١	٣	مرتفع
٦١-١٠٠	المتوسط الكلي	٣.٥٢٧٠	٠.٣٨٨١	%٧٠.٥٤	-	مرتفع

تشير المعطيات الإحصائية في الجدول رقم (٣٠) إلى أن المتوسط الكلي للمشكلات التي تقلل من فاعلية الإشراف التربوي كما يراها مديرو المدارس كان مرتفعاً، حيث بلغ (٣.٥٢٧٠) وبأهمية نسبية (٧٠.٥٤%)، مما يدل على أن مستوى إدراك المبحوثين للمشكلات التي تقلل من فاعلية الإشراف التربوي كما يراها مديرو المدارس كان مرتفعاً، وقد احتل بُعد المشكلات الاقتصادية المرتبة الأولى من حيث مستوى إدراك المبحوثين لهذا البعد وبمتوسط حسابي (٣.٥٣٢٢) وبأهمية نسبية (٧٠.٦٤%)، وتلاه في ذلك وفي المرتبة الثانية بعد المشكلات الإدارية بمتوسط حسابي (٣.٥٢٨٢) وبأهمية نسبية (٧٠.٥٦%)، وتلا ذلك وعلى التوالي بُعد المشكلات الشخصية) وبمتوسط حسابي (٣.٥٢٥٦) وأهمية نسبية (٧٠.٥١%)، وأخيراً أحتل البعد الفني المرتبة الأخيرة وبمتوسط حسابي (٣.٥٢٢١) وأهمية نسبية (٧٠.٤٤%). كما ويتضح من الجدول رقم (٣٠) أيضاً

أن بُعد المشكلات الاقتصادية التي جاءت في المرتبة الأولى للدرجة المرتفعة، من حيث أهميتها عند المبحوثين، تُعبر عن زيادة المكافآت والرواتب والأجور، في سبيل الحدّ من ظاهرة عدم الرضى المستمرة والدائمة، عبر اتجاهات الموظفين، والعاملين في المنظمات، بالشكل الذي يتناسب مع طبيعة الحياة الاقتصادية والمعاشية والاجتماعية لهم. والتركيز على وجوه وأبعاد الرضى الوظيفي، من حيث تفعيل أدوارها وتنضيج قيمها داخل المنظمات، وتعزيز مردوداتها المعنوية، لكي تشكّل رديفاً للمردودات المادية، في نفسية وقناعات أعضاء المنظمة، ودفعهم لبلوغ حالات الإخلاص والولاء في ذلك.

أولاً : بعد المشكلات الاقتصادية

جدول رقم (٣١)

المتوسطات الحسابية والانحرافات المعيارية والأهمية النسبية لإجابات أفراد عينة الدراسة عن فقرات بعد المشكلات الاقتصادية.

رقم الفقرة في الاستبانة	محتوى الفقرة	المتوسط الحسابي	الانحراف المعياري	الأهمية النسبية	الترتيب حسب النسبية	المستوى بالنسبة للمتوسط
٦١	قلة المواصلات وعدم توافرها في كل الأوقات	٣.٣٦٢٠	٠.٩١٥٠	%٦٧.٢٤	٤	متوسط
٦٢	عدم كفاية الحوافز المادية والمعنوية	٣.٨٠٩٨	٠.٧٤٩٩	%٧٦.٢٠	١	مرتفع
٦٣	قلة الأجهزة والوسائل التعليمية المتصلة بالمواد الدراسية	٣.٥٥٢١	٠.٦٦٨١	%٧١.٠٤	٢	مرتفع
٦٤	عدم توفر مكتبات لخدمة الإشراف التربوي في المديريات	٣.٤٠٤٩	٠.٧٧٤٩	%٦٨.١٠	٣	متوسط
-	المتوسط الكلي	٣.٥٣٢٢	٠.٥٩٢٠	%٧٠.٦٤	-	مرتفع

يشير الجدول رقم (٣١) أن الفقرة رقم (٦٢) والمتعلقة بعدم كفاية الحوافز المادية والمعنوية، قد جاءت بالمرتبة الأولى بمتوسط حسابي (٣.٨٠٩٨) وأهمية نسبية (٧٦.٢٠%)، تلاها في ذلك وفي المرتبة الثانية الفقرة رقم(٦٣) والخاصة قلة الأجهزة والوسائل التعليمية المتصلة بالمواد الدراسية، وبمتوسط حسابي(٣.٥٥٢١)

وأهمية نسبية(٧١.٠٤%)، مما يدل على أثر المشكلات الاقتصادية في تصورات المبحوثين للمشكلات التي تقلل من فاعلية الإشراف التربوي، تلا ذلك الفقرة(٦٤) والمتعلقة بعدم توفر مكتبات لخدمة الإشراف التربوي في المديريات، وبمتوسط حسابي(٣.٤٠٤٩) وأهمية نسبية(٦٨.١٠%)، وأخيراً جاءت الفقرة(٦١) والمتعلقة بقلة المواصلات وعدم توافرها في كل الأوقات، وبمتوسط حسابي(٣.٣٦٢٠) وأهمية نسبية (٦٧.٢٤%).

ثانياً : بعد المشكلات الإدارية

جدول رقم (٣٢)
المتوسطات الحسابية والانحرافات المعيارية والأهمية النسبية لإجابات أفراد عينة الدراسة عن فقرات بعد المشكلات الإدارية.

المستوى بالنسبة للمتوسط	الترتيب حسب النسبية	الأهمية النسبية	الانحراف المعياري	المتوسط الحسابي	محتوى الفقرة	رقم الفقرة في الاستبانة
مرتفع	٢	٨٠.٦١%	٠.٧٢٣٧	٤.٠٣٠٧	كثرة عدد المعلمين التابعين للمشرف الواحد	٦٥
مرتفع	٧	٧٣.٢٥%	٠.٧٤٧٢	٣.٦٦٢٦	عدم اهتمام المسؤولين بعمل المشرف والأخذ بتقاريره عن المعلمين	٦٦
مرتفع	٥	٧٤.٤٨%	٠.٦٧٨٥	٣.٧٢٣٩	دمج الإشراف الإداري والإشراف الفني في مهمة واحدة	٦٧
متوسط	١٢	٦٨.٩٦%	٠.٧١٢٨	٣.٤٤٧٩	عدم استشارة المشرف عند تحديد مراكز المعلمين وتنقلاتهم	٦٨
متوسط	١٦	٦٧.٦١%	٠.٧١٣٣	٣.٣٨٠٤	عدم تخويل المشرف حق اتخاذ القرارات المتعلقة بعمله	٦٩
متوسط	١٨	٦٤.٤٢%	٠.٩٢٩٨	٣.٢٢٠٩	عدم انتظام دوام المعلمين في مدارسهم بداية العام	٧٠
متوسط	١٥	٦٧.٦١%	٠.٩١٠٩	٣.٣٨٠٤	عدم توفر معلومات كافية عن المعلمين لتحديد حاجاتهم	٧١

٧٢	التزايد الدائم الإعداد المعلمين غير المدربين	٣.٨٠٣٧	٠.٧٣٥٨	%٧٦.٠٧	٣	مرتفع
٧٣	كثرة الأعباء الملقاة على المعلمين مما يحول دون الإفادة من الإشراف	٣.٧١٧٨	٠.٦٨٩٥	%٧٤.٣٦	٦	مرتفع
٧٤	عدم توفر العدد الكافي من المشرفات لمدارس الإناث	٤.٠٥٥٢	٠.٨٢٥٩	%٨١.١٠	١	مرتفع
٧٥	قلة الدورات التدريبية للمشرفين التربويين	٣.٣٨٦٥	٠.٧٨٧٢	%٦٧.٧٣	١٤	متوسط
٧٦	اكتظاظ الصفوف المدرسية بالتلاميذ مما يحول دون الفاعلية	٣.٣٤٣٦	٠.٩٣٢١	%٦٦.٨٧	١٧	متوسط
٧٧	قلة زيارات المشرفين للمعلمين	٣.٦١٩٦	٠.٨١٠٥	%٧٢.٣٩	٨	مرتفع
٧٨	عدم ملاءمة البيئة المدرسية للتدريس	٣.٠٧٣٦	٠.٩٣٣٣	%٦١.٤٧	٢٠	متوسط
٧٩	عدم قدرة المشرفين على تقديم برامج تدريبية فاعلة	٣.٣٩٨٨	٠.٨٧١٦	%٦٧.٩٨	١٣	متوسط
٨٠	التباين في تقييم اداء المعلم بين المشرف والمدير	٣.٤٧٨٥	٠.٧٨٨٣	%٦٩.٥٧	١١	متوسط
٨١	تذمر المديرين من إشراك معلميهم في دورات أثناء الدوام الرسمي	٣.٥٠٣١	٠.٧٨٠٧	%٧٠.٠٦	٩	مرتفع

٨٢	عدم توافر الوقت الكافي للمشرف لأداء دوره	٣.٤٩٦٩	٠.٧٧٢٨	٦٩.٩٤%	١٠	متوسط
٨٣	غياب المعايير المحددة في اختيار المشرفين التربويين	٣.١٠٤٣	١.٠٢٢١	٦٢.٠٩%	١٩	متوسط
٨٤	غياب معايير محددة لاختيار المعلمين	٣.٧٣٦٢	٠.٧٥٢٢	٧٤.٧٢%	٤	مرتفع
	المتوسط الكلي	٣.٥٢٨٢	٠.٤٢٥٩	٧٠.٥٦%	-	مرتفع

يشير الجدول رقم (٣٢) أن الفقرة رقم (٧٤) والمتعلقة بعدم توفر العدد الكافي من المشرفات لمدارس الإناث، قد جاءت بالمرتبة الأولى وبمتوسط حسابي(٤.٠٥٥٢) وأهمية نسبية(٨١.١٠%)، وفي المرتبة الثانية الفقرة رقم (٦٥) والخاصة بكثرة عدد المعلمين التابعين للمشرف الواحد، وبمتوسط حسابي (٤.٠٣٠٧) وأهمية نسبية (٨٠.٦١%)، تلا ذلك الفقرات (٧٢، ٨٤، ٦٧) والمتعلقة بالتزايد الدائم لأعداد المعلمين غير المدربين، وغياب معايير محددة لاختيار المعلمين، ودمج الإشراف الإداري والإشراف الفني في مهمة واحدة، وبمتوسطات حسابية(٣.٨٠٣٧، ٣.٣٧٣٦٢، ٣.٧٢٣٩) وأهمية نسبية(٧٦.٠٧%، ٧٤.٧٢%، ٧٤.٤٨%) على التوالي، ثم تلا ذلك الفقرتين(٧٣، ٦٦) والخاصتين بكثرة الأعباء الملقاة على المعلمين مما يحول دون الإفادة من الإشراف، عدم اهتمام المسؤولين بعمل المشرف والأخذ بتقاريره عن المعلمين، حيث كانت المتوسطات الحسابية لهاتين الفقرتين(٣.٧١٧٨، ٣.٦٦٢٦) وبأهمية نسبية وعلى التوالي (٧٤.٣٦%، ٧٣.٢٥%)، وجاء في المرتبة الأخيرة الفقرات (٨٣، ٧٨) والمتعلقتين وبغياب المعايير المحددة في اختيار المشرفين التربويين، وعدم ملاءمة البيئة المدرسية للتدريس، وبمتوسطين حسابيي(٣.١٠٤٣، ٣.٠٧٣٦) وبأهمية نسبية (٦٢.٠٩%، ٦١.٤٧%) وعلى التوالي.

ثالثاً : بعد المشكلات الفنية

جدول رقم (٣٣)

المتوسطات الحسابية والانحرافات المعيارية والأهمية النسبية لإجابات أفراد عينة الدراسة عن فقرات بعد المشكلات الفنية.

رقم الفقرة في الاستبانة	محتوى الفقرة	المتوسط الحسابي	الانحراف المعياري	الأهمية النسبية	الترتيب حسب النسبية	المستوى بالنسبة للمتوسط
٨٥	نقص الخبرة الفنية لدى المشرف التربوي	٣.٣٢٥٢	٠.٧٩٢٦	%٦٦.٥٠	١٠	متوسط
٨٦	عدم اهتمام المعلمين بتوجيهات المشرفين التربويين	٣.٣٤٣٦	٠.٨٠٤٢	%٦٦.٨٧	٩	متوسط
٨٧	ضعف التنسيق بين المشرف التربوي والمشرف المقيم في المتابعة الفنية	٣.٥٥٨٣	٠.٧٣٧٨	%٧١.١٧	٤	مرتفع
٨٨	عدم قدرة بعض الإدارات المدرسية القيام بالمهام الفنية	٣.٤١١٠	٠.٧٩٩٢	%٦٨.٢٢	٨	متوسط
٨٩	اهتمام المشرف التربوي بالشكليات	٣.٤٦٦٣	٠.٨٥٥٥	%٦٩.٣٣	٧	متوسط
٩٠	عدم توظيف الاتجاهات الحديثة في الإشراف التربوي	٣.٥٢٧٦	٠.٧٣٩٦	%٧٠.٥٥	٦	مرتفع
٩١	عدم تحديد مهارات التدريس الفعالة	٣.٦٦٨٧	٠.٦٨٥٤	%٧٣.٣٧	٢	مرتفع

٩٢	ضعف الانتماء عند المعلمين للمهنة	٣.٦١٣٥	٠.٧٧٢٤	%٧٢.٢٧	٣	مرتفع
٩٣	سيطرة أسلوب التفتيش على الممارسات الإشرافية في المدارس	٣.٥٣٩٩	٠.٨١٠٨	%٧٠.٨٠	٥	مرتفع
٩٤	عدم متابعة مدير المدرسة لتوجيهات المشرفين مع المعلمين	٣.٧٦٦٩	٠.٨٤٣١	%٧٥.٣٤	١	مرتفع
-	المتوسط الكلي	٣.٥٢٢١	٠.٤٨٧٥	%٧٠.٤٤	-	مرتفع

يشير الجدول رقم (٣٣) أن الفقرة رقم (٩٤) بعدم متابعة مدير المدرسة لتوجيهات المشرفين مع المعلمين، قد جاءت بالمرتبة الأولى بمتوسط حسابي (٣.٧٦٦٩) وأهمية نسبية (٧٥.٣٤%)، تلاها في ذلك وفي المرتبة الثانية الفقرة رقم (٩١) والخاصة بعدم عدم تحديد مهارات التدريس الفعالة وبمتوسط حسابي(٣.٦٦٨٧) وأهمية نسبية (٧٣.٣٧%)، تلا ذلك الفقرات (٩٢، ٨٧) والمتعلقة بضعف الانتماء عند المعلمين للمهنة، وضعف التنسيق بين المشرف التربوي والمشرف المقيم في المتابعة الفنية، وبمتوسطين حسابيين (٣.٦١٣٥، ٣.٥٥٨٣) وأهمية نسبية (٧٢.٢٧%، ٧١.١٧%) على التوالي، ثم تلا ذلك الفقرتين (٩٣، ٩٠) والخاصتين سيطرة أسلوب التفتيش على الممارسات الإشرافية في المدارس، وعدم توظيف الاتجاهات الحديثة في الإشراف التربوي، حيث كانت المتوسطات الحسابية لهاتين الفقرتين (٣.٥٣٩٩، ٣.٥٢٧٦) وبأهمية نسبية وعلى التوالي (٧٠.٥٥%، ٧٠.٥٥%)، وجاء في المرتبة الأخيرة الفقرات (٨٦، ٨٥) والمتعلقتين بعدم اهتمام المعلمين بتوجيهات المشرفين التربويين، نقص الخبرة الفنية لدى المشرف التربوي، وبمتوسطين حسابيين (٣.٣٤٣٦، ٣.٣٢٥٢) وبأهمية نسبية (٦٦.٨٧%، ٦٦.٥٠%) وعلى التوالي.

رابعاً : بعد المشكلات الشخصية

جدول رقم (٣٤)

المتوسطات الحسابية والانحرافات المعيارية والأهمية النسبية لإجابات أفراد عينة الدراسة عن فقرات بعد المشكلات الشخصية.

رقم الفقرة في الاستبانة	محتوى الفقرة	المتوسط الحسابي	الانحراف المعياري	الأهمية النسبية	الترتيب حسب النسبية	المستوى بالنسبة للمتوسط
٩٥	عدم القدرة على إثارة دافعية المعلم	٣.٥٢٧٦	٠.٧١٤٢	%٧٠.٥٥	٤	مرتفع
٩٦	عدم كشف المعلمين عن حاجاتهم الحقيقية للإشراف	٣.٦١٩٦	٠.٧٢١٩	%٧٢.٣٩	١	مرتفع
٩٧	شعور كثير من المعلمين القدامى أنهم أكفأ من المشرفين	٣.٦٠١٢	٠.٧٢٤٧	%٧٢.٠٢	٢	متوسط
٩٨	عدم القناعة بجدوى الإشراف التربوي الحديث	٣.٣٩٨٨	٠.٧٢٤٧	%٦٧.٩٨	٥	متوسط
٩٩	الضغوط النفسية بسبب الواقع الاجتماعي للمعلمين	٣.٥٥٨٣	٠.٧١٢٣	%٧١.١٧	٣	مرتفع
١٠٠	ضعف الثقة بين المشرف التربوي والمعلم	٣.٤٤٧٩	٠.٦٩٥٣	%٦٨.٩٦	٦	متوسط
-	المتوسط الكلي	٣.٥٢٥٦	٠.٥٢٢٠	%٧٠.٥١	-	متوسط

يشير الجدول رقم(٣٤) أن الفقرة رقم(٩٦) والمتعلقة بعدم كشف المعلمين عن حاجاتهم الحقيقية للإشراف، قد جاءت بالمرتبة الأولى بمتوسط حسابي(٣.٦١٦٩) وأهمية نسبية(٧٢.٣٩%)، تلاها في ذلك وفي المرتبة الثانية الفقرة رقم (٩٧) والخاصة بعدم كشف المعلمين عن حاجاتهم الحقيقة للإشراف وبمتوسط حسابي (٣.٦٠١٢) وأهمية نسبية (٧٢.٠٢%)، تلا ذلك الفقرات (٩٩، ٩٥) والمتعلقة بالضغوط النفسية بسبب الواقع الاجتماعي للمعلمين، عدم القدرة على إثارة دافعية المعلم، وبمتوسطين حسابيين (٣.٥٥٨٣، ٣.٥٢٧٦) وأهمية نسبية (٧١.١٧%، ٧٠.٥٥%) على التوالي، وجاء في المرتبة الأخيرة الفقرات (٩٨، ١٠٠) والمتعلقتين بعدم القناعة بجدوى الإشراف التربوي الحديث، وضعف الثقة بين المشرف التربوي والمعلم، وبمتوسطين حسابيين (٣.٣٩٨٨، ٣.٤٤٧٩) وبأهمية نسبية (٦٧.٩٨%، ٦٨.٩٦%) وعلى التوالي.

السؤال الثامن: هل توجد فروق بين وجهتي نظر كل من المشرفين التربويين ومديري المدارس حول مشكلات الإشراف التربوي؟

جدول رقم (٣٥)

نتائج اختبار (T) الإحصائي لاختلاف وجهتي نظر كل من المشرفين التربويين ومديري المدارس حول مشكلات الإشراف التربوي.

محتوى الفقرة	فئات المتغير المستقل	العدد	المتوسط الحسابي	الانحراف المعياري	قيمة (T) المحسوبة	أهمية (T)
المشكلات الاقتصادية	مشرف مدير	٦٣ ١٦٣	٣.٤٧٦٢ ٣.٥٣٢٢	٠.٦٤٨٧ ٠.٥٩٢٠	٠.٥٩٦	٠.٥٥٢
المشكلات الإدارية	مشرف مدير	٦٣ ١٦٣	٣.٤٩٨٤ ٣.٥٢٨٢	٠.٣٤٢٧ ٠.٤٢٥٩	٠.٥٤٦	٠.٥٨٦
المشكلات الفنية	مشرف مدير	٦٣ ١٦٣	٣.٣١١١ ٣.٥٢٢١	٠.٤٣٧٤ ٠.٤٨٥٧	٣.١٤٧*	٠.٠٠٢
المشكلات الشخصية	مشرف مدير	٦٣ ١٦٣	٣.٤١٥٣ ٣.٥٢٥٦	٠.٥٦٦٣ ٠.٥٢٢٠	١.٣٤٠	٠.١٨٣
المشكلات مجتمعة	مشرف مدير	٦٣ ١٦٣	٣.٤٢٥٣ ٣.٥٢٧٠	٠.٣٣٤٦ ٠.٣٨٨١	١.٩٥٨	٠.٠٥٢

تشير نتائج اختبار (T – test) في جدول (٣٥) إلى عدم وجود فروق ذات دلاله إحصائية بين وجهتي نظر كل من المشرفين التربويين ومديري المدارس حول مشكلات الإشراف التربوي، حيث كانت قيمة (T= ١.٩٥٨) بدلاله إحصائية (α= ٠.٠٥٢) وهي غير معنوية عند مستوى(٠.٠٥) بمعنى أن المبحوثين بغض النظر عن طبيعة عملهم يرون أن جميع المشكلات تقلل من فاعلية الإشراف التربوي.

كذلك تشير النتائج إلى عدم وجود فروق ذات دلاله إحصائية بين وجهتي نظر كل من المشرفين التربويين ومديري المدارس حول المشكلات الاقتصادية، حيث أن قيمة (T=٠.٥٩٦) بدلاله إحصائية بلغت (α=٠.٥٢٢) وهي غير معنوية عند مستوى(٠.٠٥).

وتشير النتائج إلى عدم وجود فروق ذات دلاله إحصائية بين وجهتي نظر كل من المشرفين التربويين ومديري المدارس حول المشكلات الإدارية، حيث أن قيمة (T=٠.٥٤٦) بدلاله إحصائية بلغت (α=٠.٥٨٦) وهي غير معنوية عند مستوى(٠.٠٥).

وتشير النتائج إلى عدم وجود فروق ذات دلاله إحصائية بين وجهتي نظر كل من المشرفين التربويين ومديري المدارس حول المشكلات الشخصية، حيث أن قيمة (T=١.٣٤٠) بدلاله إحصائية بلغت (α=٠.١٨٣) وهي غير معنوية عند مستوى(٠.٠٥).

في حين أشارت النتائج إلى وجود فروق ذات دلاله إحصائية بين وجهتي نظر كل من المشرفين التربويين ومديري المدارس حول المشكلات الفنية، حيث أن قيمة (T=٣.١٤٧) بدلاله إحصائية بلغت (α=٠.٠٠٢) وهي معنوية عند مستوى(٠.٠٥). ولقد كانت الفروق لصالح مديري المدارس حيث بلغ متوسط إجابتهم(٣.٥٢٢١)، ومتوسط إجابة المشرفين(٣.٣١١١).

المبحث الثاني: مناقشة النتائج والتوصيات

يتناول هذا الفصل مناقشة النتائج التي توصلت إليها الدراسة بالتحليل والتفسير في ضوء أسئلتها التي هدفت بيان مستوى فاعلية الإشراف التربوي ومشكلاته في إقليم جنوب الأردن من وجهة نظر المشرفين التربويين ومديري المدارس الحكومية ومدى اتفاق هذه النتائج أو اختلافها مع نتائج الدراسات السابقة.

وذلك في ضوء المجالات التي توصل إليها الباحث، والتي جاءت في (١٠٠) فقرة، موزعة على محورين رئيسيين هما :

١ – مجالات الإشراف التربوي.

٢ – مشكلات الإشراف التربوي.

وقد هدفت كذلك إلى بيان أثر كل من الجنس، والمؤهل العلمي، والخبرة، وطبيعة العمل، في تحديد مستوى الفاعلية، والمشكلات التي تقلل منها من وجهة نظر المبحوثين.

ويتضمن الفصل ما خلص إليه الباحث من توصيات مقترحة في ضوء نتائج هذه الدراسة.

أولاً: مناقشة النتائج وتفسيرها :

مناقشة النتائج المتعلقة بالسؤال الأول :

ما مستوى فاعلية الإشراف التربوي من وجهة نظر المشرفين التربويين في إقليم جنوب الأردن ؟

- دلت النتائج أن المتوسط العام لأبعاد فاعلية الإشراف التربوي كان مرتفعاً حيث بلغ (٣.٧٤٨٤) وبأهمية نسبية بلغت (٧٤.٩٧%)، مما يشير إلى وجود رضى بدرجة مرتفعة لدى أفراد مجتمع الدراسة على فاعلية الإشراف التربوي، واحتل مجال أهداف الإشراف التربوي المرتبة الأولى

بمتوسط حسابي بلغ(٣.٨٦٩٠) وأهمية نسبية بلغت (٧٧.٣٨%)، تلاه مجال وظائف الإشراف التربوي المرتبة الثانية متوسط حسابي بلغ (٣.٧٤٧٢)، وأهمية نسبية بلغت (٧٤.٩٤%).

يعزو الباحث احتلال هذين المجالين بالمرتبة الأولى، والثانية على التوالي بين مجالات الإشراف التربوي إلى وضوح مفهوم الإشراف وأهدافه ووظائفه، لدى فئة المشرفين التربويين نتيجة التطور الملحوظ للإشراف التربوي برمته لمختلف الجهود التي سعت لذلك، والتي كانت ثمرة التطور في الفكر التربوي المتعلق بعناصر النظام التربوي (مدخلاته، وعملياته، ومخرجاته) بعد مؤتمر التطوير التربوي عام ١٩٨٧م، وصدور دليل جديد للإشراف التربوي عام (٢٠٠٢م).

وقد يعود احتلال هذين البعدين لدرجة مرتفعة إلى قناعات المشرفين التربويين في ضرورة الفهم الحقيقي للأهداف والوظائف تجنبا لانتقادات العاملين في الميدان من مديرين، ومعلمين، أو للمعايير التي وضعت في اختيار المشرفين التربويين من مثل الحصول على دبلوم التربية بعد الشهادة الجامعية الأولى، وأن يكون تقديره في التقرير السنوي "جيد جدا" في السنتين الأخيرتين، وأن لا تقل خدمته عن خمس سنوات، وخلو سجله من الإجراءات التأديبية، إضافة إلى المقابلة الشخصية التي يجب اجتيازها من متخصصين وأكاديميين.

وقد يكون ذلك بسبب اطّلاع المشرفين التربويين الدائم على الجديد في مجال عملهم، ولممارستهم الفعلية للزيارات الصفية، والدورات التدريبية والمشاغل، التي تعقد للمعلمين الجدد والقدامى، في ظل الاقتصاد المعرفي الهادف إلى تفعيل التغيير التربوي في الأردن والذي يؤكد على ضرورة تطوير التعليم في المراحل الدراسية جميعها، والوصول إلى تكنولوجيا المعلومات والاتصالات الحديثة، والتعلم النوعي (تحسين نوعية التعليم) والاستجابة لتطوير الاقتصاد وتلبية متطلباته.

وجاءت أساليب الإشراف التربوي المتبعة في المرتبة الثالثة بمتوسط حسابي بلغ (٣.٧٤٦٠) وبأهمية نسبية بلغت (٧٤.٩٢%)، وهذا مؤشر على فهم المشرفين لطبيعة عملهم التي لم تعد مقصورة على الزيارة الإشرافية بل تجاوزتها إلى الأساليب الأخرى المتبعة، لأن من مقومات الإشراف التربوي الفهم، ومعرفة جوانب العمل الإشرافي.

وقد يعود ذلك إلى الخبرة العملية والعلمية حيث أن غالبية العينة من ذوي المؤهلات المتوسطة والعالية، بكالوريوس ودبلوم، وماجستير ودكتوراة، ومن أصحاب الخبرات العملية المتوسطة والطويلة، مما يشير إلى أن للمؤهل والخبرة دورهما في إبراز مثل هذه النتائج.

في حين قد تعود هذه النتيجة إلى طبيعة عمل المبحوثين، ومن المنطقي أن يأتي هذا المجال بدرجة رضى عالية لأن من يقوم على العملية الإشرافية وممارستها المشرفون التربويون بالدرجة الأولى، ولا يعقل أن تكون شهاداتهم بأنفسهم خلاف ذلك.

ثم جاء تنظيم الإشراف التربوي بالمرتبة الرابعة، وبمتوسط حسابي بلغ (٣.٦٩٧١) وبأهمية نسبية بلغت (٧٣.٩٤%) في حين حلت أساليب التقويم المتبعة في المرتبة الأخيرة بمتوسط حسابي بلغ (٣.٦٨٢٥)، فعلى الرغم من وجود رضى لدرجة مرتفعة لدى المبحوثين إلا أن ترتيب مجال التنظيم في المرتبة الرابعة يشير إلى أن هذا المجال جاء متأخرا عن الأطر النظرية التي شملت الأهداف، والوظائف، والتنظيم الإشرافي، لأن التنظيم الجديد للإشراف التربوي قد ألزم المشرفين بضرورة الدوام لأربعة أيام في الميدان، ويوم واحد في المديرية، في حين كان المشرف التربوي طليقا دون ضوابط، إضافة إلى النماذج التوثيقية التي تراعي زمن وجوده، والمتابع من قبل رئيس قسم الإشراف في المديرية، وكذلك الحال بالنسبة لأساليب التقويم المتبعة والتي جاءت في المرتبة الأخيرة مع ضرورة تقدمها لأنها تقوم ما اعوج في العملية التعليمية التعلمية بمجملها.

وقد يكون ذلك عائدا إلى عدم تخصيص عدد مناسب من المعلمين لكل مشرف، حيث بلغ المتوسط الحسابي لهذه الفقرة (٢.٩٨٤١) وأهمية نسبية بلغت (%٥٩.٦٨) وهذا يشير إلى أن نسبة المعلمين لكل مشرف معتدلة مما أدى إلى انخفاض النسبة بمجموعها.

جاءت نتائج هذه الدراسة متفقة مع ما جاءت به دراسة عباس (١٩٩٢)، التي هدفت التعرف إلى فاعلية المشرف التربوي في تحسين الممارسات الإدارية لمديري المدارس الحكومية في الأردن، و دراسة عيدة (١٩٩٥)، التي هدفت إلى معرفة واقع نظام الإشراف التربوي في المدارس الأردنية، وجاءت نتائج هذه الدراسة متفقة مع ما جاءت به دراسة العمادي وأحمد (١٩٩٥) والتي هذفت إلى استطلاع آراء المشرفين التربويين ومديري المدارس والمعلمين حول نظام الإشراف الحديث في قطر، وجاءت نتائج هذه الدراسة متفقة مع ما جاءت به دراسة الداوود (١٩٩٥) من حيث بُعد التقويم، واتفقت مع نتائج دراسة عواد (١٩٩٥) التي هدفت معرفة اتجاهات كل من المديرين والمعلمين نحو الإشراف التربوي في الإمارات حيث أظهرت النتائج أن الاتجاهات إيجابية بدرجة واضحة، وجاءت نتائج هذه الدراسة متفقة مع ما جاءت به دراسة الصمادي (٢٠٠٠)، والتي هدفت إلى معرفة تصورات المعلمين والقادة التربويين حول فاعلية الإشراف التكاملي.

اختلفت نتائج هذه الدراسة مع ما جاءت به دراسة سلامة والخليلي (١٩٨٩) والتي بينت أن فاعلية تنفيذ الأساليب الإشرافية المختلفة كانت منخفضة، ومع دراسة الأيوب (١٩٩٠) حول درجة أهمية المهام الإشرافية حيث أظهرت النتائج أن المشرفين التربويين لا يمارسون مهامهم الإشرافية بدرجة تتفق وأهميتها، كما اختلف مع نتائج دراسة القسوس (١٩٩٢) التي هدفت التعرف إلى توقعات المعلمين من الدور الإشرافي الفني للمشرف التربوي لمادة اللغة العربية، حيث أظهرت

النتائج أن فعاليات الدور الإشرافي ما زالت سطحية، واختلفت مع دراسة ثابت (١٩٩٤) والتي هدفت إلى معرفة مدى فعالية الإشراف التربوي في دائرة التربية والتعليم التابعة لوكالة الغوث في قطاع غزة. واختلفت مع ما جاءت به عمر (٢٠٠١) في دراستها التي هدفت بيان الدور الذي يؤديه التوجيه الفني في تحسين العملية التعليمية والعمل على ترقيتها.

مناقشة النتائج المتعلقة بالسؤال الثاني :

هل تختلف وجهات نظر المشرفين التربويين حول فاعلية الإشراف التربوي باختلاف الجنس، المؤهل العلمي، الخبرة في الإشراف ؟

دلت النتائج عدم وجود اختلافات بين وجهات نظر المشرفين التربويين حول فاعلية الإشراف التربوي على مستوى الدلالة (α = ٠.٠٥) بين متوسطات استجابات المشرفين التربويين على مجالات الفاعلية تعزى للجنس، والمؤهل العلمي، والخبرة في الإشراف.

فبالنسبة للجنس أشارت النتائج إلى مستوى مرتفع من التصورات حول فاعلية الإشراف، وذلك إعتماداً على المتوسطات الحسابية لإجابات فئتي الذكور والإناث وكانت إجابات فئة الذكور اكثر ارتفاعاً من متوسطات إجابات فئة الإناث بمتوسطين حسابيين مقدارهما (٣.٧٥٢٥)، (٣.٧٢٣٧)، على التوالي وكما هو موضح في الجدول رقم (١٢). وبمعنى آخر فان الذكور اكثر فاعلية من الإناث ويمكن تفسير هذه النتيجة بالتالية :

- أن ما نسبته (٥٠.٥٠%) من المشرفين التربويين من الذكور، في حين جاءت نسبة الإناث (٦.٧%)، ويشير هذا إلى أن غالبية الجهاز الإشرافي في وزارة التربية والتعليم الأردنية من الذكور مما يترك أثرا واضحا في النتيجة المشار إليها.
- أن الذكور أكثر فاعلية من الإناث لأن القيم والتقاليد السائدة في المجتمع ما زالت تعد المرأة أقل منزلة من الرجل، والرجال أكثر اهتماما وفاعلية من النساء من جهة أخرى.
- أن الأعمال والواجبات المطلوبة من المرأة تجاه أٍسرتها، وبيتها، وعملها كثيرة مما يجعلها في المرتبة الثانية بعد الرجل في الاطلاع، والتدريب، والمتابعة وبالتالي فاعلية الإشراف لديها.
- أن غالبية العينة من الذكور في حين لم يتجاوز عدد الإناث (٩) من (٦٣) مشرفا ومشرفة.

أما بالنسبة للمؤهل العلمي، والخبرة فيتضح من الجدولين رقم (١٢، ١٣) على التوالي واستنادا إلى نتائج تحليل التباين الأحادي انخفاض قيم (F) المحسوبة عن قيمة (F) الجدولية على مستوى دلالة (α = ٠.٠٥) وهذا يشير إلى عدم وجود فروقات ذات دلالة إحصائية بين تصورات المبحوثين حول (فاعلية الإشراف التربوي) بالرغم من أن المتوسطات الحسابية لإجاباتهم تزداد كلما زادت الخبرة الإشرافية، الأمر الذي انعكس إيجابا على فاعلية الإشراف التربوي، ويمكن تفسير هذه النتيجة على النحو التالي :

- أن غالبية العينة من ذوي المؤهلات العلمية المتوسطة (بكالوريوس + دبلوم) والعالية (ماجستير ودكتوراه)، كما انحصرت غالبية العينة بذوي الخبرة المتوسطة (٥-١٠ سنوات) والعالية (أكثر من ١٠ سنوات)، في حين لم يتجاوز عدد المشرفين من ذوي الخبرة (أقل من ٥ سنوات) عن (٧) أفراد، لهذا كانت مؤهلاتهم العلمية حافزا ودافعا لهم، أما بالنسبة للخبرة الإشرافية فقد أشارت النتائج أنه لا توجد فروقات ذات دلالة إحصائية بين تصورات المبحوثين حول فاعلية الإشراف التربوي بالرغم من أن المتوسطات الحسابية لإجاباتهم كانت تزداد كلما زادت الخبرة الإشرافية، الأمر الذي انعكس إيجابا على فاعلية الإشراف التربوي.

وجاءت نتائج هذه الدراسة متفقة مع ما جاءت به دراسة عيدة (١٩٩٥) بالنسبة لمتغير الجنس في حين اختلفت معها فيما يتعلق بمتغير المؤهل العلمي. وجاءت نتائج هذه الدراسة متفقة مع ما جاءت به دراسة العوض (١٩٩٦)، وجاءت نتائج هذه الدراسة مختلفة مع ما جاءت به نتائج دراسة إبراهيم (١٩٩٤) التي هدفت معرفة درجة الفاعلية للزيارات الصفية، واختلفت نتائج هذه الدراسة مع ديراني (١٩٩٧) فيما يتعلق بمتغيري الجنس والخبرة، واختلفت نتائج هذه الدراسة مع نتائج دراسة العقلة (١٩٩٨).

مناقشة النتائج المتعلقة بالسؤال الثالث :

مــا مسـتوى فاعليــة الإشراف التربـوي مـن وجهـة نظـر مـديري المـدارس الحكومية في إقليم جنوب الأردن ؟

دلت النتائج أن المتوسط العام لأبعاد متغيرات الدراسة (فاعلية الإشراف التربوي من وجهة نظر مديري المدارس الحكومية) كان مرتفعاً حيث بلغ (٣.٥١٦٠) وبأهمية نسبية بلغت (٧٠.٣٢%)، مما يشير إلى وجود رضى بدرجة مرتفعة لدى أفراد مجتمع الدراسة، واحتل متغير أهداف الإشراف التربوي المرتبة الأولى بمتوسط حسابي بلغ (٣.٦٩٤٨) وأهمية نسبية بلغت (٧٣.٩٠%)، ويفسر ذلك :

- أن دور مدير المدرسة لا يمكن تناوله بمعزل عن العملية الإشرافية التي أصبح شريكا فعليا فيها بعد شيوع فكرة مدير المدرسة باعتباره مشرفا مقيما، لأنه معني بتحسين العملية التعليمية في المدرسة مما يتطلب فهما لمجالات الإشراف التربوي وأسباب فاعليته.

- ما شهده واقع التربية والتعليم في الأردن من تغيرات واضحة في النظرة لدور مدير المدرسة بعامة، ودوره الفني الإشرافي بخاصة في أعقاب ندوة رفع كفاءة مدير المدرسة المنعقدة في جامعة مؤتة عام (١٩٨٩)، والتي عززت الدور المطلوب منه في مجال الإشراف، حيث اقترحت الحصول على مؤهل عال، ودبلوم التربية لغير الحاصلين عليه، وإدخالهم في برنامج تدريبي في الإدارة المدرسية مدته عام، والمشاركة في برامج تبادل الزيارات لمديري المدارس.

- وضوح أهداف الإشراف التربوي لفئة المديرين الشريك الأهم للمشرفين التربويين في ظل المدرسة وحدة أساسية للتطوير التربوي.

وجاء تنظيم الإشراف التربوي بمتوسط حسابي بلغ (٣.٦٠١٧)، وأهمية نسبية بلغت(٧٢.٠٣%). وجاء بُعد وظائف الإشراف التربوي في المرتبة الثالثة بمتوسط حسابي بلغ (٣.٥٠٢٢)، وأهمية نسبية بلغت (٧٠.٠٤%).

تشير النتائج لهذين المجالين أن الهيكل التنظيمي المعمول به في أعقاب صدور دليل الإشراف التربوي (٢٠٠٢) على درجة عالية من الأهمية، وأن وظائف الإشراف التربوي واضحة، ومفهومة بدرجة عالية عند فئة المبحوثين لما يتوفر في هذين المجالين من نماذج توثيقية للفعاليات الإشرافية، وما يعمل به من معايير في اختيار المشرفين التربويين، وما تتطلبه الهيكلية الجديدة من ضرورة امتلاك الكفايات الأساسية للعمل الإشرافي، وما تعمل عليه وظائف الإشراف من تطوير في أداء المعلمين داخل الصفوف، وما تعمله من توطيد لعلاقة المشرف بالمعلم، في حين جاءت الفقرة يخصص عددا مناسبا من المعلمين لكل مشرف في المرتبة الأخيرة وبمتوسط معتدل، وجاءت الفقرتان توظف تكنولوجيا المعلومات في المواد الدراسية، وتساعد على تحقيق الرضى للمعلمين بمتوسط معتدل كذلك.

ويعزو الباحث ترتيب النتائج على هذا النحو من حيث الأهداف، والوظائف، إلى الوضع الطبيعي الذي يجب أن تكون عليه، حيث جاءت مقنعة للمبحوثين، لأن الأطر النظرية الموضوعة تلاقي استحسانا عاليا إذا ما أحسن تطبيقها على النحو الذي وردت عليه.

وجاءت أساليب الإشراف المتبعة في المرتبة الرابعة بمتوسط حسابي (٣.٣٩٥٩), وأهمية نسبية (٦٧.٩٢%). وبالمقارنة بين فاعلية الإشراف التربوي عند لمشرفين التربويين ومديري المدارس نجد أن المشرفين التربويين أكثر فاعلية من مديري المدارس.

وتفسر هذه النتيجة على أن دور المشرفين التربويين ركيزة أساسية وآلية جديدة لفاعلية الإشراف التربوي القائمة للإسهام في العملية التربوية، وبالتالي تفعيل الإشراف التربوي وتطويره وهذا ما يحافظ عليه الشريك المقيم مدير المدرسة.

ويؤشر احتلال هذا البعد للمرتبة الرابعة عند أفراد العينة وبدرجة متوسطة أن درجة الرضى عن الأساليب المتبعة معتدلة لدى مديري المدارس الحكومية، ولم ترق إلى مرتبتها في نظر المشرفين التربويين وهذا أمر طبيعي مرده أن مديري المدارس طرف آخر في عملية الإشراف التربوي يدللون على أن الأساليب الإشرافية المتبعة حاليا لا زالت تراوح مكانها لعدم قدرتها على توظيف الاتجاهات والوسائل الحديثة المختلفة في الإشراف، وعدم تقديمها للدروس التطبيقية النموذجية، وعدم إشراكها للمعلم في تطوير الإشراف، كما أن أساليب التقويم المتبعة جاءت بمتوسط عام (متوسط) مما يشير إلى أن هذه الأساليب ذات أهمية لأفراد العينة بدرجة متوسطة لكنها لا ترقى إلى مستوى الطموح لأنها تمثلت في التقييم، ووضع أحكام رقمية للدلالة على أعمال المعلم داخل الصف تمثلت في نموذج الزيارات الصفية، ولم تحقق التقويم المرغوب وهو تقويم الاعوجاج في أداء المعلمين وتحسين عطائهم ولم تضع استراتيجيات لمعالجة صعوبات التعلم.

جاءت نتائج هذه الدراسة متفقة مع ما جاءت به دراسة عيدة (١٩٩٥)، التي هدفت إلى معرفة واقع نظام الإشراف التربوي في المدارس الأردنية، وجاءت نتائج هذه الدراسة متفقة مع ما جاءت به العمادي وأحمد (١٩٩٥) والتي هدفت إلى استطلاع آراء المشرفين التربويين ومديري المدارس والمعلمين حول نظام الإشراف الحديث في قطر، وجاءت نتائج هذه الدراسة متفقة مع ما جاءت به دراسة عباس (١٩٩٢)، التي هدفت التعرف إلى فاعلية المشرف التربوي في تحسين الممارسات الإدارية لمديري المدارس الحكومية في الأردن، وجاءت نتائج هذه الدراسة متفقة مع ما جاءت به دراسة الداوود (١٩٩٥) من حيث بُعد التقويم. وجاءت متفقة مع ما جاءت به دراسة القسوس (١٩٩٢)، وجاءت نتائج هذه الدراسة متفقة مع ما جاءت به دراسة الصمادي (٢٠٠٠)، والتي هدفت إلى معرفة تصورات المعلمين والقادة التربويين حول فاعلية الإشراف التكاملي.

واختلفت نتائج هذه الدراسة مع ما جاءت به دراسة ثابت (١٩٩٤) والتي هدفت إلى معرفة مدى فعالية الإشراف التربوي في دائرة التربية والتعليم التابعة

لوكالة الغوث في قطاع غزة. واختلفت نتائج هذه الدراسة مع ما جاءت به عمر (٢٠٠١) التي هدفت بيان الدور الذي يؤديه التوجيه الفني في تحسين العملية التعليمية والعمل على ترقيتها.

مناقشة النتائج المتعلقة بالسؤال الرابع :

هل تختلف وجهات نظر مديري المدارس الحكومية حول فاعلية الإشراف التربوي باختلاف الجنس، المؤهل العلمي، الخبرة في الإدارة المدرسية ؟

- دلت النتائج أن هناك فروقات ذات دلالة إحصائية بين تصورات المبحوثين حول فاعلية الإشراف التربوي من وجهة نظر مديري المدارس تعزى لمتغير الجنس. ولقد كانت الفروق لصالح الإناث حيث بلغ متوسط إجابة الإناث (٣.٥٦٠٦) ومتوسط إجابة الذكور (٣.٤٢٣٦).

- وأشارت النتائج أن هناك فروقات ذات دلالة إحصائية بين تصورات المبحوثين حول أهداف الإشراف التربوي تعزى لمتغير الجنس. ولقد كانت الفروق لصالح الإناث حيث بلغ متوسط إجابة الإناث (٣.٧٨٣٠) ومتوسط إجابة الذكور (٣.٥١١٨).

- كما أشارت النتائج أن هناك فروقات ذات دلالة إحصائية بين تصورات المبحوثين حول تنظيم الإشراف التربوي تعزى لمتغير الجنس. ولقد كانت الفروق لصالح الإناث حيث بلغ متوسط إجابة الإناث (٣.٦٥٥٣) ومتوسط إجابة الذكور (٣.٤٩٠٦).

- لعل السبب في وجود فروقات تعزى لمتغير الجنس استناداً إلى ارتفاع قيمة (F) المحسوبة (٥.٢٦٣) عن قيمة (F) الجدولية على مستوى الدلالة (α = ٠.٠٥) في الجدول رقم (٢١) يعود إلى عينة الإناث التي كانت ضعف عينة الذكور حيث بلغت نسبة المديرين (٤٩.٥%) في حين بلغت نسبة المديرات (٩٢.٤%).

- وقد يعود السبب إلى الاهتمام الإداري من قبل مديرات المدارس بالأهداف، والتنظيم مما ترك أثرا في الفاعلية، لأنه كلما زاد فهم الأهداف وهيكلية تحقيقها زادت الفاعلية على مجالات الإشراف التربوي، وقد جاء هذا الفهم، وهذه المعرفة بالنسبة لمجالي الأهداف، والتنظيم المعمول بهما مما يقرّ برضى عينة الدراسة من الإناث عن الأطر النظرية وبدرجة عالية.

- وقد يعود السبب لدى الإناث إلى أهمية الإلمام بأهداف الإشراف التربوي وضرورة معرفة التنظيم، لأن غالبية المشرفين التربويين من الذكور، مما يوجب تعاونا بين المديرات في مدارسهن والمشرفين التربويين أثناء زياراتهم، الأمر الذي يتطلب المعرفة الكافية في ظل التوجه الذي يعتبر المدير مشرفا مقيما في مدرسته.

- ودلت المعطيات الإحصائية بأنه لا توجد فروقات ذات دلالة إحصائية بين تصورات المبحوثين حول (وظائف الإشراف التربوي، أساليب الإشراف المتبعة، أساليب التقويم المتبعة) تعزى لمتغير الجنس، الأمر الذي يشير إلى أن هذه المجالات أساسيات في معرفة مدير المدرسة.

- أما بالنسبة لمتغيري المؤهل العملي، والخبرة الإدارية فالمعطيات الإحصائية تشير إلى عدم وجود فروقات ذات دلالة إحصائية بين تصورات المبحوثين حول فاعلية الإشراف التربوي تعزى لمتغيري المؤهل العلمي، والخبرة الإدارية.

جاءت نتائج هذه الدراسة مختلفة مع ما جاءت به دراسة عيدة (١٩٩٥) بالنسبة لمتغير الجنس، في حين اختلفت معها فيما يتعلق بمتغير المؤهل العلمي، واتفقت مع دراسة عواد (١٩٩٥) حول اتجاهات المديرين والمعلمين نحو الإشراف في الإمارات العربية بالنسبة لمتغير الجنس إذ كانت اتجاهات المديرين نحو الإشراف التربوي تعزى للجنس ولصالح الإناث، حيث كنّ أكثر إيجابية من اتجاهات المديرين، واتفقت نتائج هذه الدراسة مع ديراني (١٩٩٧) فيما يتعلق

بمتغير الجنس واختلفت معها فيما يتعلق بمتغير الخبرة، واتفقت هذه الدراسة مع نتائج دراسة العقلة (١٩٩٨) فيما يتعلق بمتغير الجنس، في حين اختلفت معها بالنسبة لباقي المتغيرات، كما اتفقت مع دراسة زامل (٢٠٠٠) التي هدفت تقويم نظام الإشراف التربوي في مدارس وكالة الغوث، وجاءت نتائج هذه الدراسة مختلفة مع ما جاءت به دراسة العوض (١٩٩٦).

مناقشة النتائج المتعلقة بالسؤال الخامس :
هل توجد فروق بين وجهتي نظر المشرفين التربويين ومديري المدارس حول فاعلية الإشراف التربوي في إقليم جنوب الأردن ؟

- أشارت المعطيات الإحصائية أن هناك فروقات ذات دلالة إحصائية بين تصورات المبحوثين حول فاعلية الإشراف التربوي تعزى لمتغير طبيعة العمل. ولقد كانت الفروق لصالح المشرفين التربويين حيث بلغ متوسط إجابة المشرفين التربويين (٣.٧٤٨٤) ومتوسط إجابة مديري المدارس (٣.٥١٦٠). وأشارت النتائج أن هناك فروقات ذات دلالة إحصائية بين تصورات المبحوثين حول أهداف الإشراف التربوي تعزى لمتغير طبيعة العمل، ولقد كانت الفروق لصالح المشرفين التربويين حيث بلغ متوسط إجابة المشرفين التربويين (٣.٨٦٩٠) ومتوسط إجابة مديري المدارس (٣.٦٩٤٨). وأشارت النتائج أن هناك فروقات ذات دلالة إحصائية بين تصورات المبحوثين حول وظائف الإشراف التربوي تعزى لمتغير طبيعة العمل. ولقد كانت الفروق لصالح المشرفين التربويين حيث بلغ متوسط إجابة المشرفين التربويين (٣.٧٤٧٢) ومتوسط إجابة مديري المدارس (٣.٥٠٢٢). ودلت النتائج أن هناك فروقات ذات دلالة إحصائية بين تصورات المبحوثين حول أساليب الإشراف المتبعة تعزى لمتغير طبيعة العمل. ولقد كانت الفروق لصالح المشرفين التربويين حيث بلغ متوسط إجابة المشرفين التربويين (٣.٧٤٦٠) ومتوسط إجابة مديري المدارس (٣.٣٩٥٩). ودلت النتائج أن هناك فروقات ذات دلالة إحصائية بين تصورات المبحوثين حول أساليب التقويم المتبعة تعزى لمتغير

طبيعة العمل. ولقد كانت الفروق لصالح المشرفين التربويين حيث بلغ متوسط إجابة المشرفين التربويين (٤.٣٦٠) ومتوسط إجابة مديري المدارس(٣.٣٨٥٦).

- وتفسر هذه النتيجة في أن الفروق في أغلبها كانت لصالح المشرفين التربويين لضرورة إلمامهم بأنواع من المعلومات والمهارات، والصفات الشخصية للأداء بطريقة فعالة، وليعملوا بطريقة منسجمة مع الذين يعملون بمحيطهم لأن الدور الذي يؤديه المشرف التربوي يمكنه من مساعدة المعلمين في فهم أنفسهم، ومعرفة مواطن القوة ونواحي الضعف، مما يتطلب مهارة فائقة في معرفة الأهداف، الوظائف، الأساليب، وآلية التقويم.

- وقد يعود ذلك إلى الدور المنشود للمشرف التربوي في تأدية الأدوار بفاعلية، حيث يجب أن تتوافر لديه مجموعة من الكفايات الخاصة التي تدل على قدرته على عمل الأشياء بكفاءة، وبمستوى مرتفع من الأداء، لأن العمل الإشرافي يتطلب إلى جانب المؤهل العلمي، الخبرة، والتدريب، عاملا أساسيا هو توفر الكفايات والمهارات لتكون عونا له في ممارسة الإشراف، وهذه بمجموعها مؤهلات لهذا العمل، وسببا في اختياره للقيام بهذا الدور في تحسين العملية التعليمية التعلمية.

- وقد يكون لطبيعة عمل المشرفين التربويين، وممارستهم اليومية للدور الإشرافي من خلال الزيارات الصفية، عقد الدورات، المشاغل، وورش العمل، وما إلى ذلك من أساليب إشرافية إضافة إلى الخبرة التراكمية في الإشراف التربوي.

- وتشير المعطيات الإحصائية إلى عدم وجود فروقات بين تصورات المبحوثين حول تنظيم الإشراف التربوي، تعزى لمتغير طبيعة العمل.

- وتفسر هذه النتيجة لما لطبيعة الدور الذي تؤديه القيادات المدرسية في ظل اعتبار المدرسة وحدة أساسية للتطوير، ولما لهذه القيادات المدرسية من دور في الإشراف على من يتولون تعليم النشء في أدق مراحل حياتهم

كالطفولة والمراهقة، ومدير المدرسة رأس العملية التعليمية التعلمية والناظم لعملياتها والمرجعية لكل العاملين فيها.

- كما أن هذه النتيجة تؤكد أن بناء هيكلية جديدة للإشراف التربوي تمكنه من مساندة المدرسة بشكل فاعل، وتحقق المهام الأساسية التي أنيطت بالإشراف التربوي، والإدارة المدرسية نحو المدرسة في ظل التنسيق بين مستويات الإشراف التربوي الثلاثة وهي : الوزارة، المديرية، المدرسة مع مراعاة أدوار الإشراف التربوي في الميدان ومتابعتها ليتمكن المشرف التربوي من القيام بمهامه بنجاح واقتدار.

وقد يعود هذا إلى التوافق بين المشرفين التربويين والمديرين الذين أدركوا ضرورة العمل على توحيد النظرة إلى الإشراف التربوي فيما يعرف بوحدة الإشراف، وهذا مؤشر على رضى الجانبين عن الهيكل التنظيمي الجديد بعد بروز فكرة المشرف المقيم وشيوع تطبيقها حيث تتوفر القدرة لدى مدير المدرسة في تحسس حاجات معلميه وأولوياتهم، لأنه الأعرف بالخصائص المشتركة والمميزة للإشراف التربوي الفعال خاصة وهو المتابع في الميدان لصدى الإشراف التربوي والملاحظ للتغيير والتغذية الراجعة عند معلميه.

اتفقت نتائج هذه الدراسة مع نتائج دراسة ديراني (١٩٩٧) التي هدفت معرفة الممارسات الفعلية للمشرفين التربويين في الأردن من وجهة نظر المشرفين، كما اتفقت مع دراسة زامل (٢٠٠٠)، واختلفت مع دراسة العيدة (١٩٩٥) في عدم وجود فروق دالة إحصائيا بين متوسطات استجابة المشرفين والمديرين في جميع مجالات نظام الإشراف التربوي تعزى لمتغير طبيعة العمل.

مناقشة النتائج المتعلقة بالسؤال السادس :

ما هي المشكلات التي تقلل من فاعلية الإشراف التربوي كما يراها المشرفون التربويون ؟

- دلت النتائج أن المتوسط الكلي للمشكلات التي تقلل من فاعلية الإشراف التربوي كما يراها المشرفون التربويين كان متوسطاً، حيث بلغ (٣.٤٢٥٣) وبأهمية نسبية (٦٨.٥١%)، مما يدل على أن مستوى إدراك المبحوثين للمشكلات التي تقلل من فاعلية الإشراف التربوي كما يراها المشرفون التربويين كان متوسطاً، وقد احتل بُعد المشكلات الإدارية المرتبة الأولى من حيث مستوى إدراك المبحوثين لهذا البعد وبمتوسط حسابي (٣.٤٩٨٤) وبأهمية نسبية (٦٩.٩٧%)، وتلاه في ذلك وفي المرتبة الثانية بعد المشكلات الاقتصادية بمتوسط حسابي (٣.٤٧٦٢) وبأهمية نسبية (٦٩.٥٢%)، وتلا ذلك وعلى التوالي بُعد المشكلات الشخصية وبمتوسط حسابي (٣.٤١٥٣) وأهمية نسبية (٦٨.٣١%).
- وتفسر هذه النتيجة على أن بُعد المشكلات الإدارية التي جاءت في المرتبة الأولى وبدرجة متوسطة، من حيث أهميتها عند المبحوثين، تُعبّر عن الانعكاس السلوكي الذي يمكن استشعاره بصورة مباشرة من جراء العلاقات الإدارية والتباين في تقييم اداء المعلم بين المشرف والمدير، وهذا ما يتحسسه المشرفون التربويون، وقلة الدورات التدريبية للمشرفين، والتزايد الدائم لأعددا المعلمين غير المدربين، بشكل يتماشى مع الحالة الوسطية لمتغير المشكلات التي تقلل من فاعلية الإشراف التربوي كما يراها المشرفون التربويين ككل، الذي يُعبر عن الشعور الاعتيادي غير المبالغ فيه من قبل المبحوثين. ولعل تركز إجابات المبحوثين في بُعد المشكلات الإقتصادية يفسر على أن تصورات المشرفين على الحوافز المادية والمعنوية، من حيث عدم تناسب المكافآت مع أدائهم، ومثل هذهِ النتيجة ملموسة ومستشعرة، لدى العاملين والموظفين بصفة عامة، وقد

يشتركون غالبيتهم في عدم الرضى الوظيفي حيال المكافآت، والرواتب، والأجور، نظراً لعدم تناسبها مع الجهود المبذولة في العمل من جهة، وعدم تناسبها أيضاً في تغطية متطلبات الحياة الاجتماعية والمستلزمات المعيشية للأسرة من جهة أخرى.

جاءت نتائج هذه الدراسة متفقة مع ما جاءت به دراسة الزعبي (١٩٩٠،)، وجاءت نتائج هذه الدراسة متفقة مع دراسة العمري (١٩٩١)، التي هدفت إلى تحديد مستوى الرضى الوظيفي للمشرفين التربويين في الأردن وعلاقته ببعض الخصائص الديموغرافية والوظيفية للمشرف، كما جاءت متفقة مع ما جاءت به دراسة السعود (١٩٩٣)، والتي هدفت إلى تحديد معوقات العمل الإشرافي في الأردن من وجهة نظر المشرفين، وبيان أثر متغيرات السن، والمؤهل العلمي، والخبرة الإشرافية والتفاعل بينها في المعوقات الإشرافية التي يواجهها المشرفون.

مناقشة النتائج المتعلقة بالسؤال السابع :

ما هي المشكلات التي تقلل من فاعلية الإشراف التربوي كما يراها مديرو المدارس الحكومية ؟

- دلت النتائج أن المتوسط الكلي للمشكلات التي تقلل من فاعلية الإشراف التربوي كما يراها مديرو المدارس كان مرتفعاً، حيث بلغ (٣.٥٢٧٠) وبأهمية نسبية (٧٠.٥٤%)، مما يدل على أن مستوى إدراك المبحوثين للمشكلات التي تقلل من فاعلية الإشراف التربوي كما يراها مديرو المدارس كان مرتفعاً، وقد احتل بُعد المشكلات الاقتصادية المرتبة الأولى من حيث مستوى إدراك المبحوثين لهذا البعد وبمتوسط حسابي (٣.٥٣٢٢) وبأهمية نسبية (٧٠.٦٤%)، وتلاه في ذلك وفي المرتبة الثانية بعد المشكلات الإدارية بمتوسط حسابي (٣.٥٢٨٢) وبأهمية نسبية (٧٠.٥٦%)، وتلا ذلك وعلى التوالي بُعد المشكلات الشخصية وبمتوسط

حسابي (٣.٥٢٥٦) وأهمية نسبية (٧٠.٥١%)، وأخيراً احتل البعد الفني المرتبة الأخيرة وبمتوسط حسابي (٣.٥٢٢١) وأهمية نسبية (٧٠.٤٤%).

- وتفسر هذه النتيجة على أن بُعد المشكلات الاقتصادية التي جاءت في المرتبة الأولى وبدرجة مرتفعة، من حيث أهميتها عند المبحوثين، تُعبر عن ضرورة زيادة المكافآت، والرواتب والأجور، في سبيل الحدّ من ظاهرة عدم الرضى المستمرة والدائمة، عبر اتجاهات الموظفين، والعاملين في المنظمات، بالشكل الذي يتناسب مع طبيعة الحياة الاقتصادية والمعاشية والاجتماعية لهم. والتركيز على وجوه وأبعاد الرضى الوظيفي، من حيث تفعيل أدوارها وتنضيج قيمها داخل المنظمات، وتعزيز مردوداتها المعنوية، لكي تشكّل رديفاً للمردودات المادية، في نفسية وقناعات أعضاء المنظمة، ودفعهم لبلوغ حالات الإخلاص والولاء في ذلك.

وجاءت نتائج هذه الدراسة متفقة مع ما جاءت به دراسة الزعبي (١٩٩٠م). وجاءت نتائج هذه الدراسة متفقة مع ما جاءت به دراسة العمري(١٩٩١)، التي هدفت إلى تحديد مستوى الرضى الوظيفي للمشرفين التربويين في الأردن وعلاقته ببعض الخصائص الديموغرافية والوظيفية للمشرف، وجاءت نتائج هذه الدراسة متفقة مع ما جاءت به دراسة السعود (١٩٩٣)، والتي هدفت إلى تحديد معوقات العمل الإشرافي في الأردن من وجهة نظر المشرفين، وبيان أثر متغيرات السن، والمؤهل العلمي، والخبرة الإشرافية والتفاعل بينها في المعوقات الإشرافية التي يواجهها المشرفون.

مناقشة النتائج المتعلقة بالسؤال الثامن :

هل توجد فروق بين وجهتي نظر كل من المشرفين التربويين ومديري المدارس الحكومية حول مشكلات الإشراف التربوي ؟

- أشارت المعطيات الإحصائية إلى عدم وجود فروق ذات دلاله إحصائية بين وجهتي نظر كل من المشرفين التربويين ومديري المدارس حول مشكلات الإشراف التربوي، بمعنى أن المبحوثين بغض النظر عن طبيعة عملهم يرون أن جميع المشكلات تقلل من فاعلية الإشراف التربوي. كذلك أشارت النتائج إلى عدم وجود فروق ذات دلاله إحصائية بين وجهتي نظر كل من المشرفين التربويين ومديري المدارس حول المشكلات الاقتصادية، وتشير النتائج إلى عدم وجود فروق ذات دلاله إحصائية بين وجهتي نظر كل من المشرفين التربويين ومديري المدارس حول المشكلات الإدارية. وأشارت النتائج إلى عدم وجود فروق ذات دلاله إحصائية بين وجهتي نظر كل من المشرفين التربويين ومديري المدارس حول المشكلات الشخصية.

- في حين أشارت النتائج إلى وجود فروق ذات دلاله إحصائية بين وجهتي نظر كل من المشرفين التربويين ومديري المدارس حول المشكلات الفنية. ولقد كانت الفروق لصالح مديري المدارس حيث بلغ متوسط إجابتهم (٣.٥٢٢١)، ومتوسط إجابة المشرفين (٣.٣١١١).

- وتفسر هذه النتيجة على أن هنالك تغيرات واضحة في النظرة لدور مدير المدرسة بعامة ودوره الفني الإشرافي بخاصة، لأن المدرسة نواة الوعي الاجتماعي، ومركز إشعاع وقيادة لعمليات التحديث والتجديد في المجتمع من خلال إعداد الأجيال الواعية، بسبب الدور المهم الملقى على عاتق المدرسة، وفي مقدمتهم مدير المدرسة الذي يجب أن يتمتع بقدرة عالية على القيادة والتنظيم لمعالجة الأمور بعقلانية وحكمة، ولكي يقوم بهذا الدور فإن عليه أن يولي النواحي الفنية في مدرسته اهتماماً أكبر، لأن الجانب الفني من عمله يرتبط بشكل مباشر في صقل

أفكار التلاميذ واتجاهاتهم من خلال المنهاج المدرسي، وعدم ممارسته لدوره الإشرافي الفني يؤدي إلى ميل التلاميذ إلى الفوضى والتخريب واللامسؤولية، كما أن قيام مدير المدرسة بهذا الدور لا يعني إلغاء دور المشرف التربوي وإنما يرفده ويكمله، ولأهمية الدور الإشرافي لمدير المدرسة وتعدد المهام المناطة به.

ثانياً: التوصيات:

في ضوء ما تقدم من نتائج فإنني أخلص للتوصيات التالية :

- أن الإشراف التربوي نظام له مدخلاته، وعملياته، ومخرجاته، التي لا بد من تحليلها بشكل يشمل العوامل المختلفة المؤثرة فيه ؛ لأن تحسين مدخلاته من اهداف ومفاهيم وأدوات وكفايات وأنظمة - كما هو حال الإشراف التربوي بعد صدور دليل الإشراف عام ٢٠٠٢-٢٠٠٣م - لا يكفي لتحسين مخرجاته إلا إذا اشتمل التحليل للعوامل المتوسطة من علاقات شخصية بين المشرف التربوي والمشرف المقيم، وبين المشرف التربوي والمعلم، واتجاهات المعلمين التربوية وقيمهم، واتجاهات المشرفين التربويين وقيمهم نحو الإشراف، من أجل الوصول إلى مخرجات جديدة للإشراف التربوي.

- بناء علاقة الزمالة والشراكة الدائمة بين المشرف التربوي المتخصص وبين المشرف المقيم (مدير المدرسة) في مراحل الإشراف المختلفة تخطيطاً، وتنفيذاً ومتابعة، وبين المشرف التربوي والمعلم بدلاً من الاقتصار على إصدار الأحكام على عمل المعلم من خلال المواقف الصفية، في ظل الهيكل التنظيمي القائم، والذي يتطلب بقاء المشرف أربعة أيام في الميدان لفهم المدرسة وظروفها وطلابها للحيلولة دون سلبية العلاقة والتقليل من المشكلات التي تقلل من الفاعلية.

- بناء مواصفات محددة وواضحة للنظام الإشرافي الجديد لينتقل من الموقف التعليمي وحرفيته إلى عمقه ومعناه ومن دور المحاسب إلى دور المدرب ومن

وضع القيود إلى تشخيص المشكلات وحلها، ومن الإشراف اللفظي إلى الإشراف المبني على المواد التدريبية والمهنية.

- أن تتجه الوزارة إلى تجريب أنواع من الإشراف المدرسي تتلاءم والمدرسة وحدة للتطوير من مثل الإشراف التنوعي، بحيث يصبح المشرف خبرة فنية تستند إلى الثقة، والنزاهة، والعدالة، والخبرة في تحليل المواقف، والابتعاد عن سلطة الزائر إلى سلطة المشارك الفاعل بإعداد البرامج التدريبية والتعليمية للمعلمين في ضوء خطة شاملة لتحسين نوعية التعليم، وبما يحدثه من تدريب للمعلمين في إنتاج المواد التعليمية الخاصة بهم.

- ضرورة إيجاد معايير علمية محددة لاختيار مديري المدارس، والمعلمين كالأسس الموضوعة في اختيار المشرفين تعتمد الكفاءة والعلمية.

- إعادة النظر بعدد المعلمين التابعين للمشرف التربوي الواحد كي يمكن من أداء دوره على اكمل وجه لنوفر له الوقت الكافي للإلتقاء بالمعلمين وتدريبهم، ومتابعتهم، وتقويمهم.

- تعزيز الدوافع الإيجابية لأبعاد فاعلية الإشراف التربوي لدى المشرفين التربويين والمديرين، والعمل على رفع وتنمية هذه الأبعاد لتسهم جميعها في تشجيع وحفز السلوكيات الإبداعية لديهم، وإبراز الدور الذي يؤديه الإشراف التربوي في تحسين العملية التعليمية والعمل على ترقيتها.

- تحسين عملية اختيار المشرفين التربويين وذلك بالتركيز على مؤهلاتهم العلمية وخبراتهم العملية، وذلك لخلق نوع من التوازن بين النظرية والتطبيق.

- إكساب المشرفين التربويين مهارات ومعارف وسلوكيات تعمل على رفع كفاءتهم العملية والعملية، من خلال توفير ميزانية مستقلة تعنى بعملية التدريب المستمرة على الأساليب التربوية الحديثة، مما يؤثر إيجابياً في دعم عملية الإشراف التربوي وصقل السلوكيات التربوية وبلورتها إلى نتائج إبداعية.

- ضرورة أن تعمل وزارة التربية والتعليم على وضع مشرف مقيم في كل مدرسة من اجل إشراكهم وانخراطهم في التطوير المدرسي وضمان دعمهم وتعاونهم مع الإدارة المدرسية, وكذلك إشراك المولين وأصحاب رؤوس الأموال وصناع القرار حتى يكون لهم اثر فاعل في تحسين وتطوير المدرسة وإمكانياتها المادية مثل المكتبات والمختبرات العلمية والحاسوبية. والتأكيد على تفعيل عملية التواصل بين جميع المؤثرين والمتأثرين بالنظام التعليمي.

- التركيز على وجوه وأبعاد الرضى الوظيفي، من حيث تفعيل أدوارها وتنضيج قيمها داخل وزارة التربية والتعليم، وتعزيز مردوداتها المعنوية، لكي تشكّل رديفاً للمردودات المادية، في نفسية وقناعات جميع العاملين في المؤسسة التربوية، ودفعهم لبلوغ حالات الإخلاص والولاء في ذلك. والعمل على زيادة المكافآت والرواتب والأجور، في سبيل الحدّ من ظاهرة عدم الرضى المستمرة والدائمة، عبر اتجاهات المشرفين والمديرين، بالشكل الذي يتناسب مع طبيعة الحياة الاقتصادية والمعاشية والاجتماعية لهم.

- إيجاد السبل الكفيلة بغلق الفجوات الحاصلة بين المشرفين التربويين ومديري المدارس، لضمان وضع سياسات وخطط تربوية فاعلة قابلة للتحقق والتنفيذ، ومدعومة بالإمكانيات والمهارات الادائية، والعمل بروح الجماعة.

- ضرورة التواصل البحثي وقيام الدراسات المستقبلية من قبل الباحثين المختصين، بدراسة فاعلية الإشراف التربوي والوقوف على المشكلات التي تعيقه، وإشراك المعلمين والمرشدين النفسيين والاجتماعيين في المدارس في مثل هذه الدراسات.

- الاستفادة من نتائج هذه الدراسة في مساعدة المسؤولين ومتخذي القرار في بناء الخطط وإعداد البرامج التي تؤدي إلى النهوض بالنظام الإشرافي القائم لتحقيق أفضل النتائج.

- القيام بدراسات مماثلة لهذه الدراسة، للكشف عـن مسـتوى الفاعليـة للإشراف التربوي في أقاليم الوسط، والشمال، والوقوف على المشكلات التـي تقلـل مـن الفاعلية، لإجراء مقارنة بين الأقاليم جميعها، لوضع استراتيجية وطنية للعلاج، والارتقاء بالإشراف التربوي وتطويره.

المصادر والمراجع

المراجع باللغة العربية :-

١. الاسدي، سعيد جاسم، وإبراهيم، مروان عبد المجيد، (٢٠٠٣م)، الإشراف التربوي، دار الثقافة للنشر والتوزيع، عمان.

٢. الإفندي، محمد حامد، (١٩٨١م)، الإشراف التربوي، مكتبة الفلاح الأولى، الكويت.

٣. البزار، حكمت عبد الله، (١٩٧٥م)، "تقييم التفتيش الابتدائي في العراق ط٢، مطبعة الإرشاد، بغداد.

٤. احمد، احمد إبراهيم، (١٩٨٧م)، الإشراف المدرسي من وجهة نظر العاملين في الحقل التعليمي، دار الفكر، القاهرة.

٥. بوردمان، تشارلز وآخرون، (١٩٦٣م)، الإشراف الفني في التعليم، ترجمة: وهيب سمعان وآخرين، مكتبة النهضة المصرية، القاهرة .

٦. جميعان، ميخائيل، (١٩٦٤م)، أسس الإشراف الإداري، ج١، جمعية عمال المطابع التعاونية، عمان.

٧. حامد، فرحان رشيد، (١٩٨٢م)، تقويم تجربة المشرف المقيم من وجهة نظر المشرفين والمعلمين، دار الرشيد للنشر، بغداد.

٨. حسين، سيد حسن، (١٩٦٩م)، دراسات في الإشراف الفني، مكتبة الانجلو المصرية، القاهرة.

٩. الخطيب، رداح واخرون(١٩٨٤م)، الإدارة والإشراف التربوي، اتجاهات حديثة، ط٢، دار الندوة، عمان.

١٠. ـــــــــــــــ (١٩٨٧م)، الإدارة والإشراف التربوي، مطابع الفرزدق التجارية، الرياض.

١١. دواني، كمال سليم، (٢٠٠٣م)، الإشراف التربوي مفاهيم وآفاق، ط١، الجامعة الأردنية، عمان.

١٢. الدويك، تيسير، (١٩٩٢م)، تدريب مديري المدارس، مركز التدريب التربوي، ط٢ عمان.

١٣. الدويك، تيسير، واخرون، (١٩٩٨م)، أسس الإدارة التربوية والمدرسية والإشراف التربوي، ط٢، دار الفكر للنشر والتوزيع، عمان الأردن.

١٤. دياب، سعيد، (١٩٦٣م)، الإشراف الفني في التربية والتعليم(مفهومه، أسسه، أساليبه)، دار النهضة المصرية، القاهرة.

١٥. ديراني، عيد محمد، (١٩٩٣م)، الإشراف التربوي على المعلمين دليل لتحسين التدريس، ط١، عمان.

١٦. رمزي، هاشم، (١٩٩٧م)، في الإدارة المدرسية والإشراف التربوي، ط٢، المكتبة الوطنية، عمان.

١٧. سمعان، وهيب، ومرسي محمد منير، (١٩٨٩م)، الإدارة المدرسية الحديثة، ط٤، دار المعارف المصرية.

١٨. سنقر،صالحة محي الدين، (١٩٧٨م)،التوجيه التربوي وتدريب المعلم،مطبعة دمشق .

١٩. الشتاوى، عبد العزيز والاحمر، محمد عادل(١٩٨٤م)، نتائج دراسة تقارير الدول العربية عن الإشراف التربوي في الوطن العربي، واقعه وسبل تطويره، المنظمة العربية للتربية والثقافة والعلوم، تونس.

٢٠. شعلان، محمد سليمان وآخرون، (١٩٨٧م)، الإدارة المدرسية والإشراف الفني، مكتبة الانجلو المصرية، القاهرة .

٢١. طافش، محمود، (١٩٨٨م)، قضايا في الإشراف التربوي، دار البشير، عمان.

٢٢. عطاري، عارف، (١٩٩٣م)، التوجيه التربوي – اتجاهات معاصرة، ط١، دار البشير، عمان.

٢٣. عطوي، جودت عزت،(٢٠٠١م)،الإدارة التعليمية والإشراف التربوي، ط١، الدار العلمية الدولية للنشر والتوزيع، عمان.

٢٤. عليمات، محمد مقبل، (١٩٨٨م)، النظام التربوي الأردني في ضوء النظم التربوية المعاصرة، جامعة اليرموك، أربد.

٢٥. متولي، مصطفى، (١٩٨٣م)، الإشراف الفني في التعليم، دراسة مقارنة، مطبعة الجهاد، الإسكندرية.

٢٦. المسّاد، محمود، (١٩٨٦م)، الإشراف التربوي الحديث واقع وطموح،دار الامل،أربد .

٢٧. المسّاد، محمود، (٢٠٠١م)،تجديدات في الإشراف التربوي، المركز الوطني لتنمية الموارد البشرية، المطبعة الوطنية، عمان.

٢٨. مطاوع، إبراهيم عصمت، وأمينة احمد حسن، (١٩٨٤م)، الأصول الإدارية للتربية، ط٢، دار المعارف، القاهرة.

٢٩. مكتب التربية العربي لدول الخليج، (١٩٨٥م)، الإشراف التربوي بدول الخليج العربي واقعه وتطوره، المركز العربي للبحوث التربوية لدول الخليج، الرياض .

٣٠. منصور، حسين وزيدان، محمد مصطفى، (١٩٧٧م)، سيكولوجية الإدارة المدرسية والإشراف الفني، دار غريب، القاهرة .

٣١. نشوان، يعقوب حسين، (١٩٨٦م)، الإدارة والإشراف التربوي بين النظرية والتطبيق، ط٢ دار الفرقان، عمان ط٢

٣٢. _____ (١٩٩١م)، الإدارة والإشراف التربوي بين النظرية والتطبيق، ط٣، دار الفرقان، عمان، ط٣

٣٣. وزارة التربية والتعليم، (١٩٨٢) مرشد التوجيه الفني، الجهاز المركزي للتوجيه الفني، الخرطوم.

٣٤. وزارة التربية والتعليم، (١٩٨٧م)،مؤتمر التطوير التربوي الأول، عمان.

٣٥. وزارة التربية والتعليم، (١٩٩٥م)، برنامج تطوير الإشراف التربوي، عمان.

٣٦. وزارة التربية والتعليم، (٢٠٠٠م)، المؤتمر الوطني التربوي.

٣٧. وزارة التربية والتعليم، (٢٠٠٢م)، دليل الإشراف التربوي، مديرية الإشراف التربوي، ط١، مطبعة الجامعة النموذجية.

الدراسات والأبحاث والرسائل الجامعية

١. إبراهيم، سليم مصطفى، (١٩٩٤م)، "درجة فاعلية الزيارات الإشرافية الصفية في تحسين الممارسات التعليمية لمعلمي المدارس الحكومية في مديرية عمان الكبرى الأولى" رسالة ماجستير (غير منشورة)، الجامعة الأردنية، عمان.

٢. أبو سريس، خالد قاسم، (١٩٩٨م)، "فعالية برنامج تدريب المديرين أثناء الخدمة من وجهة نظر مديري ومديرات مدارس وكالة الغوث في الضفة الغربية في تطوير درجة ممارستهم الإشرافية" رسالة ماجستير (غير منشورة)، جامعة النجاح الوطنية، نابلس.

٣. أبو شرار، محمد سلامة، (١٩٨٨م)، "تقويم فعالية أدوات الإشراف التربوي المستخدمة في مدارس وكالة الغوث في الأردن" رسالة ماجستير (غير منشورة)، الجامعة الأردنية، عمان،

٤. أبو هويدي، فايق سليمان حسن، (٢٠٠٠م)، درجة ممارسة المشرفين التربويين لكفاياتهم الإشرافية من وجهة نظر معلمي وكالة الغوث الدولية في الصفة الغربية، رسالة ماجستير (غير منشورة)، جامعة النجاح، نابلس.

٥. احمد، احمد إبراهيم، (١٩٨٨م)، "تحديث الإدارة التعليمية والنظار والإشراف التربوي"، دراسة ميدانية، دار المطبوعات الجديدة، القاهرة

٦. البابطين، عبد الوهاب عبد العزيز (١٩٩٣م)، ملخص البحوث التربوية في الفترة ما بين (١٤١٠ – ١٤١٧هـ)، جامعة الملك سعود، الرياض.

٧. برقعان، أحمد، (١٩٩٦م)، "تقويم برنامج التوجيه التربوي من وجهة نظر المعلمين في الجمهورية اليمنية" رسالة ماجستير (غير منشورة)، جامعة اليرموك، اربد.

٨. بني مصطفى، إنتصار محمد، (١٩٩٧م)، "دور المشرفين التربويين في تحسين أداء المعلمين حديثي التعيين في محافظة جرش" رسالة ماجستير (غير منشورة)، جامعة اليرموك، أربد.

٩. حسن، ماهر محمد صالح، (١٩٩٥م)، "دور المشرف التربوي في تحسين النمو المهني للمعلمين في مدارس وكالة الغوث في الأردن" رسالة ماجستير (غير منشورة)، الجامعة الأردنية، عمان.

١٠. حيدر، عبد الصمد سلام، (١٩٩٣م)، درجة ممارسة المشرفين التربويين ومديري المدارس لمهامهم الإشرافية في أمانة العاصمة صنعاء بالجمهورية اليمنية، رسالة ماجستير (غير منشورة)، الجامعة الأردنية، عمان.

١١. الداوود، فاعور فهد، (١٩٩٥م)، "كفايات المشرف التربوي كما يراها الإداريون والمعلمون والمشرفون أنفسهم"، رسالة ماجستير (غير منشورة)، جامعة اليرموك، أربد.

١٢. الدوجان، عطا الله إبراهيم، (١٩٨٩م)، " مدى ممارسة المشرفين التربويين ومديري المدارس في محافظة المفرق ولواء جرش لمهام الإشراف التربوي"، رسالة ماجستير (غير منشورة)، جامعة اليرموك، أربد.

١٣. ذكري،محمد عريبي، (١٩٨٥م)،الإشراف الفني التربوي في الجماهيرية الليبية، بحث منشور، الدار العربية للكتاب.

١٤. الراشد، أحمد عبد العزيز (١٩٩١م)، "تطوير نظام الإشراف التربوي في المملكة العربية السعودية في ضوء اتجاهاته الحديثة" رسالة دكتوراة (غير منشورة) جامعة عين شمس، القاهرة.

١٥. الزاغة، عمر محمد، (١٩٨٩م)، "واقع الإشراف التربوي في الضفة الغربية كما يراه كل من المشرف ومعلم المرحلة الثانوية"، رسالة ماجستير (غير منشورة)، جامعة النجاح، نابلس.

١٦. زامل، مجدي علي سعد، (٢٠٠٠م)، "تقويم نظام الإشراف التربوي للمرحلة الأساسية في مدارس الغوث الدولية في محافظات الضفة الغربية" وجهة نظر المديرين والمشرفين التربويين، رسالة ماجستير (غير منشورة)، جامعة النجاح، نابلس.

١٧. الزعبي، ميسون طلاع، (١٩٩٠م)، "معوقات الإشراف التربوي والتطلعات المستقبلية لتجاوزها كما يراها مشرفو اللغة العربية ومعلموها لمرحلة التعليم الأساسي في الأردن"، رسالة ماجستير (غير منشورة)، جامعة اليرموك، أربد.

١٨. السعود، راتب، (١٩٩٣م)، "معوقات العمل الإشرافي في الأردن كما يراها المشرفون التربويون" رسالة ماجستير (غير منشورة)، الجامعة الأردنية، عمان.
١٩. الشرمان، منيرة محمود، (١٩٩٩)، "مشكلات التواصل بين المعلمين والمشرفين من وجهة نظر المعلمين في محافظة إربد" رسالة ماجستير (غير منشورة)، جامعة اليرموك، أربد.
٢٠. الصمادي، حسن فهد محمود، (٢٠٠٠م) دراسة واقع الإشراف التكاملي من وجهة نظر المعلمين والقادة التربويين في محافظة عجلون - رسالة ماجستير (غير منشورة)، جامعة اليرموك، إربد.
٢١. الضويلع، سالم مبارك، (١٩٨٨م)، "دراسة تقويمية لأساليب الإشراف التربوي المطبقة بالمرحلتين المتوسطة والثانوية بمنطقة النماص التعليمية من وجهة نظر المعلمين والموجهين التربويين"، رسالة ماجستير (غير منشورة)، جامعة ام القرى، مكة المكرمة
٢٢. طالب، محمد طارش، (١٩٨٥م)، "تطوير أساليب التوجيه الفني في المرحلة الابتدائية في الجمهورية العربية اليمنية" رسالة ماجستير (غير منشورة)، جامعة الأزهر، القاهرة.
٢٣. عباس، عمر سليم، (١٩٩٢م)، "فاعلية المشرف التربوي في تحسين الممارسات الإدارية لمديري المدارس الحكومية في الأردن" رسالة ماجستير (غير منشورة)، الجامعة الأردنية، عمان.
٢٤. عبيدات، ذوقان، (١٩٨١م)، "تطوير برنامج الإشراف التربوي في الأردن"، رسالة دكتوراه (غير منشورة)، كلية التربية، جامعة عين شمس، القاهرة.
٢٥. العقلة، محمد أحمد الحمد، (١٩٩٨م)، "درجة اكتساب المشرفين التربويين لمهارات برنامج تطوير الإشراف التربوي في الأردن" رسالة دكتوراة (غير منشورة)، جامعة الخرطوم.
٢٦. العمادي، أمنية عباس، وشكري، سيد احمد (١٩٩٥م)، "دراسة استطلاعية لآراء الموجهين ومديري المدارس والمعلمين حول نظام التوجيه التربوي المطبق حديثا في قطر"، ط١، مركز البحوث التربوية، الدوحة.
٢٧. عمر، عفاف إبراهيم عثمان، (٢٠٠١م)، "تقويم التوجيه الفني بمرحلة الأساس بولاية الخرطوم، رسالة ماجستير (غير منشورة)، جامعة الخرطوم.
٢٨. عواد، محمد سعيد، (١٩٩٥م)، "إتجاهات مديري ومعلمي المدارس في دولة الإمارات العربية المتحدة من الإشراف التربوي والممارسات التي يفتعلونها"، رسالة دكتوراة (غير منشورة)، جامعة ام درمان الإسلامية.

٢٩. العوض، سلطي محمد القاسم، (١٩٩٦م)، "الكفايـات اللازمـة للمشرف التربـوي ومـدى ممارستها من وجهة نظر المعلمين" رسالة ماجستير (غير منشورة)، جامعة اليرموك، أربد.

٣٠. عيده، محمد سليمان عبد اللـه، (١٩٩٥م)، "تقويم نظام الإشراف التربوي في المرحلـة الأساسية الدنيا في المدارس الأردنية" رسالة ماجستير (غير منشورة)، الجامعـة الأردنيـة، عمان.

٣١. الغامدي، صالح عبد الرزاق، (١٩٨٨م)، "دور المعلم في تحقيـق أهداف الإشراف التربوي بمنطقة المخواة التعليمية بالمرحلة المتوسطة والثانوية" رسالة ماجستير، (غير منشورة)، جامعة ام القرى، مكة المكرمة.

٣٢. الغامدي، هجاد عمر غـرم اللـه (١٩٨٦م) "نظم التوجيـه التربوي في المملكـة العربيـة السعودية بين النظرية والتطبيق"، دراسة تحليلية، رسالة دكتوراة (غير منشورة)، جامعـة طنطا.

٣٣. الفكي، علـى حسـن أحمـد، (١٩٩٩م)، "فاعليـة التوجيـه الفني بالمرحلـة الثانويـة بولايـة الخرطوم من وجهة نظر المعلمين"، رسالة دكتوراة، جامعة ام درمان الإسلامية.

٣٤. الفواعره، سامي قاسم، (١٩٩٠م)، "دور مدير المدرسة الثانوية كمشرف تربوي مقيـم في مدارس لواء عجلون" رسالة ماجستير (غير منشورة)، جامعة اليرموك، اربد.

٣٥. القسوس، ابتسام فخري، (١٩٩٢م)، " توقعات معلمي المرحلة الثانويـة مـن الـدور الفني للمشرف التربوي لمبحث اللغـة العربيـة في محافظـة العاصـمة"، رسالة ماجستير (غير منشورة)، الجامعة الأردنية، عمان.

٣٦. الأيوب، سالم عبد اللـه، (١٩٩٠م)، "درجـة أهميـة المهام الإشرافيـة كما يراهـا المشرفون التربويـون في الأردن ودرجـة ممارستهم لهـا" رسالة ماجستير (غـير منشورة)، الجامعـة الأردنيـة - عمان.

٣٧. المحمود، احمد زعبي العبد الـرحمن (١٩٩٩)، درجـات المسـاءلة والتقويم في الإشراف التربوي، رسالة ماجستير (غير منشورة)، اليرموك، اربد.

٣٨. المريش، عبد الفتاح وشعلان، علي، (١٩٩٠م)، "الإشراف التربوي واقع وآفاق في الجمهوريـة اليمنيـة"، بحث لنيل دبلـوم الإشراف التربوي، التعليم الثانوي، المركز الـوطني لتكوين مفتشي التعليم، الرباط .

٣٩. الموسى، محمد شفيق، (١٩٩٥م)، "دور مدير المدرسة في تحسين الفعاليات التعليمية كما يراه المعلمون في مدارس لواء الكورة" رسالة ماجستير (غير منشورة)، جامعة اليرموك، أربد.

٤٠. النايف، محمد يوسف، (١٩٩٠م)، "تقويم معلم الصف للمهام الإشرافية التي يقوم بها المشرف التربوي في إقليم شمال الأردن"، رسالة ماجستير، (غير منشورة)، اليرموك، أربد.

٤١. نصر، نصر عثمان، (١٩٩٠م)، "الإشراف التعليمي في السودان"، رسالة دكتوراة (غير منشورة)، كلية التربية، جامعة الخرطوم- السودان.

٤٢. هندم، حسن أحمد علي (١٩٨٧م) "أثر أسلوب الإشراف بالأهداف في سلوك المعلمين التعليمي وسلوك المديرين الإشرافي وفي اتجاهاتهم نحو الإشراف التربوي في الأردن" رسالة ماجستير (غير منشورة)، جامعة اليرموك، اربد.

الدوريات :-

١. البديوي،محمد منير، (١٩٨٠م)، الإشراف والعلاقات الإنسانية، التوثيق التربوي، العدد ١٩،الرياض.

٢. البسام، عبد العزيز(١٩٧٤م)، مهمات الإشراف التربوي- التوثيق التربوي- العدد٣، بغداد.

٣. بركات، لطفي أحمد، (١٩٨٧م)، "دراسة تقويمية لواقع الإشراف التربوي في مدارس المرحلة الثانوية في مدينتي أبها وخميس مشيط في جنوب السعودية" مجلة كلية التربية، جامعة المنصورة، العدد السابع الجزء الثالث، ابريل، ١٩٨٧م.

٤. بطاح، أحمد، (١٩٩١) "علاقة المشرف التربوي بمدير المدرسة كمشرف تربوي مقيم من وجهة نظر كليهما"، مؤتة للبحوث والدراسات، سلسلة العلوم الإنسانية والاجتماعية، المجلد السادس، العدد الثاني، كانون أول، جامعة مؤتة

٥. بطاح، احمد، (١٩٩٦م)، "الاحتياجات التدريبية للمشرفين التربويين في الأردن من وجهة نظرهم"، ج١، مجلة كلية التربية بجامعة عين شمس، العدد٢٠، ص٨١.

٦. بطاح، أحمد، (٢٠٠١م) سبل تطوير التوجيه التربوي في سلطنة عمان، العلوم التربوية، العدد الأول، يناير ٢٠٠١م، معهد الدراسات التربوية، القاهرة.

٧. جاسم، صالح عبد الله، (١٩٨٦)، "التقويم المهني لعمل الموجه الفني، أهدافه، أهميته، جوانبه وأساليبه" مجلة العلوم الاجتماعية العدد (٢)، مجلد (٤)، ١٩٨٦م.

٨. الحسن، حسن عبد الرحمن، (١٩٨٩)، التوجيه الفني في التعليم العام، التوثيق التربوي، العدد ١٠٢/١٠٠، يونيو ١٩٨٩ يونيو ١٩٩٠م.

٩. حسن، محمد صديق محمد، (١٩٩٦م)، التوجيه التربوي الواقع والطموح، التربية، الحلقة٢ لسنة ٢٥، العدد١١٨، الدوحة.

١٠. الحمد، رشيد، (١٩٨٩م)، "برنامج لإعداد الموجهين الفنيين وتحسين أدائهم "، مجلة التربية، العدد٣، أكتوبر، الكويت

١١. حمصي، نهلة، (١٩٩٣م)، التوجيه التربوي وفعالية التجديد، مجلة التربية، اللجنة الوطنية القطرية للتربية والثقافة والعلوم، العدد ١٠٤، الدوحة.

١٢. الخليلي، خليل يوسف، وسلامة، كايد محمد، (١٩٨٩م)، "الخصائص الواقعية لعملية الإشراف التربوي ومشكلاتها والتطلعات المستقبلية لتحسينها كما يراها مشرفو العلوم في الأردن" دراسة ميدانية، مجلة أبحاث اليرموك، العدد١، مجلد ٧، جامعة اليرموك، أربد.

١٣. ديراني، محمد عيد، (١٩٩٧م)، "واقع الممارسات الإشرافية في الأردن كما يتصورها المشرفون والمعلمون"، مجلة كلية التربية، العدد ٣٣، يناير ١٩٩٧م، المنصورة.

١٤. الرشيد، محمد الأحمد، (١٩٨٦م)، مهام كليات التربية في المملكة العربية السعودية في إعداد المعلمين للتعليم العام وتدريبهم أثناء الخدمة وتطوير أعمالهم فيها، المجلة العربية للبحوث التربوية، المجلد السادس، العدد الأول.

١٥. ريان، فكري حسن، (١٩٨٨م)، "تقويم التوجيه الفني في مدارس المرحلة الثانوية بدولة الكويت" المجلة التربوية، عدد (٥) مجلد (١٨)، الكويت.

١٦. الزهراني، عبد الله سالم، (١٩٩٤م)، "دور الموجه التربوي اتجاه المعلم في الاتصال والتقويم والعلاقات الإنسانية"، رسالة الخليج، مكتبة التربية العربي لدول الخليج، العدد ٥١، الرياض.

١٧. السعود، راتب، (١٩٩٢م)، "معوقات العمل الإشرافي في الأردن كما يراها المشرفون التربويون "، دراسات، الجامعة الأردنية، مجلد ٢١ (أ)، العدد٤، عمان.

١٨. السويدي، وضحى على، (١٩٩٢م)، " دور مشرف التربية: دراسة مقارنة لمدركات المشرفين والطلاب المعلمين حول هذا الدور" المجلة التربوية- كلية التربية، الكويت، العدد٢٤.

١٩. الشتاوي، عبد العزيز، والأحمر، محمد عادل، (١٩٨٥)، "نظرة المتفقدين لعملية التفقد وتقويم المعلمين بالفصل" المجلة التونسية لعلوم التربية، المعهد القومي لعلوم التربية، السنة ١١ العدد ١٣، تونس.

٢٠. الطراونة، اخليف، وآخرون، (٢٠٠٠م)، تقويم دور مشرفي المرحلة من وجهة نظر معلمات الصف في اقليم الجنوب، مؤتة للبحوث والدراسات مجلد (١٥) العدد (٧) .

٢١. الطراونه، إخليف، (٢٠٠٠م)، مدى إمتلاك مديري ومديرات المدارس الثانوية في محافظة الطفيلة للكفايات الإشرافية من وجة نظر المعلمين، مجلة إبن الهيثم للعلوم المصرفية والتطبيقية، جامعة بغداد، المجلد ١٣، العدد ١، بغداد.

٢٢. العابد، أنور بدر، (١٩٨٥م)، التقنيات التعليمية تطورها، مفهومها ودورها في تحسين التدريس، مجلة تكنولوجيا التعليم، العدد "١٦"، المركز العربي للتقنيات التربوية، ديسمبر، الكويت .

٢٣. عماد الدين، منى مؤتمن، (١٩٩٣م)، أساليب وتقنيات اشرافية تطويرية، مجلة رسالة المعلم، ع (١) م (٣٤)، عمان.

٢٤. العمري، خالد، (١٩٩١م)، "الرضا الوظيفي للمشرفين التربويين في الأردن وعلاقتهم ببعض الخصائص الديموغرافية والوظيفية للمشرف"، مجلة أبحاث اليرموك، سلسلة العلوم الإنسانية والاجتماعية، المجلد السابع، العدد ٤، اربد.

٢٥. فرج، حافظ، (١٩٩٢م)، "بعض العوامل المؤثرة على الممارسات الإشرافية لمديري مدارس التعليم العام في سلطنة عمان" مجلة دراسات التربية، رابطة التربية الحديثة، المجلد ٧، الجزء ٣٩، بالقاهرة.

٢٦. المالكي، مريم عبد الله، وحسن، محمد صديق محمد، (١٩٩٦م)، "التوجيه التربوي"، التربية، العدد ١١٩ سبتمبر، الدوحة.

٢٧. مرعي، توفيق أحمد، (١٩٨٦م)، الاتجاه التكاملي في الإشراف التربوي، مجلة الطالب المعلم، معهد التربية، الاونروا / اليونسكو، العدد الأول.

٢٨. مرعي، توفيق، محمد سعيد، محمد احمد، (١٩٩٢م)، آراء المشرفين التربويين في الأردن في مدى تمكنهم من الكفايات الأدائية الأساسية ومدى استخدامهم لها، دراسات تربوية، المجلد السابع، ج ٤٥، عالم الكتب، القاهرة.

٢٩. المطيري، جزاء بن مرزوق، (٢٠٠٠م)، آلية الإشراف التربوي بين النظرية والتطبيق، التوثيق التربوي، مركز التطوير التربوي، وزارة المعارف، العدد ٤٤ .

٣٠. الميداني، محمود عصام، (١٩٩٣م) مهارات الإدارة المدرسية في القيادة والتنظيم والتقويم، مجلة التربية، اللجنة الوطنية القطرية للتربية والثقافة والعلوم، العدد١٠٤، الدوحة.

٣١. اليحى، احمد عبد الله، (١٩٨٨م)، أهمية التوجيه التربوي في تحقيق العملية التربوية، التوثيق التربوي العدد ٢٩.

أوراق العمل :-

١. بلقيس، احمد، (١٩٨٩م)، تقنيات حديثة في الإشراف التربوي والقيادة التربوية، ورقة عمل مقدمة إلى الحلقة التدريسية العربية الإقليمية في الإشراف الفعال من ١٨ – ١٩٨٩/١١/٢٢م، عمان

٢. بلقيس، احمد، وعبد اللطيف خيري، (١٩٩٨م)، المعنى الإشرافي الشامل وتطبيقاته العملية، الانروا، عمان.

٣. ثابت، صباح، (١٩٩٤م)، "الإشراف التربوي الفعال" ورقة عمل مقدمة في المؤتمر السنوي لنواب مدراء التربية والتعليم ورؤساء مراكز التطوير التربوي في وكالة الغوث الدولية (١٦-١٩ أيار)، عمان.

٤. عبيدات، ذوقان، (١٩٨٣م)، انموذج مقترح للإشراف الشامل، ورقة عمل مقدمة لمؤتمر الإشراف التربوي (السلط،٣-١٩٨٣/٩/٨)

٥. مرعي، توفيق، (١٩٨٩م)، أساليب الإشراف التربوي، ورقة مقدمة للحلقة الدراسية في الإشراف التربوي الفعال، عمان.

٦. وزارة التربية والتعليم، (١٩٩٦/١٩٩٧م)، برنامج تطوير الإشراف التربوي، المديرية العامة للتدريب "برنامج تطوير الإشراف التربوي ٩٧/٩٦، ورقة عمل.

٧. وزارة التربية والتعليم، (١٩٩٧/١٩٩٨م)، خطة الإشراف التربوي، المديريات العامة للتدريب التربوي، مدرية الإشراف التربوي، عمان.

٨. وزارة التربية والتعليم، (١٩٩٩م)، مديرية الإشراف التربوي، دراسة حول ملاحظات الميدان على تطبيق المنحى التكاملي للإشراف التربوي والإدارة المدرسية للفترة من١٠/١٠ – ١٩٩٩/١٢/١٥م.

المواقع على الإنترنت :

١- وزارة المعارف السعودية ١٤٢٣هـ من موقع الوزارة على الإنترنت، الإشراف بالأهداف.

- http://www.eshraf.com/htm/ahdaf.htm

٢- وزارة المعارف السعودية (٢٠٠٢) جوهرة بنت خالد الجوفان - تعليم البنات – مشكلات الإشراف التربوي ١٤٢٣هـ من موقع الوزارة على الإنترنت:

http://www.eshraf.com/htm/prob.htm

٣ Allan Glatthorn ١٩٩٧, http://www.khayma.com/ishraf/types.htm

٤ arbara Little Gottesman & James Jenning, http://www.khayma.com/ishraf/types.htm

٥ file://.أنواع الإشراف التربوي.htm أو Supervision of Instruction:A development Approach(١٩٩٨)Carl Clickman

المراجع باللغة الإنجليزية :

١. Acheson, K.A. and Smith, S.C., It is Time For Principals To Share The Responsibility Instructional Leadership With the Others, OSS Bulletin Vol. ٢٩, No. ٦ Feb. ١٩٨٦

٢. Alfonso, R.J.; G.R.; and Neville R.F.;(١٩٨١), Instructional Supervision: behavior system, Allyn and Bacon, Inc, Boston, Massachusetts.

٣. Armstrong, Mary, A., (١٩٩٩), A Study To Determine The Teachers Perceptions Of The Principal's Use Of Developmental Supervision and Its Effect On Teachers, Efficacy, Ed. D. University Of Kansas, Dissertation Abstracts International, Vol. ٥٤, No. ٩, P. ٣٢٧٢-A.

٤. Arthur Blumeberg. "Supervision as Interpersonal Interventionist". Paper. Prepared for Meeting. California. ١٩٧٦. P.٢.

٦. Burton, . and Bruecknew, L.J: Supervision: A Social Process,(New York, Appleton, Ceutury Crofts, ١٩٥٥) PP. ١١-١٣

٧. Canizaro, - Beth-C (١٩٨٥), Self – Evaluation Instrument for Instructional Supervisors.

٨. Colleman. J.B. (١٩٨٦), Perceived Quantities and Qualities of Supervisory Assistance Provided to Beginning Teachers in Florida and Georgia. (Ed. D. Dissertation University of Georgia (١٩٨٦). Dissertation Abstract International, ٩٧ (٦), ١٩٩٩- A.

٩. Delmo Della – Dora, Quality supervision and organization for quality teaching. "Educational Leadership." (May, ١٩٨٩) P. ٣٥-٣٨.

١٠. Delorme, T. G: An Assessment of The Attitudes and Perceptions of Selected Elementary Schools: Teachers Who Serve American Children Forward Instructional Supervision and Evaluation. (ED. D. Dissertation, the University of North Dakota, ١٩٨٩). D.A.I, Vol. ٤٥, No. ٨, ١٩٨٥, P. ٣٣٢٤-A

١١. Douglass, Hari. R.: Democratic Supervision in Secondary Schools, Houghton Miffinco, Boston, ١٩٦١) P.١٦.

١٢. Duke, B.R. (١٩٩١). Importance Of Twelve Dimensions Supervisory Practice Derived from Educational Literature as Perceived By Selected Department Chairs. (Ed. D. University Of Georgia, ١٩٩٠) Dissertation Abstract International, ٥١ (٨), ٢٥٨٠-A

١٣. Dull, L. . "Supervision School Leadership Handbook, Charlse Morrin Publishing Company. Columbus, Olio, U.S.A, ١٩٨١. (P.١٣٧).

١٤. Elmo Dello. Dora : Quality Supervision and Organization for Quality Teaching Educational Leadership, May ١٩٨٩, pp ٣٥-٣٨.

١٥. Garland, Virginia – E. (١٩٨٧). Needs Assessment Models For Administrators and Supervisors Of The Teacher Evaluation Process.

١٦. Gerald, D., Baileg D and Rose Mary Talat : Enhancing the Clinical Supervision Model with the Video Tape Recorder, Educational

Technology, January, ١٩٨٧, pp ٢٥-٢٨

١٧. Gibb Constance Elaine : Perception of Class Room Teachers and Supervisory Principals Relating To Teacher Evaluation Policies and Processes. D.A.I. Vol. ٥٠. No. ٥, November ١٩٨٩.

١٨. Glickman, Carl D.,١٩٩٠, Supervision of Instructions, Second Education, Allyn and Bacon, Baston U.S.A.,P٩١

١٩. Greeden, B.F. (١٩٩٠). "An Investing of the Current Perceptions and Expectations of Elementary School Principals and Teachers Regarding the Principals Role in Supervision of Instructions" (ED.D Dissertation, University of Boston College, ١٩٩٠) Dissertation Abstract International ٥٠-(٧) ١٨٦١-A

٢٠. Harris, Ben: Supervisory Behavior in Education (٢nd,ed), Englewood Cliffes: Prentice Hall.(١٩٧٥),(PP:١١-١٢)

٢١. Hooper, William, C. (١٩٩١). On Being Promoted: The Transition to Supervisor. Dissertation Abstracts International. Vol. ٥٣, No. ٨, February ١٩٩٣, ٢٦٢٢. A.

٢٢. Johns, V.E: An Analysis of Supervisory Tasks, Performed in Elmentary School, Temple University, Dissertation abstracts international. Vol. ٤٦ No. ٢, ١٩٨٥.

٢٣. Katz, L.: Developmental Stages of Preschool Teachers, Elementary School Journal ٧٣, (October ١٩٧٢): P.P. ٥٠-٥١

٢٤. Morris, L. Cogan: Rational for Clinical Supervision, Journal of Research and Development in Education, vol.٩.No.٢ winter١٩٧٦pp٥.٩

٢٥. Munoz (١٩٨٨). Supervision as Perceived By Public Teacher In Pennsylvania and Its Relationship To Their Perceptions Of Effective Supervision, Dissertation Abstract International, ٤٨ (١٠), ٢٥٢٨-A

٢٦. Obilade, Sandra (١٩٩٢) "Supervisory Behavior As Perceived By Secondary School Teachers In Nigeria, " School Organization, Vol. (١٢), ٢٣٧ – ٤٣".

٢٧. Oliva, Peter, F.(١٩٧٦) Supervision for Today's Schools; New York: Harpert and publishers, P.١٤٠.

٢٨. Peterson, .L.: The Role of the Supervisory Process as Perceived by Extension Supervisors and County Agents Employed by the Cooperative Extension Service, (Ed. D. dissertation, University of Montana, ١٩٨٧) D.A.I. Vol. ٤٨, No. ٨, ١٩٨٨, P. ١٩٥٢-A.

٢٩. Pojak. E. Identification of Dimensions Of Supervisory Practice in Education Reviewing Literature, Paper Presented at The Annual Meeting Of The American Educational Research Association, Boston, MA, April, P. ١٦-٢٠, ١٢٢٠

٣٠. Rader, S.M., Supervisor Perception Of The Actual and Ideal Practice Of Supervision Of Instruction In City, Village, Local / County Unit School Districts In State Of Ohio. Ohio University: Ohio Unpublished Ph. D., ١٩٨٩.

٣١.   Rawl, P.T: A Consensus Based Determination of Relevant Tasks For District Wide Supervisors Of Construction. (Ph.D. Dissertation University Of South Carolina, ١٩٨٨), D. A.I, Vol., ٥٠ No. ٢, ١٩٨٩, P. ٣٢٢-A

٣٢.   Sergiovani, Thomas, J. And Starratt, Robert, J.(١٩٧٩), Supervision Human Perspective, ٣rd Ed. New York, McGraw- Hill, P.٢٥

٣٣.   Sergiovanni, T.J. ٨ Starratt, R.J.), (١٩٨٣), Supervision: Human Perspectives, ٣rded, McGraw-Hill, New York, U.S.A, P١٠.

٣٤.   Sergiovanni, Thomas(١٩٩٨).Supervision. McGraw - Hill, Boston: p.ll

٣٥.   Thomas Briggs, and Joseph Justman. Improving Instructions Through Supervision, New York The Macmillan Co. ١٩٥٠, pp ٣١٣-٣١٤.

٣٦.   Waite, Duncan, (١٩٩٥), Rethinking Instructional Supervision, First Published the falmer press, Washington, U.S.A. P.١١

٣٧.   Williams, Lisa- G- (١٩٩٧) "Supervision Models With Respect To Physical Education Needs" Paper Presented at the Annual Meeting of the Southwest Educational Research Association (Tustin, TX January ٢٣-٢٥, ١٩٩٧).

٣٨.   Word, Betsy Boone, "The Relationship Between Teachers Perceptions Principals Actual and Teachers' Preferred Supervisory Behavior Selected Southern Public Junior High Schools", Dissertation Abstract International Vol., ٥٠ No. ٢P ١٩٨٨ P. ٣٢٧A.

٣٩.   Zamparelli, Debra, (١٩٩٢), Teacher Assistance Program: A Developmental Induction Program For Beginning Teachers, Ed, D. Nova University, Dissertation Abstracts International, Vol. ٥٠, No. ٦. ١٠٢٤-A.

Printed in the United States
By Bookmasters